CONSTRUCTION OF SOCIAL CREDIT SYSTEM: KEY ISSUES, IMPLEMENTATION PATH AND DEVELOPMENT DIRECTION

社会信用建设实践：关键问题、实施路径和发展方向

卢盛羽◎著

中国经济出版社
CHINA ECONOMIC PUBLISHING HOUSE
北 京

图书在版编目（CIP）数据

社会信用建设实践：关键问题、实施路径和发展方向 / 卢盛羽著. -- 北京：中国经济出版社，2021.9（2023.8 重印）

ISBN 978 -7 -5136 -6613 -8

Ⅰ.①社… Ⅱ.①卢… Ⅲ.①社会组织 - 信用制度 - 制度建设 - 研究 - 中国 Ⅳ.①F832.4

中国版本图书馆 CIP 数据核字（2021）第 178968 号

责任编辑 贺 静
责任印制 巢新强
封面设计 华子设计

出版发行 中国经济出版社
印 刷 者 北京建宏印刷有限公司
经 销 者 各地新华书店
开 本 710mm×1000mm 1/16
印 张 17.5
字 数 251 千字
版 次 2021 年 9 月第 1 版
印 次 2023 年 8 月第 2 次
定 价 69.00 元
广告经营许可证 京西工商广字第 8179 号

中国经济出版社 **网址** www.economyph.com **社址** 北京市东城区安定门外大街 58 号 **邮编** 100011
本版图书如存在印装质量问题，请与本社销售中心联系调换（联系电话：010 - 57512564）

自 序

“人之所助者，信也。人而无信，不知其可也。”诚实守信作为人类社会共通的伦理道德，自古以来在我国传统文化经典著作中得到了充分体现，是大众的基本价值准则。进入现代社会，社会成员之间经济社会活动更加频繁，在密切的经济交易、社会交往过程中，仅仅依靠内化于心的诚实守信道德约束难以适应日益复杂多变的社会关系。因此，欧洲、美国等较早进入现代社会的西方资本主义国家在发展市场经济过程中，在应对陌生多变的经济交易和社会交往活动等各种挑战时，自然而然演化产生了以商业征信、金融征信为主要内涵的市场信用体系。

欧美国家的市场信用体系产生于市场经济交易活动中，具体表现是为市场主体提供商业信用报告、开展履约能力信用评价或偿债能力资信评级等服务，解决的核心问题是经济交易各方的信息不对称。从1837年美国成立首家信用公司算起，美国的市场化信用体系建设已历经近两百年历史。目前，美国形成了以邓白氏、益博睿、环联、艾克飞、标准普尔、惠誉国际、穆迪等大型跨国公司为典型代表的庞大信用服务市场，建立了《公平信用报告法》《消费信用保护法》等一系列法规制度体系，成为发展市场化信用体系的典范。欧洲国家除发展市场化信用体系外，还在中央银行主导下重点建设了公共信贷征信系统，创立了金融领域的公共征信模式。以最早建立公共信贷征信系统的德国为例，自1934年首个公共信贷征信系统建成至今已近一百年时间。信用信息系统成为保障市场经济运行的重要基础设施。以商业征信、金融征信为代表的市场信用体系建设为欧美国家市场经济发展起到重要的保驾护航作用，信用服务市场成为市场经济有效顺畅运行的润滑剂。

我国信用体系建设起源于中华民国时期，彼时现代银行体系刚刚在古老的中华大地萌芽，旺盛的经济交易需求促使市场化征信机构应运而生。改革开放以来，伴随着计划经济向市场经济的转变，资信评级、商业征信、金融征信等传统信用业务需求逐步被激发，我国市场信用体系建设逐步萌芽。然而经济社会转型过程的复杂性促进了信用体系建设需求的增长，如何建立起与经济社会发展相适应的信用体系成为重大挑战。西方国家历经上百年时间自然演化形成的完备信用体系的建设模式与中国的实际情况不相适应、不相匹配，无法对其照抄照搬。

根据我国经济社会发展实际，20 世纪末 21 世纪初，我国开始了探索具有中国特色的社会信用体系建设道路。中国特色社会信用体系建设道路的主要特点是在坚持稳步推进商业征信、金融征信等传统市场信用体系建设的同时，将信用体系建设的内涵和外延扩展到全社会的方方面面，涵盖了经济交易、金融运行、社会生活、行政管理等领域。尤其是 2011 年党的十七届六中全会部署“把诚信建设摆在突出位置，大力推进政务诚信、商务诚信、社会诚信和司法公信建设”以来，我国社会信用体系建设开启了一段波澜壮阔的发展历程。由国家发展改革委牵头推进该项工作，为全方位推进社会信用体系建设理顺了工作组织机制。《社会信用体系建设规划纲要（2014—2020 年）》等多部重要文件的制定出台，则搭建了中国特色社会信用体系建设的顶层设计框架。

到 2020 年国家规划纲要实施完成时，我国社会信用体系建设已取得了非凡成就，政务诚信、商务诚信、社会诚信、司法公信等四大领域诚信建设，以及信用信息归集与整合、信用信息系统平台建设和公共信用服务、信用激励与惩戒机制建设及信用监管、信用服务行业规范发展、社会信用立法等方面均有长足进展，可以说，覆盖全社会的社会信用体系已基本建成。与世界上其他信用体系建设模式完全不同，中国特色社会信用体系建设模式是根据中国国情实际探索形成的，社会信用体系建设实践的方方面面均体现出解决中国实际问题的智慧和勇气。

本书试图对中国特色社会信用体系建设实践进行解读和剖析，分析归纳社会信用体系建设的关键问题、实施路径等，并简要总结21世纪前20年我国社会信用体系建设的经验和教训。期待通过系统的总结归纳，更好地把握新时代中国特色社会信用体系建设实践的发展方向，为推动中国特色社会信用体系建设深入发展尽一份绵薄之力。

卢盛羽

2020年12月

目　录

第一章　我国社会信用体系建设发展历程

我国社会信用体系建设发展历程与改革开放历程基本同步，社会信用体系建设的标志性事件均在改革开放以来经济社会发展的各个重要阶段得到体现，可以说，社会信用体系建设与改革开放以来中国经济社会发展过程深度融合，深刻影响着中国社会的经济发展生态和社会治理生态。从宏伟叙事角度来看，我国社会信用体系建设遵循两条逻辑主线：一条围绕着信用评级业、征信业等西方传统信用体系建设路径发展展开；另一条将信用或诚信作为社会管理手段，并以此推动构建诚信社会这个更为符合中国社会运行逻辑的宏观路径展开。上述两条逻辑主线融合交错，不断推动中国特色的社会信用体系建设发展深化。

第一节　萌芽探索阶段

梳理我国社会信用体系建设发展历程发现，现有的中国特色社会信用体系建设模式不是凭空出世的，而是有其发展的逻辑起点、路径依赖和历史规律，其中一个重要的逻辑起点就是资信评估业的起步发展。1984—1999 年，是我国社会信用体系建设的萌芽探索阶段，这一阶段的特征主要表现为资信评估业或称信用评级行业的逐步发展壮大和监管部门对该行业的监管逐步规范。

一、信用评级业的萌芽

信用评级行业是现代金融体系的重要基础设施，健康发展的信用评级行业将为金融业的有效运转提供基础支撑。经过一百多年的发展，标准普尔（Standard & Poor's）、惠誉国际（Fitch）、穆迪（Moody's）等三大国际评级机构占据了全球信用评级行业的寡头垄断地位。我国改革开放深入推进，20 世纪 80 年代前半段我国对银行业进行了大刀阔斧的改革，主要标志性事件包括：1979 年 2 月恢复中国农业银行设置，这是中国农业银行第四次恢复设置；1979 年 3 月调整中国银行管理体制，指定中国银行作为国家外汇专业银行，负责全国外汇业务的统一经营和集中管理；1979 年 8 月，将中国人民建设银行由办理基本建设投资拨款监督工作的专业银行升格为国务院直属单位；1984 年 1 月，中国工商银行正式成立。此后逐步形成了中国工商银行、中国建设银行、中国农业银行、中国银行等专业银行主要承担全社会信贷业务管理的格局。借鉴和遵循西方现代银行业管理经验及西方信用评级业发展规律，我国专业银行体系的资信评估业务也于 1984 年逐渐起步。

初期，我国的资信评估业务主要由挂靠于中国人民银行的评估机构或专业银行下属的资信公司或地方资信评估机构经营和开展。直到 1988 年 2 月中国人民银行批准成立上海远东资信评估公司，才改变了这个局面。上海远东资信评估公司主要投资主体为上海市社会科学院、上海沪银信息咨询中心，该公司成立后即成为中国第一家社会化专业资信评估公司。20 世纪 80 年代后期资信评估行业发展较快，据不完全统计，几年内全国资信评估机构发展到 40 多家，覆盖全国 20 个省份。这些资信评估机构除部分由专业机构投资设立外，大部分与中国人民银行或中国银行、工商银行、农业银行、建设银行等专业银行密切相关。1989 年 9 月，中国人民银行根据中央关于清理整顿公司的部署，撤销依托中国人民银行和各地专业银行设立的信誉评级公司，将信誉评级业务交由信誉评级委员会办理。

1990 年 8 月，中国人民银行就设立信誉评级委员会提出明确要求，主要包括：各地人民银行可以牵头组建信誉评级委员会，业务活动归口人民银行领导；信誉评级委员会下设具有独立事业法人地位的办公室，负责办理日常工作；信誉评级委员会不以营利为目的；原则上具备条件的省份只能成立一家信誉评级委员会，不具备条件的地区可暂不成立。经过一轮清理整顿后，资信评估行业进入一个相对健康发展的阶段。

二、社会主义市场经济体制背景下的信用评级业发展

1992年党的十四大确立了建设社会主义市场经济体制的目标。以邓小平南方谈话和党的十四大为标志，我国改革开放和现代化建设事业进入新的发展阶段，信用评级行业也迎来了规范发展的新阶段。

1992—1993年制定出台的几个重要文件对信用评级业的发展产生了重要影响。1992年12月发布的《国务院关于进一步加强证券市场宏观管理的通知》要求“证券的发行必须按上述程序和职责分工，在国家下达的规模内，经过严格财务审核、信用评级，按照产业政策的要求从严掌握”。1993年8月正式发布的《企业债券管理条例》第十五条第二款规定：“企业发行企业债券，可以向经认可的债券评信机构申请信用评级。”1993年11月党的十四届三中全会通过的《中共中央关于建立社会主义市场经济体制若干问题的决定》提出“资本市场要积极稳妥地发展债券、股票融资。建立发债机构和债券信用评级制度，促进债券市场健康发展。规范股票的发行和上市，并逐步扩大规模。货币市场要发展规范的银行同业拆借和票据贴现，中央银行开展国债买卖”。1996年4月1日施行的《贷款证管理办法》将企业资信等级纳入贷款证的记录内容，经发证机关认可的资信评估机构对企业评定的资信等级，可在贷款证中予以登记，并规定金融机构可将资信评估机构对企业做出的资信等级评定结论作为向企业提供贷款的参考依据。

得益于中央宏观政策的引导和推动，国内几个具有较大影响力的信用评级公司于1992—1997年相继成立。1992年7月成立的上海新世纪资信评估投资服务有限公司，曾用名为“上海新世纪投资服务公司”，是国内成立时间较早的信用评级机构。1992年10月成立的中国诚信证券评估有限公司是中诚信集团的前身，是我国第一家全国性的从事信用评级、金融证券咨询和信息服务等业务的非银行金融机构。1993年3月成立的深圳市

资信评估有限公司，曾用名为“鹏元资信评估有限公司”，现已更名为“中证鹏元资信评估股份有限公司”。1994 年 3 月成立的大公国际资信评估有限公司拥有政府监管部门认定的全部评级资质。

1993 年，社会各界关于资信评估行业的讨论非常热烈。1992 年 10 月在上海举行的全国资信评估研讨会被认为是中国信用评级行业发展史上的里程碑。研讨会重点讨论以下问题：资信评估工作的重要性；资信评估工作必须朝着规范化、标准化、国际化方向发展；必须花大力气尽快提高资信评估工作人员的素质；全国资信评估的级别符号及其含义应采取国际惯例并全国统一；资信评估机构设置及归属问题；发行股票是否要评估；成立全国性协会；等等。1993 年 6 月，上海远东资信评估公司和亚洲开发银行合作主办的“中国有价证券资信评估”国际研讨会在上海召开。会议指出，与主要发达国家相比，我国资信评估业存在以下有待解决的问题：一是机构设置问题，机构主要以银行金融系统为主，行政色彩太浓厚，设置不够规范、权威；二是债券利率浮动问题，资信评估结果对债券利率影响不大；三是投资者对评估的要求问题，与西方国家不同，我国投资者并没有坚持要两家评估机构同时评估；四是评估业务范围问题，1993 年我国资信评估业务只局限于公司债券和融资券评估。

对资信评估的强烈市场需求推动行业快速发展。1997 年 12 月，中国人民银行总行专门发文确定了 9 家具有企业债券资信评级资格的资信评估机构，其中包括：中国诚信证券评估有限公司、大公国际资信评估有限公司、深圳市资信评估有限公司、云南资信评估事务所、长城资信评估有限公司、上海远东资信评估公司、上海新世纪投资服务公司、辽宁省资信评估公司、福建省资信评级委员会。中国人民银行作为主要金融监管部门，由其以通知形式确定部分评级企业的资信评估资格，事实上建立了类似于美国的信用评级业认可制度。以此为标志，中国资信评估行业进入了相对规范发展的新阶段。此后，参照中国人民银行确定的认可制度形式，国家发展改革委、中国证监会、中国保监会等部门相继在各自管理领域建立了信用评级业认可制度。

第二节　初步发展阶段

1993 年党的十四届三中全会提出建立社会主义市场经济体制后，全国上下掀起市场经济建设热潮，基建投资、国内贸易、对外贸易等经济活动非常活跃。20 世纪 90 年代，中国社会处于计划经济向市场经济急剧转轨的激烈过程中。由于信息不对称、制度不健全等因素，经济转轨过程中的市场经济秩序出现了不同程度的混乱现象，诸如假冒伪劣商品充斥市场、合同违约、商业欺诈、逃废债务、工程招投标弄虚作假、质量低劣等社会失信问题频繁发生，社会信用缺失严重影响了经济发展。2000 年，国家开始高度重视整顿和规范市场经济秩序工作，2001 年国务院出台《国务院关于整顿和规范市场经济秩序的决定》，并成立全国整顿和规范市场经济秩序领导小组。社会信用制度作为整顿和规范市场经济秩序的一项重要举措和制度安排被提上议事日程。2001 年国民经济和社会发展"十五"计划纲要提出"大力倡导诚实守信的职业道德，加快建立健全社会信用制度"，这是国家重要文件首次对社会信用体系建设工作进行的部署安排。自此，中国社会信用体系建设由信用评级等金融层面全面扩展到社会治理层面。覆盖全社会的社会信用体系建设正式启动，21 世纪前 20 年波澜壮阔的社会信用体系建设繁荣局面自此开启。

1999—2011 年，我国社会信用体系建设的两条逻辑主线都取得了积极进展，尤其是信用评级业、征信业等金融领域信用体系建设成效显著，征信评级等金融基础设施的完善对规范全社会金融秩序起到了巨大作用。同时，利用信用手段参与社会治理的工作也在个别地方有序推开，取得了一定成效。这一阶段，可以看作全面推进社会信用体系建设的初步发展阶段。

一、征信评级等金融基础设施建设

征信业、信用评级业作为金融基础设施建设的组成部分，在金融领域工作中作用突出。20 世纪 90 年代，我国信用评级行业发展取得初步进展，但是该行业对经济社会发展的整体支撑作用有限，影响领域主要为直接融资领域，影响对象主要是大型企业。西方征信国家着重建设的覆盖个人和企业等全体社会成员的征信体系在我国尚未启动。2000 年，我国启动了个人和企业征信体系建设，其标志性事件就是 1999 年时任国务院总理朱镕基同志批示“银行信贷登记咨询系统应赶快建立，全国联网。个人信誉公司同意在上海试点”[①]。

1999 年 7 月，上海资信有限公司正式成立，该公司建立的初衷是对标西方征信国家建设市场化运行的个人征信公司，主要业务是将分散在商业银行、行业部门的个人信用信息进行归集与整合，建立个人信用信息数据库，对外提供个人信用服务。上海资信有限公司的正式成立带动了不少社会力量进入信用服务领域，促使上海市政府从培育和规范信用服务行业的角度制定并出台相关规章文件。2003 年 12 月和 2005 年 4 月，《上海市个人信用征信管理试行办法》《上海市企业信用征信管理试行办法》分别正式印发。在这两个办法中，上海市征信管理办公室被确定为指导和监管个人、企业信用征信活动的负责部门，同时，办法也明确了中国人民银行负责涉及银行业务的征信工作监管职责。

作为经济特区并且是两大证券交易所所在地之一的深圳，也紧跟上海的脚步迅速启动市场化个人征信体系建设工作。深圳以法制先行，征信立法工作领先于上海，2001 年 12 月，率先出台全国第一部个人信用管理政府规章——《深圳市个人信用征信及信用评级管理办法》，比上海出台同类办法早了两年；2002 年 10 月，出台《深圳市企业信用征信和评估管理办法》，比上海出台同类办法早了近三年时间。延续中国人民银行此前确

---

① 陈新年．信用论[M]．北京：经济科学出版社，2017：1.

立的信用评级业监管思路，《深圳市个人信用征信及信用评级管理办法》提出成立个人信用征信及评级监督委员会，负责对个人信用征信及评级业务实施监督管理，但事实上，该思路没有得到真正的贯彻落实。在规章制度出台后，相关征信系统也投入运行，2002 年 8 月，鹏元资信评估有限公司建设的深圳市个人征信系统投入使用。此后，鹏元资信评估有限公司承担的征信业务由 2005 年 4 月成立的鹏元征信有限公司承接。该公司由鹏元资信评估有限公司衍生创立，定位为专门负责建设、运维深圳个人和企业征信系统的征信机构，而鹏元资信评估有限公司则专注于信用评级业务，形成了两个鹏元公司的差异化发展策略。

在上海、深圳等市地方政府按照市场化思维推进个人征信业务的同时，中国人民银行也从金融业主管部门的角度出发，推动建设金融基础设施。2002 年 3 月，由中国人民银行牵头，原国家计划委员会、原国家经济贸易委员会、原国务院信息化工作办公室等 22 个单位参与的企业和个人征信体系专题工作小组正式组建，该专题工作小组负责提出全国企业和个人征信体系建设总体方案。2004 年，专题工作小组向国务院上报了《建设企业和个人征信系统总体方案专题报告》①，建议加快建设全国集中统一的企业和个人信用信息基础数据库，首先满足商业银行的实际需要，同时依法满足其他部门的征信需要。在进行总体规划设计后，2004 年中国人民银行启动企业信贷征信系统建设，主要思路是在 1997 年启动建设信贷登记咨询系统的基础上，进一步扩大信贷数据的征集范围，最终建立覆盖全国的信贷征信数据的统一数据库，并统一提供对外服务。2005 年年底，企业信贷征信系统实现主要商业银行全国联网运行，上海、浙江、天津、福建等省市成为提供试运行服务的首批地区。2006 年 7 月，企业信贷征信系统基本建成，全国国有大型商业银行、股份制银行、城市商业银行、外资商业银行以及部分信息化基础较好的农村信用社的信贷数据均接入该系统。个人信贷征信系统方面，2004 年年初，中国人民银行启动建设全国集中统一的

---

① 参见中国人民银行征信中心 2015 年 3 月发布的《征信系统建设运行报告(2004—2014)》。

个人征信系统，到2004年年底，初步实现了包括15家全国性商业银行和8家城市商业银行在内的23家银行全国联网试运行。2006年1月，个人信贷征信系统与全国所有商业银行和部分有条件的农村信用社实现数据接入，建成了全国统一的个人信贷征信数据库，并正式对外运行。覆盖全国的个人和企业信贷征信系统作为中国人民银行主导建设的金融基础设施，归集了所有银行业金融机构的信贷征信信息，覆盖了参与金融信贷体系的所有社会成员，该系统的建成为我国信贷市场乃至金融市场的健康发展、有效防范信用风险、推进社会信用体系建设起到了非常重要的作用。

中国人民银行既从工作层面加快推进个人和企业信贷征信系统建设，也注重完善组织保障体系。2004年4月，中国人民银行内部成立了银行信贷征信服务中心，负责信贷征信系统的建设运营工作。2006年3月，中央机构编制委员会办公室批准设立中国人民银行征信中心，为中国人民银行直属的事业单位，这是我国征信体系建设的重要标志性事件之一。2007年4月，中国人民银行征信管理局作为内设部门正式设立，承担征信业、信用业的监督管理职责。征信管理局的正式设立在我国征信业发展历史上有着重要的意义，基本确立了我国征信业及信用评级业的监督管理体制。征信管理局作为监管机构，负责对金融征信机构如中国人民银行征信中心以及其他商业征信机构实施监管。而中国人民银行征信中心作为央行下属的事业单位，其本质上与从事商业征信的市场化商业征信公司没有区别，均为具体征信服务的提供者。可以说，以2006年信贷征信系统开通运行和2007年征信管理局设立为标志事件，中国征信体系经过十多年的发展，其运行框架已基本搭建完成。基于上述丰富的系统建设实践基础，征信管理相关法规起草工作也提上议事日程并迅速开展，2009年10月，国务院法制办就《征信管理条例（征求意见稿）》对外征求意见。

二、地方信用体系建设的初步探索

金融征信体系建设是我国社会信用体系建设快速发展的一个缩影，但其并非中国特色社会信用体系建设的全部内容。中央政府的高度重视和强力部署，最终必将转化成地方政府的积极行动。除金融征信体系外，在我国大规模开展的全社会信用体系建设过程中，地方政府起到了重要的推动作用。正是地方政府轰轰烈烈的社会信用体系建设工作，开启了中国特色社会信用体系建设模式的探索之路。我们从地方政府层面研究我国全社会信用体系建设的发展历程。

2001 年国民经济和社会发展“十五”计划纲要首次从国家层面提出“加快建立健全社会信用制度”后，社会信用体系建设已被纳入中央的重要工作任务部署。2002 年 11 月，党的十六大报告中正式提出“健全现代市场经济的社会信用体系”，这是“社会信用体系”概念首次在党的重要文件中被提及。

2000 年前后在计划经济向市场经济转轨过程中，我国市场经济秩序出现过一定程度的混乱，中央决定大力整顿市场经济秩序，其中将信用体系建设作为这一重要部署的有力武器。从西方国家经验来看，信用手段原本只是金融领域的事情，征信体系建设征集的信息主要是金融征信信息。但是在中央大力整治市场经济秩序的背景下，信用手段成为各级政府部门整顿市场经济秩序的利器，原本属于金融领域的征信建设逐步扩展为覆盖金融、社会治理、道德伦理等各个领域，并且全社会都共同参与的社会信用体系建设。这正是中国特色社会信用体系建设产生的初步背景和契机，也是近 20 年来社会信用体系建设的逻辑起点。

在大力整治市场经济秩序的背景下，地方政府落实中央部署，积极推进信用体系建设，其中，作为改革开放前沿阵地的汕头经济特区是率先践行者。2000 年，在巨大的经济利益诱使下，以原潮阳市为典型的汕头部分地区市场秩序混乱，虚开增值税、制售假冒伪劣商品、走私贩私、逃废债等现象猖獗，以致国内部分地区专门发出通知，要求拒绝同汕头潮阳等地区的企业进行生意往来。信用缺失严重影响了汕头经济特区的发展，汕头乃至潮汕地区面临着严重的信用危机。2001 年按照省委省政府的部署，汕头在全国率先启动地方政府层面上的社会信用体系建设。其中，突出成效包括 2002 年 4 月开通试运行“汕头信用网”，该网站归集并整合了税务、海关、质监、打假办等部门的信息。该网站的开通首开地方信用门户网站建设的先河。汕头还利用特区立法权优势，出台《汕头市企业信用信息采集管理办法》《汕头市企业信用信息披露管理办法》等规章制度，从法制层面做好保障。在推进信用体系建设工作中，在市场化信用服务机构尚未成熟的情况下，汕头市探索出了初期由政府启动，待条件成熟后再转入市场化运作的模式，即确立了“政府推动，市场运作，逐步推进”的信用体系建设基本原则。直至2020年，该原则仍然适用于全国的信用体系建设试点。此外，汕头市还探索了“黑名单”制度，注重信息主体权益保护，推进征信市场建设等工作，这些工作也是一直以来信用体系建设中必须注意解决的问题。

自汕头市率先启动信用体系建设试点后，广东在全省层面推进全社会的信用体系建设，2002年4月，广东省人民政府印发《关于加强我省信用建设工作的通知》，提出“提高认识，统一思想，积极推动信用建设工作”“维护政府信用，促进全社会信用建设”“加强企业信用建设，推动企业走诚信经营道路”“建立个人信用体系，夯实全社会信用基础”“加强制度创新，制定切实措施，保证我省信用建设的顺利推进”“加强领导，积极实施”等六方面工作部署。2003年11月，省政府办公厅印发《关于全面推进我省企业信用信息网建设意见》的通知，提出“到2003年底，珠江三角洲地区的大部分市，要基本完成企业信用信息网的建设。到2004年上半年，其余各市要初步建成企业信用信息网”的建设目标。2004年11月，由广东省原经贸委、信息产业厅牵头，工商、税务、质监、中国人民银行、海关等部门参与建设的“广东企业信用信息网”开通运行，面向社会公众提供覆盖全省企业的信用信息查询服务。2007年，广东在国内率先出台了地方性法规《广东省企业信用信息公开条例》，为规范政府行政部门公开企业信用信息活动，推进企业信用体系建设，促进企业健康发展，保障公民、法人和其他组织依法获取企业信用信息，提供了重要的法律依据。

江苏是国内较早从地方政府层面推动全社会信用体系建设的省级地区。2004年11月，江苏省政府下发《关于加快推进社会信用体系建设的意见》，提出社会信用体系建设的主要任务包括努力提高诚信意识、逐步完善信用监督、有序发展信用服务、大力提升政府信用、加强企业信用体系建设、推进个人信用管理、建立健全信用法规。该文件部署的成立省公共信用信息中心、建立公益性的数据库和网站、制定《江苏省公共信用信息归集和使用暂行办法》等工作任务，陆续在之后几年内落地实现。2005年6月，江苏省公共信用信息平台、“诚信江苏”网站正式开通；2007年9月，江苏省政府分别发布个人信用征信管理和企业信用征信管理的政府规章；2008年2月，江苏省机构编制委员会办公室批准设立省公共信用信息中心。开通网站、建立制度、设立机构等标志性事件，奠定了江苏省信用体系建设在全国的领先位置。2007年9月江苏省委省政府印发《关于加快推进诚信江苏建设的意见》。从党委层面部署诚信建设在各省份都较少见，可见江苏对诚信建设工作的重视程度。该文件印发后，江苏省政府办公厅于2008年制定了信用体系建设三年行动计划，通过规划的形式将相关部署细化分解并推动落实。

浙江信用体系建设起步也较早，2002年6月，浙江省第十一次党代会做出建设“信用浙江”的战略决策。同年7月，浙江省政府印发《关于建设“信用浙江”的若干意见》，提出努力提高政府、企业、个人三大主体信用，大力推进健全信用制度、弘扬信用文化、完善信用监管三大建设，部署了推进信用法规建设、完善企业信用查询系统、推进企业诚信经营、规范企业信贷行为等十项重点工作。2002年6月，浙江省企业信用发布查询系统开通运行。2005年9月，浙江信用法规制度建设取得重大突破，《浙江省企业信用信息征集和发布管理办法》正式施行，为企业信用发布查询系统的数据征集和发布管理提供了制度依据。2006年，《浙江省社会信用体系建设“十一五”规划》编制完成，该规划是全国最早编制并实施的省级信用体系建设专项规划。该规划提出建设和完善企业、个人联合征信数据平台，培育政府、企业、个人三大信用主体，构建信用政策法规体系、信用服务体系、信用文化体系、信用监管与奖惩体系、区域信用联动体系，搭建了浙江社会信用体系建设的基本架构。

除广东、江苏、浙江外，21 世纪初其他地方和行业也积极推进社会信用体系建设工作，如湖南于 2006 年 1 月施行《湖南省信用信息管理办法》，内蒙古于 2006 年 9 月施行《内蒙古自治区信用信息管理办法》，2007 年商务部印发《商务领域信用信息管理办法》，2008 年江西省印发《江西省公共信用信息归集和使用暂行办法》等。可以说，在中央的大力推动和地方的积极落实下，2001—2007 年我国社会信用体系建设掀起了一个发展高潮。

依托于地方实践经验，2007 年 3 月，国家层面首个专门部署社会信用体系建设的文件——《国务院办公厅关于社会信用体系建设的若干意见》正式出台。该意见首次从国家层面系统阐述了建设社会信用体系的重要意义、基本原则、重点任务等，提出的“统筹规划、分类指导，政府推动、培育市场，完善法规、严格监管，有序开放、维护安全”等原则，以及“完善行业信用记录、加快信贷征信体系建设、培育信用服务市场、完善法律法规”等重点任务，确立了沿用至今的我国社会信用体系建设的基本思路和框架。该意见的制定出台标志着中国特色社会信用体系建设模式已初步形成。

《国务院办公厅关于社会信用体系建设的若干意见》出台后，国家层面对社会信用体系建设工作的安排也逐步机制化。2007 年 4 月，国务院社会信用体系建设部际联席会议制度正式建立，国务院秘书长担任召集人，组成人员包括国务院副秘书长及有关部委领导，办公室设在国务院办公厅。2008 年 11 月，部际联席会议制度调整为由中国人民银行牵头。中国人民银行作为金融业主管部门，组织推动征信体系建设工作较为顺畅，但是其单独牵头社会信用体系建设存在一定困难：一方面，全社会信用体系建设工作涉及范围非常广，而中国人民银行的主要职责为金融管理，并不熟悉金融领域之外的其他领域的信用体系建设；另一方面，中国人民银行地方分支机构属于中央垂直管理，并非地方政府部门，对地方政府部门的协调能力有限。直到 2012 年 7 月，部际联席会议制度才调整为由国家发展改革委、中国人民银行双牵头。

第三节　全面推进阶段

经过21世纪前十年的摸索推进，全社会信用体系建设虽然取得了一定进展和成效、总结了一些经验和做法，但总体还是处在探索前行阶段，具体体现为：建设工作的系统化和体系化水平不高、工作机制不顺畅，信用法规和制度基本空白，信用信息记录整合碎片化，失信信息公开发布影响力不足，失信惩戒没有落实到位、对失信者的震慑力有限，市场化的信用服务尚未发展，政务失信问题突出等。2011 年 10 月，党的十七届六中全会专题研究推动社会主义文化大发展大繁荣问题，诚信建设问题在全会文件中被提及。其中关于诚信建设有两个重要提法值得关注：第一，首次提出四大领域诚信建设，“把诚信建设摆在突出位置，大力推进政务诚信、商务诚信、社会诚信和司法公信建设”，四大领域诚信建设覆盖了全社会各个方面，中央全会的这个重要提法极大地拓展了社会信用体系建设的内涵和外延，中国特色社会信用体系建设又向前迈进一大步。第二，首次提出“抓紧建立健全覆盖全社会的征信系统”，明确了接下来很长一段时间社会信用体系建设的重点及核心任务。党的十七届六中全会的这两个重要表述确定了新一阶段我国信用体系建设的根本基调，我国社会信用体系建设进入了全面推进阶段。信用体系建设进入全面推进阶段，首要表现就是中央对该项工作的全方位高度重视，党的十八大、十九大、有关中央全会均对此做出重要部署，经中央全面深化改革领导小组审议，或以国务院、中共中央办公厅、国务院办公厅名义专门印发的相关文件近十项。党中央、国务院的高度重视，推动社会信用体系建设进入全面推进的美好时代。

一、规划谋划阶段

2011 年 10 月 19 日，国务院召开第 176 次常务会议，重点部署制定社会信用体系建设规划。国务院常务会议勾勒出了社会信用体系建设的核心问题，即社会成员信用信息的记录、整合和应用，建立健全覆盖全社会的征信系统；提出加快征信立法和制度建设、推进行业部门和地方信用体系建设、建设覆盖全国的征信系统、加强监管完善信用服务市场体系、加强政务诚信建设、大力培养社会诚信意识等重点任务。国务院常务会议之后，国家发展改革委正式全面参与信用体系建设工作。国家发展改革委以及发展改革系统参与信用体系建设有其必然性：一方面，国家发展改革委负责综合性的宏观经济管理工作，在政府组成部门中排在首位，统筹协调能力较强，由国家发展改革委负责该项工作契合新一阶段社会信用体系建设的内涵和外延；另一方面，编制发展规划是国家发展改革委擅长的业务工作，因此，国家发展改革委全面主导信用体系符合中央全面推进信用体系的战略定位。

2012 年 7 月，国务院进一步理顺了社会信用体系工作组织机制，对部际联席会议职责和成员单位做出调整。第一，牵头单位调整为国家发展改革委、人民银行双牵头，发展改革系统正式主导全社会信用体系建设。第二，增加及细化部际联席会议制度的主要职责，推进信用标准和联合征信技术规范建设、协调推进政府信用信息资源整合和交换、建立健全覆盖全社会的征信系统、推进信用信息开放和应用、协调推进信用文化建设和诚信宣传等多层次、全方位的工作均在主要职责中予以体现。第三，对应主要职责的增加，相应增补宣传、政法、文明办、检察院、教育、民政、司法、财政、农业、文化、卫生、知识产权、食品药品监管等部门作为成员单位。这是 2011 年国务院常务会议后国家层面的第一个大动作。信用体系建设开始进入国家发展改革委主导的时代，这为后续国家发展改革委大刀阔斧地推进各方面工作埋下了伏笔。

2012 年，关于诚信建设的重要部署再次被写入党的十八大报告中。党的十八大报告首次概括了社会主义核心价值观，“诚信”被纳入其中。而党的十八大报告在指出我们前进道路中的困难和问题时，专门提到了“一些领域道德失范、诚信缺失”。与以上问题相对应，党的十八大报告做出工作层面上的重要部署，提出“深入开展道德领域突出问题专项教育和治理，加强政务诚信、商务诚信、社会诚信和司法公信建设”。党的十八大报告再次明确了四大领域诚信建设的重点任务，为接下来一段时间的诚信建设吹响了冲锋的号角。党中央做出诚信建设的全面部署后，中国人民银行、国家工商行政管理总局（以下简称工商总局）等部门分别根据自身职责积极推动征信管理和市场主体信用监管工作。

征信管理方面。2013 年 1 月，国务院颁布了《征信业管理条例》。《征信业管理条例》的制定历经近十年时间，自 2003 年国家赋予中国人民银行对征信活动进行监督管理的权责开始，中国人民银行就一直在考虑推动制定征信相关法律法规，不同时期起草的征信相关法律法规名称也不同，先后沿用“征信管理法”“征信条例”“信贷征信条例”“征信管理条例”等名称。2009 年 10 月《征信管理条例》对外征求意见，其将信用报告业务、信用评分业务和信用评级业务等纳入征信管理范围，试图实现中国人民银行对信用报告、信用评分、信用评级等业务的监管全覆盖。该征求意见稿由国务院法制办公室（简称）公开征求意见后并未正式发布，直到 2013 年 1 月《征信业管理条例》才正式发布。

信用监管方面。2014 年 8 月国务院颁布了《企业信息公示暂行条例》。该条例的制定出台与商事登记制度改革密切相关，2014 年 2 月，国务院发布《注册资本登记制度改革方案》，核心内容包括：将注册资本实缴登记制度改为认缴登记制度，将企业年度检验制度改为企业年度报告公示制度，简化经营场所登记手续，等等。在极大地放宽市场准入条件的同时，以加强市场主体的事中事后监管作为配套。事中事后监管机制主要包括信息对外公开公示、信用约束机制等。《企业信息公示暂行条例》是对市场主体事中事后监管的法规依据，是商事登记制度改革最重要的法规保障，也是我国探索实施信用监管的最新制度成果。

自 2011 年国务院常务会议部署起草社会信用体系建设规划开始，历经两年多的起草时间，2014 年 1 月，《社会信用体系建设规划纲要（2014—2020 年）》正式由国务院常务会议审议通过。2014 年 6 月，《社会信用体系建设规划纲要（2014—2020 年）》作为国务院文件印发，这是我国出台的首个国家级信用体系规划文件，此时距离我国提出社会信用体系建设的概念已过去14年时间，距离首个国家层面信用体系建设文件的出台也有7年时间。国家社会信用体系建设规划纲要有以下几个内容需要重点介绍：第一，确定了“政府推动、社会共建，健全法制、规范发展，统筹规划、分步实施，重点突破、强化应用”等信用体系建设主要原则，这是对2007年《国务院办公厅关于社会信用体系建设的若干意见》提出的“统筹规划、分类指导，政府推动、培育市场，完善法规、严格监管，有序开放、维护安全”等原则的进一步深化。第二，将政务诚信、商务诚信、社会诚信、司法公信等四大领域诚信建设具体化为34个行业领域的建设任务，这是对党的十七届六中全会、十八大有关重要部署的响应落实。第三，确定了中国特色社会信用体系建设的三大工作举措和抓手，包括加强诚信教育与诚信文化建设、加快推进信用信息系统建设和应用、完善以奖惩制度为重点的社会信用体系运行机制。

国家社会信用体系建设规划纲要经过多年打磨，是一个凝聚了当时社会各界对社会信用体系建设共识的高水平规划部署文件，该文件的出台至少蕴含以下两方面的重要意义：一是该文件搭建了中国特色社会信用体系建设模式的基本框架和思路，是我国社会信用体系建设的具体施工图；二是该文件将地方近些年探索的信用体系建设的有益经验上升到国家层面进行推广，回应了社会各界对信用体系相关问题的争议，进一步统一了全国上下推动信用体系建设工作的具体思路。从2014年国家社会信用体系建设规划纲要制定出台开始，在国家发展改革委的强力推动下，全国社会信用体系建设进入了大繁荣大发展的全新阶段。2014—2016年，绝大多数省份均制定出台本地区信用体系规划，其中广东省信用体系规划在2014年7月就已出台，成为国家社会信用体系建设规划纲要印发后率先出台的第一个省级信用体系规划。

二、顶层设计阶段

制定出台国家社会信用体系建设规划纲要只是我国社会信用体系建设工作的新起点，而非标志着这项工作取得了巨大成效。规划纲要所设想的一系列工作任务需要依托其他顶层设计文件进行部署落实。公开资料显示，2014—2016年间中央先后审议或出台近十个文件，覆盖统一社会信用代码制度改革、守信激励和失信惩戒机制建设、对失信被执行人信用监督警示惩戒、加强政务诚信建设、加强个人诚信体系建设、电子商务领域诚信建设等方面。这些文件与国家社会信用体系建设规划纲要共同构成了中国特色社会信用体系建设的部署框架和体系，每个文件都对我国社会信用体系建设工作产生了巨大影响。

2015年6月，国务院批转有关部门共同制定的《法人和其他组织统一社会信用代码制度建设总体方案》，宣布启动法人和其他组织统一社会信用代码制度改革。众所周知，统一社会信用代码制度改革之前，不同行业管理部门按照其职责要求，均对其登记或管理的法人和其他组织赋予相关管理代码，例如，工商部门建立工商注册登记号，税务部门颁发纳税登记号，质监部门颁发组织机构代码，人民银行颁发机构信用代码，机构编制部门、民政部门等分别对事业单位、社会组织颁发法人代码，等等。各个行业部门颁发的各式各样的法人代码，既增加了显性的行业管理成本又增加了隐性的社会交易成本，同时缺乏统一的社会主体标识代码也影响后续数据的整合及应用，信用体系建设工作的进一步深化受到限制。早在2007年，国家就认识到建立统一社会信用代码的紧迫性，《国务院办公厅关于社会信用体系建设的若干意见》中提出“逐步建设和完善以组织机构代码和身份证号码等为基础的实名制信息共享平台体系”。2013年新一届政府的职能转变方案中，将建立统一社会信用代码制度列为重点工作任务。2015年6月总体方案出台后，我国法人组织统一社会信用代码的时代正式到来，社会信用体系建设有了坚实的统一代码制度基础。

2016年5月，国务院印发《关于建立完善守信联合激励和失信联合惩戒制度加快推进社会诚信建设的指导意见》。一直以来，加强对守信行为激励和对失信行为惩戒是社会各界推进信用体系建设的共识，国家规划纲要甚至将守信激励和失信惩戒机制定位为社会信用体系运行的核心机制。但是，关于如何建立信用奖惩机制、如何实施守信激励和失信惩戒等问题，此前缺乏国家层面的顶层设计文件。《关于建立完善守信联合激励和失信联合惩戒制度加快推进社会诚信建设的指导意见》勾勒出了信用奖惩工作的基本框架和思路。该文件对于促进我国信用体系建设发展的历史意义不亚于国家社会信用体系建设规划纲要。与建立信用奖惩制度相关的还包括2016年9月印发的《关于加快推进失信被执行人信用监督、警示和惩戒机制建设的意见》，这是专门由中共中央办公厅和国务院办公厅联合印发的关于对失信被执行人实施信用管理的文件，其制定的背景是经济社会生活中普遍存在的执行难问题极大地扰乱了经济社会正常运行秩序，因此必须下定决心解决执行难问题。

2016年11月，中央全面深化改革领导小组第二十九次会议集中审议了三个信用体系建设专门文件，包括《关于加强政务诚信建设的指导意见》《关于加强个人诚信体系建设的指导意见》《关于全面加强电子商务领域诚信建设的指导意见》。上述三个文件于2016年12月正式印发，其中《关于加强政务诚信建设的指导意见》由国务院印发，《关于加强个人诚信体系建设的指导意见》由国务院办公厅印发，《关于全面加强电子商务领域诚信建设的指导意见》由国家发展改革委等部门联合印发。这三个文件针对政务诚信、个人诚信、电子商务诚信等群众重点关注的诚信建设领域做出部署，提供解决方案，在一定程度上回应了党的十八大报告中关于“一些领域诚信缺失”的提法。

此外，2015年6月国务院办公厅还印发了一个与信用体系建设密切相关的文件《关于运用大数据加强对市场主体服务和监管的若干意见》，近年来在全社会形成巨大影响力的“行政许可、行政处罚等信息自作出行政决定之日起7个工作日内上网公开”工作正是在该文件中首次提出的。

上述国家制定出台的文件以及各省份制定的贯彻落实文件，共同构成了中国特色社会信用体系建设模式的施工蓝图。可以说，到2016年年底我国已基本完成社会信用体系建设的顶层设计，此后信用体系建设进入全面落实、深化推进阶段。

三、全面落实阶段

2014 年国家社会信用体系建设规划纲要出台后，国家和地方按照规划纲要总体设计组织并推进各项重要建设任务。

第一，统一社会信用代码制度实施。与《法人和其他组织统一社会信用代码制度建设总体方案》规定的“工商部门自 2015 年 10 月 1 日起实施，其他登记管理部门在 2015 年底前实施”相配套，国家强制标准《法人和其他组织统一社会信用代码编码规则》于 2015 年 10 月 1 日正式施行。以统一社会信用代码制度作为基础条件的改革举措相继出台，2015—2017 年国务院办公厅连续三年发文推进“多证合一”改革工作，包括《关于加快推进“多证合一”改革的指导意见》《关于加快推进“五证合一、一照一码”登记制度改革的通知》《关于加快推进“三证合一”登记制度改革的意见》等文件。经过多轮改革推动，以统一社会信用代码为基础的法人组织机构标识体系基本建立，这对于提升社会整体运行效率和优化营商环境是极大的促进，也是社会信用体系建设对近几年简政放权、放管结合、优化服务举措提供基础支撑的具体表现。

第二，信用数据归集和信用系统平台建设。其重点是发展改革部门作为信用体系建设牵头单位，牵头组织建设综合性的公共信用信息平台和网站。其中，最突出的成就是国家层面建成“信用中国”网站和全国信用信息共享平台，形成全国信用信息共享“总枢纽”和信用服务“总窗口”，全国信用信息共享平台归集、整合了数百亿条数据，各省份及大多数地级市建成本级信用门户网站和信用信息共享平台。国家和地方信用网站平台建设百花齐放，2017 年 4 月，国家发展改革委印发《关于加强全国信用信息共享平台一体化建设和信用门户网站一体化建设的指导意见》，系统部署信用信息共享平台和信用门户网站全国一体化建设工作。有关行业部门也积极组织建设本行业信用系统，原国家工商总局建设的国家企业信用信息公示系统于 2014 年 2 月上线运行。

第三，信用激励和惩戒机制的建设和实施。国务院 2016 年出台并实施信用奖惩制度建设指导意见后，全国上下信用奖惩工作得到极大提升。按照官方的说法，我国已构建了信用联合奖惩的大格局。其中，国家发展改革委牵头联合有关部门重点推进以下两方面工作：一是组织编制针对相关守信或失信主体的激励和惩戒合作备忘录，从2014年12月印发首个备忘录《关于对重大税收违法案件当事人实施联合惩戒措施的合作备忘录》算起，已印发50多个联合激励或联合惩戒备忘录。合作备忘录虽然只是对已有法律法规和政策文件的梳理汇总，但是却很好地督促并帮助了地方和部门实施信用激励或惩戒。二是组织对激励或惩戒对象的认定和信息共享，包括失信被执行人、重大税收违法案件当事人、纳税信用A级纳税人、海关高级认证企业等。基于上述两方面的工作基础，信用激励和信用惩戒的推动落实也就顺理成章，成效非常显著。

第四，信用信息公开公示。信用信息公开公示是信用应用的主要形式，通过对信用信息进行公开公示，在一定程度上提升了信用惩戒的效能。信用信息公开公示的主要载体是信用门户网站，除通过查询下载获得信用主体的信用档案并予以应用、公开或传播外，建立行政许可、行政处罚等行政决定信息公示制度对于促进信用体系建设工作作用巨大。各级信用门户网站和各行业部门政务网站及时公开公示相关行政决定信息，推动形成信息公示矩阵，有效发挥了信用信息公开公示的威力。该项工作由《关于运用大数据加强对市场主体服务和监管的若干意见》中首次提出，2015年9月起国家发展改革委连续印发多个文件和标准规范推进此项工作。该项工作除提升信用应用效能等作用外，对信用体系建设本身也有重要作用：一是丰富了发展改革部门推进信用体系建设工作的抓手；二是促进信用数据的归集，双公示数据是公共信用信息平台整合、归集的主要信用数据之一，数据鲜活程度非常高；三是因双公示工作而产生的信用修复、咨询培训等工作可以充实公共信用服务机构的工作量，也可以促进一批信用服务机构的发展壮大。

第五，城市信用建设。国家发展改革委组织评审全国社会信用体系建设示范城市，2015年7月首次批准11个，2016年4月第二次批准32个。

2017 年 12 月批复 12 个城市为示范城市（杭州市、南京市、厦门市、成都市、苏州市、宿迁市、惠州市、温州市、威海市、潍坊市、义乌市、荣成市），2019 年 8 月批准 16 个城市为示范城市（青岛市、武汉市、鞍山市、上海市浦东新区、上海市嘉定区、无锡市、合肥市、淮北市、芜湖市、安庆市、福州市、莆田市、郑州市、宜昌市、咸宁市、泸州市）。城市信用监测也是城市信用建设的核心抓手之一，与“双公示”一样，该项工作也是源于《关于运用大数据加强对市场主体服务和监管的若干意见》提出的“运用大数据推动社会信用体系建设”。2016 年 6 月，国家发展改革委印发《关于运用大数据技术开展城市信用状况监测工作的通知》，全面启动城市信用监测工作。由于不断对地方施加工作压力，直辖市、副省级城市、地级市、县级市等各级城市对该项工作高度重视，对城市信用建设起到了非常积极的作用。

除统一社会信用代码、信用奖惩、信用数据归集和信用系统平台建设、信用信息公开公示、城市信用建设等主要工作外，地方政府和各部门也积极推动信用服务市场的发展、重点领域失信治理等工作，并取得长足进步。社会信用体系建设进入全面落实阶段，取得了明显成效。

第四节　社会信用体系建设新时代

2017 年，党的十九大做出中国特色社会主义进入新时代的重要判断。党的十九大报告及之后的多个中央重要文件均就诚信建设做出重要部署。党的十九大报告中指出：增强政府公信力和执行力，建设人民满意的服务型政府；推进诚信建设和志愿服务制度化；健全环保信用评价、信息强制性披露、严惩重罚等制度。党的十九届三中全会通过的《中共中央关于深化党和国家机构改革的决定》中强调“加强信用体系建设，健全信用监管，加大信息公开力度，加快市场主体信用信息平台建设，发挥同行业和社会监督作用”。党的十九届四中全会通过的《关于坚持和完善中国特色社会主义制度推进国家治理体系和治理能力现代化若干重大问题的决定》

要求“完善诚信建设长效机制，健全覆盖全社会的征信体系，加强失信惩戒”。

具体工作部署层面。2019 年 7 月国务院办公厅再次印发信用体系建设专门文件《国务院办公厅关于加快推进社会信用体系建设构建以信用为基础的新型监管机制的指导意见》，从发挥信用在创新监管机制、提高监管能力的基础性作用方面，部署信用体系建设相关工作。该意见代表了国家层面对信用体系建设下一步主攻方向的思考。2020 年 1 月施行的《优化营商环境条例》再次强调了信用体系建设在优化营商环境建设中的重要作用，其中第三十条规定“国家加强社会信用体系建设，持续推进政务诚信、商务诚信、社会诚信和司法公信建设，提高全社会诚信意识和信用水平，维护信用信息安全，严格保护商业秘密和个人隐私”。

基于党的十八大以来信用体系建设取得的成绩、党的十九大后中央重要文件关于信用体系建设新的发展方向的部署要求、国家社会信用体系建设规划纲要等实施完毕等的实际情况，我国社会信用体系建设事业进入新时代。新时代的中国特色社会信用体系建设是国家治理体系和治理能力现代化的重要手段，其着力点是通过弥补经济社会活动中各类市场主体信用信息不对称，解决社会诚信缺失等突出问题，最终满足新时代人民日益增长的美好生活需要。我们对新时代中国特色信用体系建设有更多的期待和畅想。

第二章　公共信用信息

建设社会信用机制的主要目的是解决诚信缺失的突出问题，诚信缺失产生的重要原因则是信息不对称。现代市场经济运行机制复杂，市场主体在信息禀赋、获取信息能力以及知识存量储备等方面存在巨大差异，将不可避免地导致信息不对称，因而产生诚信缺失或信用问题。对信用信息进行记录、传播和使用，以此弥补信息不对称，正是建设社会信用机制的关键。在社会信用机制建设涉及的所有信息类型中，公共信用信息处于重要地位，是社会信用体系建设的核心资源。

第一节　公共信用信息的概念

一、公共信息

《现代汉语词典》中认为“信息”包括两层含义：一是音信、消息；二是信息论中指用符号传送的报道，报道的内容是接收符号者预先不知道的。从知识传播的角度看，信息泛指人类社会传播的一切内容，社会主体通过获得、识别自然界和社会的不同信息来区别不同事物，得以认识和改造世界。

公共信息在“信息”定义的基础上作进一步限定，突出“公共”特征。《现代汉语词典》中将“公共”定义为：属于社会的；公有公用的。“公共信息”概念涉及的学科领域非常广泛，包括管理学、经济学、社会学、法学、情报学等学科。例如，信息经济学中，斯蒂格利茨（Stiglitz）等西方经济学家认为公共信息是绝大多数市场参与者所认同或了解的“共同知识”。基于该定义，西方经济学家提出了产品市场在不完全信息状态下出现的博弈论、逆向选择等问题。

随着信息技术的发展，20 世纪 70 年代以来公共管理、情报学等领域逐渐将信息视作一种资源进行管理。从信息资源产生主体及权属的角度来看，信息资源可分为私人信息资源和公共信息资源①。私人信息资源一般是指“由私人生产和提供的信息资源，其生产成本由私人承担，采用等价交换的市场供给方式”；而公共信息资源一般是指“政府为了维护公共利益和社会公平而向公众提供的信息资源”。也有学者认为“公共信息资源管理是政府信息资源管理的新发展”。

美国、英国等西方国家较早提出了公共信息资源管理相关政策和理念，主要目的是保证信息自由流动和公众获取信息的权利。1990 年，美国全国图书馆和信息科学委员会（NCLIS）出台《公共信息准则》，将公共信息定义为“联邦政府制作、编辑或维护的信息”“公共信息是公众所拥有的信息，委托给他们的政府持有；除法律限制外，随时可供公众取用”。英国议会于 2000 年通过的《信息自由法》明确规定公民有权获取公共部门所保存的信息记录。

国内学者多从提供者角度研究公共信息，一般将行政机关产生的信息称为公共信息或政府信息。也有学者将公共信息产生的主体扩展到所有公权机关，包括行政机关、司法机关、法律法规授权的组织等。2008 年实施的《中华人民共和国政府信息公开条例》在公共信息管理中具有里程碑式的意义，该条例对公共信息或政府信息的内涵和外延进行了界定。该条例第二条即“政府信息是指行政机关在履行职责过程中制作或者获取的，以一定形式记录、保存的信息”。附则第三十六条规定“法律、法规授权的具有管理公共事务职能的组织公开政府信息的活动，适用该条例”。此外，第三十七条还规定“教育、医疗卫生、计划生育、供水、供电、供气、供热、环保、公共交通等与人民群众利益密切相关的公共企事业单位在提供

① 蒋永福．论公共信息资源管理——概念、配置效率及政府规制［J］．图书情报知识，2006（3）：11－15.

社会公共服务过程中制作、获取的信息的公开，参照执行”。

总结国内外有关做法和研究成果，可以将“公共信息”定义为公共部门在开展行政管理或提供公共服务的过程中产生或者获取的信息。公共信息具备以下特征。

一是信息产生主体的非营利性。公共信息的产生主体主要包括行政机关、司法机关、法律法规授权的组织、提供公益服务的事业单位，以及提供水、电、燃气、公共交通等服务的企业。这些组织有的是机关法人、有的是公益性质的事业单位，这些组织设立的主要目的毫无疑问是非营利性的；而供水、供电、供气等公共服务企业虽然在法律性质层面为营利性法人，但其主要目的仍是提供满足人民群众基本生活需求的基本公共服务，具有准公共产品的特征，不能与纯粹以营利为目的的普通公司和企业类同。

二是信息产生过程的严肃性。私人信息资源主要产生于市场主体双方的交易活动，私人信息资源的主要应用也在于内部管理使用，因此私人信息资源记录的形式多种多样，以满足交易双方共同认可为基本要件，且私人信息资源传播的范围较窄。与之不同的是，公共信息资源由公共部门产生，具有公共产品的特征，信息产生后即作为一项社会共有的资源予以记录，且后续将会进行广泛传播和共享，因此公共信息的产生过程非常严谨。如行政机关产生的行政许可、行政处罚、行政强制等信息均遵循统一的标准规范，且记录过程具备一定的制作程序，应由相关职级人员进行签发等。总的来看，公共信息记录的严肃性、严谨度远高于私人信息资源。

三是信息资源本身的公共性。从信息产生方面来看，公共信息主要来源于行政管理和公共服务行为，是为实现社会共同利益而形成的。从信息使用方面来看，在保护好国家秘密、商业秘密和个人隐私的情况下，公共信息可以为全社会所共同使用，因此，信息资源本身具备完全公共产品或准公共产品的特征。

四是信息资源管理的安全性。公共信息的记录和使用应以维护信息安全为基本前提，主要体现在保守国家秘密、不得侵犯商业秘密和个人隐私三方面。信息安全是当前经济社会发展过程中令人高度关注的议题。现代信息技术的快速发展在为人们带来生活便利的同时，也导致了信息尤其是个人信息的严重泄露。因此，在公共信息资源管理过程中尤其要注意信息安全问题，一切信息资源管理活动均应遵循不得危害国家安全、不得侵犯公共利益和保护普通个人利益等原则。

具体到行政层面，我国高度重视有关公共信息资源工作，中央对此做出了一系列工作部署。公开信息显示，2017 年 2 月，中央全面深化改革领导小组第三十二次会议审议通过《关于推进公共信息资源开放的若干意见》，提出要加强规划布局，进一步强化信息资源深度整合，促进信息惠民，发挥数据大国、大市场优势，促进信息资源规模化创新及应用，着力推进重点领域公共信息资源开放，释放经济价值和社会效应。2018 年 1 月，国家网信办、国家发展改革委、工业和信息化部联合印发《公共信息资源开放试点工作方案》，提出在北京、上海、浙江、福建、贵州等地开展试点，重点开放信用服务、医疗卫生、社保就业、公共安全、城建住房、交通运输、教育文化、科技创新、资源能源、生态环境、工业农业、商贸流通、财税金融、安全生产、市场监管、社会救助、法律服务、生活服务、气象服务、地理空间、机构团体等领域的公共信息资源。

二、信用信息

三维信用论认为，信用由诚信度、合规度、践约度三维构成（吴晶妹，2016）。本书对应三维信用理论的研究成果，从三个层面解读“信用”的含义。

第一，伦理道德层面。在此层面上“信用”与“诚信”同义，是指有关主体的道德文化理念、精神素养和意愿、精神气质等，此时的“信用”更多的是指意识层面，不一定通过具体行为表现，较高的信用或诚信水平体现出较高的人类精神文明发展水平。伦理道德层面的诚信建设主要是通过加强诚信宣传教育等方式进行，最终提升社会成员的诚信意识，让诚信理念入脑入心，提升全社会的精神文明建设水平。

第二，社会活动层面。社会活动层面的信用是指信用主体遵守行政管理规定、行业规则、民间惯例、内部管理规定等社会规则的行为和能力。在某种程度上，社会活动层面的“信用”契合了现阶段社会信用体系的主要建设内容，这与西方国家的传统征信服务有着明显区分。我国现阶段社会信用体系建设的内涵和外延远远大于传统的征信服务，与西方传统征信服务最大的区别就在于，社会信用体系重点对社会活动层面的信用体系建设做出管理规定，这正是西方传统征信服务所欠缺的。

第三，经济交易层面。经济交易层面的信用是指信用主体在经济交易过程中遵守交易规则或合同约定的行为和能力。该层面的“信用”与传统的征信、信用调查或资信评级服务完全契合，也可将其归结为征信体系建设，这正是西方传统征信服务的建设内容。

与伦理道德层面的信用不同，社会活动层面和经济交易层面的信用需要通过具体行为或能力体现，直接表现就是以信息资源的形式对具体行为或能力进行记录并传播，从而达到展现信用程度或状况的目的。记录并传播的资料，即可称为信用信息。《信用基本术语》① 将“信用信息”定义为反映或描述信用主体信用状况的相关数据和资料等。关于此定义需要明确以下几个问题。

一是信用主体的范围。从经济社会管理层面看，从事社会活动和经济交易的市场主体均为信用主体，包括个人、企业、事业单位、社会团体以及其他法人或非法人组织等。行政机关或司法机关作为经济社会活动的管理、裁决机构，在从事政府采购等经济交易活动时，其身份与普通民事主体相一致，也是一个普通的信用主体。同时，从加强政务诚信建设的角度来看，行政司法机关从事相关公务活动时形成了以自身为对象的守信或失信行为信息，此时行政司法机关也被纳入信用主体的范围。从法律层面看，根据《中华人民共和国民法典》的规定，具有完全民事行为能力的自然人以及个体工商户、法人、非法人组织等均应承担完全民事责任，因此

---

① 全国信用标准化技术工作组．信用基本术语：GB/T22117－2008[S]．北京：中国标准出版社，2008：3.

这些民事主体均可被认为是信用主体。

二是信用状况的内涵。信用主体的信用状况既可以通过具体的行为活动展现，也可以从主体本身的能力状态予以展现。从行为活动方面展现，首先是信用主体遵守法律法规、社会管理规则的表现，展现形式为获得表彰奖励、受到行政处罚等；其实，既没有行政处罚也没有表彰奖励也是一种良好的诚信状态，该状态表明信用主体遵纪守法，其行为活动符合社会规则规范；其次是信用主体在经济交易活动中履行契约的情况，比如债务违约、未执行合同约定等情况。从履约能力方面来看，其主要是指信用主体履行某种规则或约定的能力，比如信用主体具备一定的资格资质，或是在经济交易活动中表现出的资产负债等财务能力情况。

三是信用信息的表现形式。所谓“相关数据和资料”，是指一切可以记录信用信息的手段和形式。随着大数据、云计算技术、人工智能、区块链等现代信息技术的迅猛发展，信息记录的具体展现形式日益丰富。例如，按照媒介信息记录具体展现形式可分为电子记录和纸张记录，其中电子记录是指计算机、磁带等；按数据格式信息记录具体展现形式可分为结构化数据和非结构化数据，其中非结构化数据是指图像、视频等，此类数据进行结构化操作较为困难。对照现代信息处理与传输的要求，电子化、结构化的数据是信用信息记录和传播的最佳形式。

三、公共信用信息

（一）公共信用信息的概念辨析

公共信用信息可以看成公共信息和信用信息的交集，即两者的交叉部分。公共信用信息既具备公共信息产生主体的非营利性、产生过程的严肃性、信息对象本身的公共性、信息资源管理的安全性等特征，也符合信用信息“反映或描述信用主体信用状况的相关数据和资料”的界定。

从公共信息的角度来看，确定信用信息的性质最关键的是确认信息产生主体的非营利性，比如包括行政机关、司法机关、法律法规授权的组织，提供公益服务的事业单位等非营利性法人主体产生的信用信息大多数为公共信用信息。公共信用信息产生过程的严肃性、信息对象本身的公共性、信息资源管理的安全性等均由产生主体的非营利性衍生而来，没有非营利性就不会有严肃性、公共性、安全性等说法。比如，市场主体从事经济交易过程中记录形成的违约信息（贷款逾期、不履行商业合同等），虽然属于信用信息，但鉴于其是由市场主体产生的，因此不属于公共信用信息。

从信用信息的角度来看，所有公共信息并非均为公共信用信息，只有与信用主体信用状况相关的公共信息才是公共信用信息，如行政部门公布的发展规划、机构设置、职责安排等信息与信用无关联，因此不属于公共信用信息。

（二）公共信用信息概念的形成及演变过程

公共信用信息的概念应是我国独有的概念，其是随着我国社会信用体系建设的逐步发展而形成的。1999 年 9 月，国务院总理朱镕基在中国人民银行的报告上批示："银行信贷登记咨询系统应赶快建立，全国联网。个人信誉公司同意在上海试点。"[①] 拉开了我国启动建设社会信用体系的序幕。1999 年上海资信有限公司正式成立，中国人民银行以银办函〔1999〕322 号文件[②]形式批准该公司获得个人征信业务资格。除上海外，深圳成为个人征信业务的另外一个试点城市，其标志为 2001 年鹏元资信评估有限公司[③]获得深圳市政府授权具体承担深圳市个人征信业务工作。

上海、深圳等试点城市为了规范征信信息的归集、整合活动，分别出台个人和企业信用征信管理办法。其中《深圳市个人信用征信及信用评级管理办法》最早出台，于 2002 年 1 月 1 日起实施；《上海市个人信用征信管理试行办法》于 2004 年 2 月 1 日正式施行。《深圳市个人信用征信及信

---

① 陈新年．信用论[M]．北京：经济科学出版社，2018：1.

② 上海资信有限公司公司简介，http://www.shanghai-cis.com.cn/cisgywm.aspx.

③ 鹏元资信评估有限公司原名为深圳市资信评估公司，成立于 1993 年，2005 年鹏元征信有限公司成立后承接了该公司的个人征信业务。

用评级管理办法》将个人信用信息界定为个人的商业信用记录及对判断个人信用状况可能有影响的其他信息，此外，将个人征信机构征集的信用信息限定于：个人身份情况，包括姓名、性别、出生日期、身份证号、户籍所在地、住址、居所、婚姻状况、家庭成员状况、收入状况、工作单位、职业、学历等；商业信用记录，包括在各商业银行的个人贷款及偿还记录、个人信用卡使用等有关记录、在商业银行发生的其他信用行为记录，以及个人与其他商业机构发生的信用交易记录；社会公共信息记录，包括个人纳税、参加社会保险以及个人财产状况及变动等记录；特别记录，是指有可能影响个人信用状况的涉及民事、刑事、行政诉讼和行政处罚的记录。《深圳市个人信用征信及信用评级管理办法》在我国法规制度层面首次提出了公共信息记录的概念。需要特别注意的是，该办法主要聚焦于征信管理领域，因此将公共信息记录限定为与个人财产相关的一些记录，而违法违规行为等传统意义的公共信用记录则被划分到特别记录中，未被纳入公共信用记录范畴。

在上海和深圳开展个人征信和企业征信试点之后，其他地方也从不同层面加大诚信建设力度。2004 年，江苏省印发《关于加快推进社会信用体系建设的意见》，并制定《江苏省公共信用信息归集和使用暂行办法》。该暂行办法是全国首个规范公共信用信息归集和使用活动的规范性文件，首次从规范性文件层面对公共信用信息的概念范围进行界定，主要从信息产生主体角度对公共信用信息定义做出规范。公共信用信息是指行政机关、具有社会公共管理职能的事业单位、社会团体掌握的各类与企业和个人信用有关的记录。

此暂行办法制定出台后，各省份相继出台信用信息管理规范性文件，其中对公共信用信息的定义基本沿用《江苏省公共信用信息归集和使用暂行办法》确定的框架，包括：《湖南省信用信息管理办法》（2006 年 1 月 1 日施行）界定的信用信息是指“用于识别企业、个人身份，反映企业、个人经济状况、履约能力、商业信誉等信用状况的数据和资料”；《内蒙古自治区信用信息管理办法》（2006 年 9 月 1 日施行）界定的信用信息是指

"用于识别企业、个人身份，反映企业、个人经济状况、履约能力、商业信誉等信用记录和信用状况的数据、资料"；《江西省公共信用信息归集和使用暂行办法》（2008 年 4 月 21 日施行）界定的公共信用信息是指"行政机关、具有社会公共管理职能的事业单位、社会团体在履行社会公共管理职能过程中产生的与企业和个人信用有关的记录"；《陕西省公共信用信息条例》（2012 年 1 月 1 日施行）界定的公共信用信息是指"行政机关、司法机关以及行使管理公共事务职能的组织在履行职责过程中形成的反映企业和个人信用状况的数据和资料"；《上海市社会信用条例》（2017 年 10 月 1 日施行）界定的公共信用信息是指"行政机关、司法机关、公共企业事业单位等公共信用信息提供单位在履行职责、提供服务过程中产生或者获取的社会信用信息"；《浙江省公共信用信息管理条例》（2018 年 1 月 1 日施行）界定的公共信用信息是指"国家机关、法律法规规章授权的具有管理公共事务职能的组织以及群团组织等在履行职能过程中产生的反映具有完全民事行为能力的自然人、法人和非法人组织信用状况的数据和资料"；《湖北省社会信用信息管理条例》（2017 年 7 月 1 日施行）界定的公共信用信息是指"国家机关、法律法规授权的具有管理公共事务职能的组织以及群团组织等在依法履职、提供服务过程中产生或者获取的，可用于识别信用主体信用状况的数据和资料"；《河北省社会信用信息条例》（2018 年 1 月 1 日施行）界定的公共信用信息是指"国家机关以及法律、法规授权的具有管理公共事务和服务职能的组织等公共信用信息提供单位在其依法履行职责过程中产生或者获取的，可用于识别信用主体信用状况的数据和资料"。需要注意的是，分析上海、浙江、河北、湖北等地的社会信用地方性法规发现，这些省份关于公共信用信息的定义基本趋于一致。与这几个省份地方性法规中关于公共信用信息定义类同的还包括 2014 年以来山东、北京、福建、辽宁、内蒙古、山西、河南、吉林等地制定出台的公共信用信息管理相关规章或规范性文件。

（三）关于公共信用信息概念的主要争论点

虽然各地公共信用信息的概念大体类同，但仔细研读各地公共信用信息管理相关法规规章或规范性文件发现，对信息产生主体的不同表述体现着公共信用信息外延的巨大差别。各地界定的公共信用信息产生主体可以划分为三类：一是行政部门、司法部门等国家机关；二是法律法规授权的具有管理公共事务职能的组织；三是群团组织。

对法律法规授权的具有管理公共事务职能的组织记录产生的信息如何界定，比如关于供水、供电、供气、公共交通等企业记录产生的信用信息是否属于公共信用信息就存在争议。不少地区归集了水、电、煤气、公共交通等领域的失信信息并据此开展信用应用，就引起一些社会争议。在《上海市公共信用信息归集和使用管理办法》制定过程中，上海市政府曾就提供水、电、煤气等服务过程中产生的信息是否应被纳入信用平台的问题举行听证会，经过研究后最终此类信息被纳入了办法规范的范围。

对于群团组织，诸如团委、红十字会、总工会等人民团体实际上承担着公共管理职能，其产生的信息毫无疑问可以被纳入公共信用信息。而行业协会、商会等社会组织本质上代表的是行业内部利益，因此其产生的信息是否纳入公共信用信息也存在争议。本书认为，社会组织只是代表部分行业领域的利益，而非全社会共同的公共利益，因此社会组织归集的行业内部违规违约行为信息不属于公共信用信息。

第二节　公共信用信息的分类

信用信息记录、采集、共享、使用、公开等活动涉及的问题和关系非常繁复，一方面，信用信息记录和产生的主体包括行政机关、司法机关、金融机构、信用服务机构、企业等；另一方面，信用信息的对象包括企业、事业单位、社会组织等法人组织，工会、业主委员会、农民专业合作社等非法人组织，以及自然人、个体工商户等。基于梳理与整合信用信息方面考虑，如果信用信息的记录、整合及应用活动缺乏统一的标准，将难以对其进行高效的管理和使用，信用信息不真实、不准确、不全面等问题将会产生，从而影响信用评价的准确性，导致产生信用评价的随意性等问题，因此，对信用信息进行分类管理是开展信用信息记录、整合及应用的必然要求。

一、国家标准、金融征信、商业征信等角度的信用信息的分类

20 世纪 90 年代以来，我国商业征信、金融征信等征信体系建设取得积极成效。以下重点从国家标准、商业征信、金融征信等角度分析信用信息分类现状。

（一）信用信息分类国家标准

2008 年，国家标准化管理委员会发布《企业信用数据项规范》（GB/T22120—2008）和《企业信用信息采集、处理和提供规范》（GB/T22118—2008）两项企业信用信息国家标准。这是我国对信用信息进行分类的最早的两项国家标准，虽然只是推荐性标准，未强制要求各单位遵照实施，但这两项国家标准确定的分类规则对于梳理、整合信用信息起到一定的指导作用。此后十年国家陆续出台信用信息相关标准规范，基本依据此分析框架对信用信息进行分类，如表 2－1 所示。

表 2－1　近年国家出台的信用信息相关标准规范

序号	名称	编号
1	《信用基本术语》	GB/T 22117—2008
2	《企业信用等级表示方法》	GB/T 22116—2008
3	《企业信用数据项规范》	GB/T 22120—2008
4	《企业信用信息采集、处理和提供规范》	GB/T 22118—2008
5	《个人信用调查报告格式规范 基本信息报告》	GB/T 26818—2011
6	《企业信用调查报告格式规范 基本信息报告、普通调查报告、深度调查报告》	GB/T 26817—2011
7	《信用主体标识规范》	GB/T 26819—2011
8	《企业信用档案信息规范》	GB/T 31952—2015
9	《信用标准体系总体架构》	GB/T 35431—2017
10	《信用信息征集规范 第 1 部分：总则》	GB/T34830. 1—2017

资料来源：根据互联网公开信息整理。

《企业信用数据项规范》和《企业信用信息采集、处理和提供规范》将企业信用信息分为基本信息、经营管理信息、财务信息、银行往来信息、提示信息、其他信息等。

基本信息是指用于识别企业基本状况的信息，包括企业信用主体标识信息、企业工商登记信息、税务登记信息、组织机构代码登记信息。其信息来源于行政司法机关。

经营管理信息是指用于反映企业经营管理状况的信息，包括企业住所、资质许可、人员状况等综合信息，以及股权结构信息，董事、监事、经理及其他主要经营管理者信息，生产经营状况信息，商业往来信息，分支机构信息，进出口信息。其信息来源于信用主体自身提供、行政司法机关和交易对手。

财务信息是指用于反映企业整体财务状况或某类特殊事项财务状况的相关信息，包括资产负债信息、损益信息、现金流量信息等财务状况信息。其信息来源于信用主体自身提供、行政司法机关。

银行往来信息是指用于反映企业偿还贷款能力的相关信息，包括开户信息、贷款证（卡）信息、银行融资信息。其信息来源于金融机构。

提示信息是指政府部门、司法机关或其他社会公共机构掌握的有关企业信用方面的各种信息，包括法院判决信息、欠缴税收信息、劳动及社会保障/社会保险信息、公共事业欠费信息、电信欠费信息、行政处罚信息、行政强制信息、荣誉信息等。其信息来源于行政司法机关。

其他信息是指除以上信息之外的与企业信用有关的信息，包括非银行融资记录、对外担保记录、对外提供借款记录、其他债权信息、其他债务信息。其信息来源于交易对手以及其他方面。

（二）金融信用信息基础数据库关于信用信息的分类

2013 年《征信业管理条例》将中国人民银行组织建设的个人和企业信贷征信系统确定为金融信用信息基础数据库。该数据库将信息分为基本信息、信贷记录和公共记录三大类。

企业的基本信息包括注册登记信息、主要出资人信息、高管人员信息等，主要来源于行政司法机关。个人的基本信息主要是指公安机关掌握的个人身份简要信息。

企业的信贷记录包括当前债务、已还清债务、对外担保记录。个人的信贷记录包括资产处置信息、保证人代偿信息、信用卡、住房贷款、其他贷款（如消费贷款）、为他人担保信息。其信息来源于金融机构。

企业的公共记录包括欠税记录、民事判决记录、强制执行记录、行政处罚记录、社会保险参保缴费记录、住房公积金缴费记录、获得许可记录、获得认证记录、获得资质记录、获得奖励记录、拥有专利记录、出入境检验检疫绿色通道记录、进出口商品免检记录、进出口商品检验分类监管记录、上市公司或有事项记录、公用事业缴费记录。个人的公共记录包括欠税记录、民事判决记录、强制执行记录、行政处罚记录、电信欠费信息等。其信息来源于行政司法机关。

此外，企业信用报告中还列出与该企业有直接关联的其他企业名单，以便识别关联企业之间互相担保的风险。

（三）部分征信机构和资信调查机构关于信用信息的分类

征信机构或资信调查机构作为充分竞争的市场主体，无须遵循统一的信用信息分类标准规范，这些机构按照自身经营策略、产品设计思路、信息获取能力等实际情况，从满足市场需求、服务消费者的角度进行信用信息分类。以下对比 A、B 两家征信公司出具的信用报告①，其均取得人民银行企业征信备案资格。其中，A 公司为外商投资资信调查公司，B 公司为国内传统老牌征信公司。

A 公司出具的商业信息报告包括基本信息、赞同风险评估、近况调查、历史变更、风险概要等摘要信息。具体而言：风险分析，包含风险预警评分、所属行业标准；付款信息，包含付款指数、付款记录；公司历史，包

① A、B 公司均为真实存在的企业，本书为避免非必要争论而隐略其名称。

含注册信息、股东信息、历史变更；主要负责人；营运状况，包含业务范围、品牌、代理权、商标、主要认证、许可证、采购、销售、雇员信息、营业地点；公司结构，包含股东信息、下属企业；财务与往来银行，包含重要财务数据、资产负债表、利润表、重要财务比率、往来银行等；行业概述；公共记录，包含诉讼记录、媒体记录等。总的看来，上述这些信息来源范围较广，可以较为全面地展示信用主体的信用状况，对于了解企业详细经营状况有较大帮助。

B 公司出具的征信报告包括基本信息、联系地址和电话信息、股东信息、高管信息、对外股权投资信息、法定代表人在其他机构担任高管的信息、法定代表人在其他机构的股权投资信息、法院被执行信息等。

二、法规规章关于公共信用信息的分类

2017 年以来，上海、浙江、湖北、河北出台的社会信用相关地方性法规均对公共信用信息尤其是失信信息的范围做出规定。本书结合这些公共信用信息目录和地方性法规对公共信用信息分类进行了具体分析。

《上海市社会信用条例》从失信的角度规定列入公共信用信息目录的信息，主要包括：一是欠缴依法应当缴纳的税款、社会保险费、行政事业性收费、政府性基金的信息；二是提供虚假材料、隐瞒真实情况，侵害社会管理秩序和社会公共利益的信息；三是拒不执行生效法律文书的信息；四是适用一般程序做出的行政处罚信息，但违法行为轻微或者主动消除、减轻违法行为危害后果的除外；五是被监管部门作出市场禁入或者行业禁入处罚的信息。

《浙江省公共信用信息管理条例》既规定信用主体基础信息范围，也规定不良信息范围。对于不良信息，浙江主要从因行政权力而产生的信息角度进行阐述，如行政许可、行政确认、行政给付、行政处罚、行政强制等方面信息，同时浙江还将犯罪信息纳入不良信息，这与上海有所不同。《浙江省公共信用信息管理条例》第十一条规定的不良信息包括：一是以欺骗、贿赂等不正当手段取得行政许可、行政确认、行政给付、行政奖励

的信息；二是在法定期限内未提起行政复议、行政诉讼，或者经行政复议、行政诉讼最终维持原决定的行政处罚信息，但适用简易程序作出的除外；三是经司法生效判决认定构成犯罪的信息；四是不履行行政决定而被依法行政强制执行的信息；五是不履行判决、裁定等生效法律文书的信息。

《湖北省社会信用信息管理条例》和《河北省社会信用信息条例》规定的公共信用信息范围基本类似，除规定行政许可、行政处罚、行政强制、行政确认、行政检查、行政征收、行政奖励、行政给付等行政行为中反映信用主体信用状况的信息为公共信用信息外，还将法律法规授权的具有管理公共事务和服务职能的组织在履行职责过程中产生或者掌握的信用主体受表彰奖励以及参加社会公益、志愿服务等信息也纳入公共信用信息范畴。

在地方性法规对公共信用信息分类做出规范的同时，上海、浙江、湖北、河北等地信用体系建设牵头单位在组织编制本地公共信用信息目录时，具体对公共信用信息进行分类。上海按照产生单位的性质将公共信用信息分为行政机关的登记类、资质类、监管类信息，司法机关的判决类、执行类信息，公用事业单位的履约类信息，人民团体和其他组织的管理类、公益类信息。浙江将公共信用信息分为基本信息、荣誉信息和失信信息。湖北将公共信用信息目录分为属地篇和行业篇，其中，行业篇将公共信用信息分为行政许可、行政处罚、行政强制、行政确认、行政检查、行政征收、行政奖励、行政给付、行政裁决、基础信息、刑事、执行等；属地篇将公共信用信息分为行政处罚、行政强制、行政确认、行政检查、行政征收、行政许可、行政奖励、分级分类管理信息、违反有关规定的信息、未履行法定义务及违约信息等。河北制定的省直部门公共信用信息资源目录，将信息按照自然人、法人和其他组织两类主体进行分类，自然人信息类别包括基本信息、收入资产信息、行政管理信息、司法信息、公用事业信息、荣誉信息、其他信息；法人和其他组织信息类别包括基本信息、运营信息、生产经营信息、行政管理信息、司法信息、公用事业信息、社会责任信息、荣誉信息、其他信息。

此外，国家及各省份在公共信用信息应用过程中规定了公共信用信息分类规范。例如，“信用中国”网站信用查询结果展示中，将企业信用信息区分为行政许可、行政处罚、守信红名单、重点关注名单、黑名单等类别。又如，2014 年广东制定全省公共信用信息分类规范，规定企业信用档案包括主体身份信息、注册变更信息、投资人高管信息、提示信息等类别，其中，提示信息又划分为行政许可、行政处罚、荣誉、司法裁定、欠税欠费、等级评价等。

三、信用信息分类分析框架

研究国家标准、金融征信、商业征信等领域以及各地法规规章文件中关于公共信用信息的分类发现，信用信息或公共信用信息的分类方式方法众多。有关方面基于自身业务开展需要或工作实际，从不同视角对信用信息进行的各种分类，或多或少存在分类逻辑性不强、信息覆盖不全面等问题。对信用信息进行分类，应当从信用信息的最基本概念入手，基于此理念，本书提出信用信息分类的新的分析框架和思路。

根据本章第一节对信用及信用信息的概念分析，不管是社会活动还是经济交易，信用主体的信用状况均可通过信用能力和具体信用行为两个范畴予以展现。信用能力是信用主体履行守信承诺的基本素质，是信用主体本身在某一时点已经具备的资质、资格或状态，是相对静态的。信用行为是信用主体履行承诺的具体活动表现，是信用主体遵守有关规定或履行有关契约的具体活动。在展示信用主体信用状况的时候，信用能力和信用行为联系紧密、互相补充，只有将两者结合起来，才能全面、准确地展现信用主体的信用状况。除信用能力、信用行为等展示信用状况的显性信息外，围绕着信用管理过程派生了诚信承诺、信用修复、信用异议等辅助性信息。这些信息虽然并非对信用状况进行显性展示，但也一定程度上对信用主体相关情况进行了刻画，也有利于更加准确和全面地评价信用主体的信用状况。同时，为识别信用主体的基本身份，串联起各类信用能力、信用行为以及信用管理辅助信息，还需掌握信用主体身份信息。以上四类信息展现了信用主体纵横交错的全维度信用状况。

（一）信用能力信息

对于公民个人而言，信用能力包括财务能力和资格能力两方面。财务能力信息包括个人纳税额、公积金缴存金额、养老保险缴存额等公共部门掌握的财务信息，以及个人银行存款、有价证券、不动产等财产信息。但是需要注意的是，财务能力信息涉及个人财产等隐私情况，按照有关规定使用时应当获得公民个人的授权。资格能力信息包括受教育程度、从事某些行业具备的资质资格以及职业、职位等级等。

对于法人和非法人组织而言，信用能力可分为综合能力、财务能力、人力资本能力和资质资格等方面。综合能力信息主要是指注册资本（开办资金、活动资金）、股东（出资人）、分支机构、业务范围、营业规模、主要产品或服务、品牌、商标、年度报告、商誉评价等表示法人和非法人组织综合素质的信息。财务能力信息是指资产负债、损益和现金流量等与财务状况相关的信息。人力资本信息既包括员工规模和员工总体的学历、职称、资质资格情况等信息，又包括高级管理人员与履职相关的信息。资质资格信息是指法人和非法人组织自身被授予的专项许可、资质、资格、认证等方面信息。

（二）信用行为信息

不管是个人还是法人和非法人组织，信用行为信息一般是指由行政机关、司法机关、金融机构、社会公众、交易对手记录的信用主体守信或失信行为的信息。信用行为信息可按照记录主体类别进行分类，包括行政机关和司法机关记录的公共行为信息、金融机构记录的金融信息、有关社会团体记录的社会生活行为信息、交易对手记录的市场行为信息。

公共行为信息包括：法院判决、裁定、调解和执行信息；行政部门做出的表彰奖励、行政处罚、行政强制信息；行政部门记录的欠税欠费信息；劳动及社会保障保险信息等。金融信息是指金融机构记录的信贷信息及证券保险信息等。社会行为信息是指行业协会、公用事业单位记录或新闻媒体披露曝光的守信或失信行为的信息。市场行为信息是指与法人和非法人组织形成交易关系的组织机构记录的交易过程守信或失信的行为信息。此类信息由于记录主体的权威性不足且存在利益纠葛，需由信用主体自身确认才能保证信息的真实、准确。

（三）信用管理辅助信息

信用管理辅助信息与信用能力、信用行为等显性信息不同，主要是指隐性地、间接地展示信用主体信用状况的其他信用信息，主要包括历史变更信息、分类评价信息、信用处理过程信息等。

历史变更信息，是指信用主体在过去一段时间内的信息变更情况。就法人和非法人组织而言，按照记录主体可分为工商登记信息变更、组织机构代码登记变更、税务登记变更、海关注册信息变更等；按照信息内容可分为公司名称变更、地址变更、股东变更、注册资本变更、法定代表人或主要负责人变更、注册号变更等。就公民个人而言，主要是指个人身份信息的变更，比如金融信用信息基础数据库就将个人身份信息变更情况进行展示。

分类评价信息，是指对信用能力、信用行为等信息进行二次加工处理形成的对信用主体信用等级进行评价的信息。比如征信机构、信用评级机构基于信用主体财务能力状况评估的信用主体的信用等级状况。又比如，地方信用体系建设牵头单位组织对个人进行信用评分或是对企业进行公共信用综合评价；或部分行业部门因管理需要而进行的信用主体等级划分，如海关划分的高级认证企业、一般认证企业、一般信用企业、失信企业。

信用处理过程信息，主要是指信用处理过程中产生的信息，如信用修复信息、信用异议信息，以及在信用修复和异议过程中信用主体做出的标注说明信息，或信用主体守信承诺信息等。

（四）信用主体身份信息

信用主体身份信息，是指能识别个人、法人和非法人组织身份的信息，是将展现信用主体信用状况的各类信息串联起来的识别码。自统一社会信用代码制度广泛推行落实后，信用主体身份信息主要是指主体名称及其统一社会信用代码。对于个人而言，身份信息就是姓名及身份证号码；

而法人和非法人组织除统一社会信用代码外，身份信息还包括在市场监管部门、税务部门注册登记形成的其他信息。

四、公共信用信息分类实践

在将信用信息分为信用能力信息、信用行为信息、信用管理辅助信息、身份信息的前提下，对公共信用信息进行分类，具体区分为小范围和大范围两个分类层次。

（一）小范围分类

小范围信息分类主要是从现阶段社会信用体系建设工作实际出发，从实际工作开展最迫切、最需要的角度进行划分。小范围信息分类方法将公共信用信息划分为基本信息、行政许可、行政处罚、守信红名单、重点关注名单、严重失信黑名单、守信承诺、联合奖惩案例、信用修复信息、信用异议信息等类别。

行政许可信息、行政处罚信息属于信用行为信息。按照国家的要求，行政许可、行政处罚等信息应当自做出行政决定之日起 7 个工作日内上网公开，公共信用信息平台负责数据归集、整合和公开。作为行政部门产生的最重要的公共信息，行政许可和行政处罚信息是公共信用信息最重要的组成部分。同时得益于国家的高度重视，目前行政许可和行政处罚信息在所有公共信用信息中归集与整合的效果最好，最有可持续性。

守信红名单、重点关注名单、严重失信黑名单属于信用行为信息。2017 年国家发展改革委、中国人民银行联合印发了《关于加强和规范守信联合激励和失信联合惩戒对象名单管理工作的指导意见》，对守信红名单、重点关注名单、严重失信黑名单做出具体规定。认定并归集、共享这些名单信息是联合奖惩工作的核心任务，根据工作需要认定这些名单的紧迫性高。其中不少的重点关注名单、严重失信黑名单是基于行政处罚信息进行二次加工后认定的。相较于双公示信息，守信红名单、重点关注名单、严重失信黑名单等应用范围更广，归集与共享需求更为紧迫。其中，守信红名单信息有纳税信用 A 级纳税人、海关高级认证企业等，严重失信黑名单有失信被执行人、安全生产黑名单、海关失信企业、严重质量失信企业、统计上严重失信企业、证券市场禁入名单等。

守信承诺、信用奖惩案例、信用修复信息、信用异议信息等属于信用管理辅助信息。这些信息是围绕着信用管理的全过程产生的，如事前开展信用承诺的信息、事后形成信用奖惩案例的信息，以及事中形成的信用修复和信用异议的信息等。

需要注意的是，对公共信用信息进行小范围分类，基本集中于信用行为信息和信用管理辅助信息，缺少信用能力信息。

（二）大范围分类

大范围分类主要是根据信用信息分类分析框架，从行政司法机关、具有公共事务管理职能的机构等可能掌握的数据角度出发，全覆盖地对公共信用信息进行分类。大范围分类方法可以将公共信用信息划分为公共信用能力信息、行政执法信息、司法信息、公共事业信息、信用管理辅助信息。

公共信用能力信息，是指由公共部门产生的信用能力信息，如个人、法人和非法人组织等的纳税额、公积金缴存金额、养老保险缴存额等个人信息，以及公共部门授予的专项许可、资质、资格、认证等信息。需要注意的是，法人和非法人组织的资产负债、损益和现金流量等财务状况信息属于市场征信信息范围，可以不纳入公共信用能力信息范围。

行政执法信息，是指按照行政权力划分为行政许可、行政处罚、行政强制、行政征收、行政裁决、行政确认、行政给付、行政检查、行政奖励等信息。一般认为，行政许可和行政处罚信息必定属于公共信用信息，而行政强制、行政征收、行政裁决等信息并非均与信用主体信用状况相关，因此，所有行政执法信息是否都列为公共信用信息存在一定争议，但从全覆盖的角度来看，本书仍将其纳入。

司法信息，是指司法部门产生的判决信息、犯罪信息等。与行政执法信息相类似，未履行司法判决的失信被执行人肯定属于公共信用信息，而犯罪信息或其他判决信息是否属于公共信用信息存在一定争议，从全覆盖的角度来看，本书仍将其纳入。

公共事业信息，主要是指供水、供电、供燃气、公共交通等领域失信信息，此类信息用途广泛，主要在城市一级产生。由于此类信息与公共利益密切相关，且其产生的主体是不完全竞争的市场主体，可以将此类信息纳入公共信用信息。

信用管理辅助信息，包括守信承诺、联合奖惩案例、信用修复信息、信用异议信息等，与小范围分类相同。

第三节　公共信用信息的分级

对公共信用信息进行分类和分级体现在信息记录、采集、共享、使用、公开等信息管理全流程。一方面，对信息进行分类，便于信息归集、整合和组织管理，有助于提升信息管理和使用效率；另一方面，对信息进行分级，便于公共信用信息的深入应用，有助于提升信息应用的安全性和规范性。从现有实践经验看，主要从信用程度、信息公开范围两方面对公共信用信息进行分级。

一、建立信用分级制度是信用信息应用的前提条件

开展信用信息应用是社会信用体系建设的重要任务，其核心工作是建立信用主体信用评价机制。无论是市场化信用管理机制还是公共信用管理机制，均离不开信用主体信用评价机制的建设，通过划分不同信用主体的信用等级或信用评分，实施差别化的信用管理措施。

开展市场化信用评价，主要依据的信息是信用主体财务能力信息等，如个人纳税额、公积金缴存金额、养老保险缴存额等，或企业资产负债、损益和现金流量等与财务状况相关的信息。对此市场化机构已经形成一套成熟的经验，发展出一系列完善的信用评价办法，无须政府部门更多的干

预。同时，对于市场化信用评价结果，过多的人为干预及划分评价等级对实际工作帮助不大，没有实质意义。

公共信用管理机制运行，主要依据行政许可、行政处罚、守信联合激励名单、失信联合惩戒名单等信息开展信用管理。这些信息的信用程度或公开范围并未进行统一确定，不同行业领域产生的信息信用程度或公开范围存在较大差别。例如，对于罚款金额同为1万元的行政处罚信息，在城市管理和安全生产领域的严重程度差别较大，很显然在城市管理领域，罚款1万元应是较为严重的行政处罚，而对于安全生产领域而言，1万元罚款可能仅为一般性质的违法行为。因此，对不同领域的公共信用信息进行精细化管理是做好信用信息应用的必然要求。同时，各地大力推进的个人或企业综合信用评价工作，更是对公共信用信息的信用程度分级提出了进一步的要求，精细的信用程度分级是客观、公正地评定个人或企业信用状况的基础和前提。

二、各地公共信用信息分级的现状

（一）各地信用程度分级现状

国家层面，国务院发布《国务院关于建立完善守信联合激励和失信联合惩戒制度加快推进社会诚信建设的指导意见》，提出了四大重点领域和严重失信行为，包括严重危害人民群众身体健康和生命安全的行为；严重破坏市场公平竞争秩序和社会正常秩序的行为；拒不履行法定义务，严重影响司法机关、行政机关公信力的行为；拒不履行国防义务，拒绝、逃避兵役，拒绝、拖延民用资源征用或者阻碍对被征用的民用资源进行改造，危害国防利益，破坏国防设施等行为。国务院对这些严重失信行为的划分标准处于指导意见层面，推动工作落实需要国家部委和地方制定更具可操作性的划分规范。

地方层面，上海市的做法居于全国领先地位。《上海市信用行为分类指导目录》对公共信用信息的信用程度作了仔细划分。分类指导目录将信用行为分为司法及严重行政失信记录、行为罚失信记录、财产罚及声誉罚失信记录等类别，在此基础上将不同信息划分为极严重、严重、一般等级别，并据此划分具体的信用行为。江苏省发布《省级部门和单位失信信用行为分类指导目录》，将失信行为划分为一般、较重、严重等级别。曾于 2015 年公开征求意见的《广东省公共信用信息管理暂行办法》提出将失信程度分为特别严重、严重、一般、轻微四级，但未见该办法正式出台的信息。此外，大部分省份并未对信用程度划分做出具体规定。

（二）各地信息公开范围分级现状

除对信息的公开程度进行分级外，对信息公开范围进行分级管理是公共信用信息管理必须面对的核心问题。各地制定出台的公共信用信息管理法规、规章或规范性文件均对此做出制度安排；其他尚未出台公共信用信息管理法规、规章和规范性文件的地方，也在组织信息管理具体工作时，如在编制公共信用信息目录时，明确了公共信用信息公开范围的划分标准。

《浙江省公共信用信息管理条例》规定，法人和非法人组织公共信用信息分为公开、政务共享和查询等级别，自然人公共信用信息分为政务共享和查询等级别。《湖北省社会信用信息管理条例》规定公共信用信息通过公开公示、授权查询、政务共享等方式披露。《河北省公共信用信息资源目录》将公共信用信息定为依法公开、授权查询、政务共享查询等安全级别。《上海市公共信用信息目录》将公共信用信息分为公开信息和授权查询信息等级别。《江苏省公共信用信息目录》将公共信用信息分为社会公开、政府共享、授权查询等级别。

三、信用程度的分级

（一）失信程度分级

综合《关于建立完善守信联合激励和失信联合惩戒制度加快推进社会诚信建设的指导意见》有关重点领域和严重失信行为的划分标准，以及各地具体划分失信程度的做法，本书认为将失信程度划分为轻微、一般、严重等三级比较妥当。其中失信行为被划分为严重等级的主体即列为失信联合惩戒对象，轻微等级的失信行为信息可不对外公开或不作为实施惩戒的依据，除严重和轻微之外的其他失信行为被列为一般失信行为。

失信行为失信程度的划分在各个行业部门的具体情况有所不同，没有统一的标准，甚至同一处罚行为也有较大的自由裁量空间，因此部分地方制定了规范行政处罚自由裁量权的规定，如广东 2011 年印发了《广东省规范行政处罚自由裁量权规定》，要求行业部门细化本领域行政处罚自由裁量权标准。由于各行业部门行政职权以及实施行政处罚所依据的法律法规不一致，行业部门具体信用行为的失信程度标准应由各部门根据自身实际情况制定。并且从便于统筹管理的角度考虑，各地行业部门制定的失信程度划分标准还应汇总到地方信用体系建设牵头部门。上述的思路同样适用于行政处罚之外其他失信信息的信用程度划分。上海、江苏制定的信用行为分类指导目录正是该基本思路的具体体现。

（二）守信程度分级

划分良好公共信用信息的守信程度，具体操作中存在一定困难，比如省、市都设立政府质量奖，两个层级的政府质量奖是否属于同一守信程度就难以讨论清楚，因此实际工作中对良好信息的信用程度进行划分存在一定难度。倘若确实需要进行守信程度划分，主要思路是先由信用体系建设牵头部门制定相对统一的分级标准，并且将划分等级限定在不超过三级，如特别良好信息、良好信息、一般信息等；之后由信息产生部门根据本领域实际细化标准执行。例如，海关企业信用管理办法将企业认定为高级认证企业、一般认证企业、一般信用企业和失信企业等级别；税务部门认定纳税信用良好的企业为纳税信用 A 级纳税人等。

四、信息公开范围分级

对公共信用信息公开范围进行分级，主要目的是通过信息分级管理进而规范信用信息使用，保护信用主体合法权益。做好公共信用信息公开和使用，重点是注意保护商业秘密和个人隐私。

（一）法人和其他组织信息公开范围分级

《反不正当竞争法》将商业秘密定义为“不为公众所知悉、能为权利人带来经济利益、具有实用性并经权利人采取保密措施的技术信息和经营信息。”其中，技术信息包括生产工艺、生产流程、生产技术等，不属于信用信息范畴。对于财务信息、借贷信息等经营信息，主流看法是在征得信用主体同意后可适度披露；《企业信息公示暂行条例》规定，企业资产总额、负债总额、对外提供保证担保、所有者权益合计、营业总收入、主营业务收入、利润总额、净利润、纳税总额等列入企业年度报告的信息，经企业同意后其他市场主体查询获取。对于来自金融信用信息基础数据库的借贷信息，按照《征信业管理条例》的规定，需征得信息主体同意后查询使用。事实上，现阶段采集的公共信用信息大部分不属于商业秘密。

对于法人和非法人组织尤其是企业，其信息一般是以公开为原则、不公开为例外，因此可将法人和非法人组织的公共信用信息划分为两级：一是完全公开信息，包括行政许可、行政处罚、红名单、黑名单等信息；二是内部共享信息，是指除完全公开信息外的其他信息。

（二）个人信息公开范围分级

个人公共信用信息的公开和使用，一般应遵循未取得个人授权不可使用的原则。因此，将个人公共信用信息划分为两级：一是个人授权查询的信息，此类信息未取得信息主体的授权绝对不能对外使用，《征信业管理条例》正是依此思路对征信信息进行规范。需要注意的是，企业高管人员与其履行职务相关的信息属于企业经营相关信息，不可作为个人隐私信息。二是内部共享信息，行政机关掌握的与个人执业相关的资质资格、纳税额、缴纳社保等信息可作为内部共享信息使用，但此类信息较为敏感，为避免未限定使用范围导致信息的滥用，应制定严格的使用规范。

第四节　建立高质量的公共信用记录

建立高质量的公共信用记录是整合信息、推动信用应用的基础，也是社会信用体系建设中最为基础的一项工作。没有完善的公共信用记录，开展信用应用将是无米之炊，营造诚实守信的社会氛围也必将成为空谈。高质量的公共信用记录的具体衡量标准就是信息载体的电子化和记录过程的标准化、结构化。

一、公共信用记录存在的主要问题

（一）记录载体的电子化水平有待提升

根据记录载体形式的区别，公共信用记录主要分为电子化记录、非电子化记录。非电子化记录是指以纸质等有形物质对信息进行记录。传统的纸质等有形物质记录形式存在传播效率低、难以便捷地对信息进行编辑整合、耗费成本高等缺陷。随着现代信息技术的快速发展，电子化记录存储形式必将完全取代传统的有形物质记录形式。

虽然近年来我国电子政务发展快速，国家对政务信息化建设的投入力度持续加大，行政司法机关信息化水平有长足进步，但是总体上看，公共信用记录的电子化水平仍有欠缺、需要提升。一方面，传统行政工作中行政决定需要纸质件盖章留底作为凭证等惯性思维没有改变，行政司法机关产生的公共信用信息不少以纸质件等非电子化形式存在，之后再进行电子化转换，既耗费大量人力物力又极大地影响了后续信息的整合及应用。另一方面，部分行政司法机关受限于经费不足，单位信息化建设水平较低，这些单位纵使有强烈的信息记录电子化意愿和需求，但客观条件的限制使得该项工作难以实现。

（二）信息记录的标准化水平不高

公共信用信息与市场信用信息源于产生主体的区别，两者在信息繁杂性方面存在一定差异。公共信用信息产生主体为行政司法机关、法律法规授权的具有公共管理职责的单位等，这些单位的权力和职责性质基本类似，主要为实施行政许可、行政处罚以及提供相关公共服务等。不同地区的同一类型行政部门的具体行政权力也基本类似，如自然资源领域的行政处罚权力，基本依据《中华人民共和国土地管理法》《中华人民共和国矿产资源法》《中华人民共和国测绘法》等法律确定。与公共信用信息不同的是，市场信用信息由各类不同的市场主体、信用服务机构、社会组织产生，产生主体众多且各类主体工作任务不同，各自依据的数据标准千差万别，产生的数据更加难以统一整合、汇总。因此，在公共信用信息和市场信用信息中，公共信用信息更有可能也更应该在记录标准上进行统一。

公共信用信息记录标准未统一最直接的后果就是信息难以有效组织整合。例如，信用主体名称及其统一社会信用代码是最基本的记录项目，但是部分行政部门政务服务事项办事指南中，并未严格要求记录行政相对人的统一社会信用代码，在没有统一社会信用代码的情况下，数据的组织整合将遇到困难。又如，行政处罚信息是政府部门普遍存在的公共信用信息，但是多数行政处罚信息以决定书等非结构化信息的形式存在，要形成可以组织整合的结构化数据，需要提炼行政处罚信息各项基本要素并按规范标准进行记录，但是各行业部门的标准转化尺度不一致，从而影响数据的整合。2015 年国家发展改革委制定了行政许可和行政处罚数据标准，试图对全国双公示数据进行规范；2018 年国家又对相关数据标准做出修订①，此次修订由国家发展改革委会同国家市场监督管理总局（以下简称国家市场监管总局）组织推进，两个部委的协同进一步扩大了该标准的使用范围，提升了该标准在各行业部门的认可度。在国家统一信息标准的指引下，全国的行政许可和行政处罚数据的记录整合质量有较大提升。

---

① 参见《国家发展改革委关于规范行政许可和行政处罚等信用信息公示数据标准的通知》（发改电〔2015〕806 号）和《国家发展改革委办公厅 国家市场监管总局办公厅关于更新调整行政许可和行政处罚等信用信息数据归集公示标准的通知》（发改办财金〔2018〕790 号）。

（三）缺乏信息记录整合的责任追究机制

公共信用信息的记录工作非常烦琐，信息记录过程中将不可避免地出现错误。在数据整合层面，每个行业部门记录的数据以亿乃至十亿的数量级计算，且具体一条数据可能涉及数十个数据项，因此数据整合不可避免会出现错误。建立一套完备的质量控制机制是提升信息记录整合质量的必要途径。有关行业部门传统上对公共信用信息记录整合工作不够重视，多数行业部门缺乏信息记录出现错误后的责任追究机制，没有建立对具体操作责任人员的工作约束机制，记录整合过程中的错误没有及时纠正，从长远角度看将影响信息记录整合水平的进一步提升。

二、改进公共信用记录质量的主要思路

（一）在全国范围内统一公共信用信息记录标准规范

统一的记录标准规范是提升公共信用信息质量的切实可行的路径。事实证明，行政许可、行政处罚等已制定全国统一标准规范的数据，记录质量处于较高水平且不断提升。而标准规范未得到统一，同一类信息在不同行业部门数据项差别较大，则说明记录质量差强人意，仍有较大改进空间。因此，对于行政许可、行政处罚、行政强制、行政征收、行政裁决、行政确认、行政给付、行政检查、行政奖励等信息，应该制定全国通行的统一记录标准规范，并要求各地各部门强制执行。具体操作路径上，可由国家发展改革委作为全国社会信用体系建设牵头部门，会同有关部门以正式公文形式将有关标准规范印发到各地各部门参照执行，在有关标准规范逐步使用并得到各方认可后，将其上升为国家强制标准执行。

（二）完善政务信息化基础设施

提升公共信用信息记录的电子化水平，关键是要围绕提升行业部门政务信息化水平这个目标，加强政务信息化建设，完善支撑公共信用信息电子化记录的基础设施。具体就是要结合政府职能数字化转型的要求，推行

业务办理的数字化、办公的无纸化。例如，从纵向行业部门的角度，要推动建立行业部门上至中央部门、下至基层部门一体业务管理信息系统，在单位内部要建立标准化程度较高的部门办公业务系统等。

（三）争取建立提升信用记录质量的工作约束机制

结合政府部门绩效考核等工作，建立提升信用记录质量的工作约束机制，惩戒约束公共信用信息记录工作推进不力的部门，惩戒约束对公共信用信息记录粗心大意、马虎操作的工作人员，奠定提升信用记录质量的制度基础。

第五节　公共信用信息整合及信用档案

一、公共信用信息整合的关键是处理好条条块块关系

行政管理条块分割在我国行政管理工作中体现得非常明显。条条是指自中央部委到地方基层部门自上而下的一套纵向管理体制，如国家、省、市、县都存在的自然资源、生态环境、税务、市场监管等管理部门，这些行业部门有些是中央垂直管理，有些是垂直管理，有些是属地管理。块块是指地方政府管理本行政区域内事务的一套横向管理体制，如市级政府组成部门包括市自然资源局、生态环境局、市场监管局等。

处理好条条块块关系是公共信用信息整合的关键。公共信用信息记录产生的主体大量集中在地市、县区等基层单位，而按照现有信用体系建设工作设想，信用数据的归集、整合主要集中在国家和省一级，因此国家公共信用信息中心以及各省级信用服务中心在组织归集、整合数据时如何处理条块信息冲突的问题就非常重要。如对于县级市场监管部门产生的行政处罚信息，既可通过条线将数据归集、整合到省公共信用信息平台，数据流向由县市场监管局、市市场监管局到省市场监管局，再到省公共信用信息平台，也可通过块块将数据归集，数据流向由县市场监管局、市市场监

管局再到市、省公共信用信息平台。

“一数一源”是数据整合的基本原则。保证公共信用信息的一数一源，最根本的是建立一套普遍认可的可有效协调条条块块关系的数据处理规则，确保不同渠道传输汇总的公共信用信息的唯一性。做好公共信用信息整合，应当遵循条条为主、块块为辅的归集思路，主要原因包括：第一，以条条为主整合数据对提升公共信用记录质量有较大帮助。通常情况下统一行业部门的信息记录标准应该一致，实践工作也表明，标准一致的公共信用信息的记录质量相应较高。即使行业部门内不同层级单位的标准规范不一致，也可通过内部上下级的协调以达到一致标准。第二，以条条为主整合数据，有利于提高公共信用信息的归集、整合效率，降低整合成本。数据整合工作涉及众多的环节，对没有隶属关系的块块部门之间进行协调的成本较高；而以条条为主的整合数据方式，由于行业部门内部在业务上可以进行自上而下的指导，协调成本较低。因此，综合以上分析，公共信用信息的整合、归集必须遵循以条条为主、块块为辅的数据处理逻辑。

二、数据整合的最终目标是建立完整的主体信用档案

公共信用信息记录整合的最终目的是信用应用，其中建立形成完整的信用主体信用档案是最基本的应用形式。档案是指分类保存以备查考的文件和材料①，信用档案即分类保存信用主体信用信息的文件和材料。信用服务机构出具的信用报告、金融信用信息基础数据库展示的个人或企业信用报告、各地公共信用信息平台出具的信用记录报告等，均是信用主体信用档案的具体表现形式。信用档案的建设水平在很大程度上体现了公共信用信息记录整合质量。信用主体信用档案一般应该包括以下几个基本要素。

一是主体的基本身份信息。必要项目是主体名称及其统一社会信用代

① 中国社会科学院语言研究所词典编辑室．现代汉语词典[M]．北京：商务印书馆，2005：274.

码，具备这两个基本项目就确立了信用档案的主体框架，信用主体相关的其他信息将不断挂接到该信用档案中。

二是主体的信用信息。其包括本章第二节分析的信用能力信息、信用行为信息等，是信用档案的重要组成部分。此类数据越多越充实，信用档案的质量也就越高。

三是主体的其他信息。其主要是本章第二节分析的信用异议、诚信承诺、信用修复等信用管理辅助信息，这也是信用档案必不可少的组成部分。

第三章　公共信用信息平台

2011 年党的十七届六中全会首次提出“抓紧建立健全覆盖全社会的征信系统”，对我国社会信用体系建设的核心任务作出明确界定。党的十八大以来，国家和地方信用信息系统建设工作取得突破性进展，2015 年 6 月“信用中国”网站正式上线运行，2016 年 12 月国家企业信用信息公示系统上线运行，此外，运行多年的金融信用信息基础数据库功能逐步完善。可以说，2014 年以来在全国各地各有关部门的积极努力下，我国已完成党的十七届六中全会部署的建立覆盖全社会的征信系统的任务。发展改革部门牵头建设的公共信用信息系统是建立覆盖全社会的征信系统非常重要的组成部分。

第一节　从征信系统到信用信息系统的演变

一、征信及征信系统

征信及征信系统的概念源于西方国家开展的市场化信用管理，一般是指商业化性质的信用信息管理活动。征信行业发展有三条主线：一是贸易信用领域的征信，以邓白氏公司（Duns & Bradstreet）为代表，主要是对企业资信进行调查。二是金融信用领域的征信，以益博睿（Experian）、环联（Tranunions）、艾克飞（Equifax）等个人征信公司为代表，主要为个人或中小微企业提供消费信贷征信服务。三是央行或金融监管当局组织开展的以收集金融机构信贷信息为方式的公共征信，以德国等欧洲国家为代表，主要目的是监控授信风险、提供征信服务、防范系统性金融风险。①

2008 年我国首个信用方面的国家标准《信用基本术语》（GB/T 22117—2008）将“征信”界定为对信用信息进行采集、调查、处理、使用等的商业性活动。2007 年国务院办公厅印发《国务院办公厅关于社会信用体系建设的若干意见》，作为国务院层面首个推进信用体系建设的综合性文件②，其中确定“加快信贷征信体系建设，建立金融业统一征信平台”为信用体系建设最重要的一项任务。此前社会信用体系建设多从金融信贷层面推进，该文件确定的工作任务也深深烙上了金融行业的印迹。

延续西方国家征信体系建设的一贯做法，21 世纪初我国信用体系建设仍主要集中在商业化征信或是金融领域征信建设，比如 2006 年开通的覆盖个人和企业的信贷征信系统是金融领域征信建设的重要体现。在 21 世纪前十年，有关政府文件或新闻媒体中出现的征信体系、征信系统等，一般是指商业或金融信贷征信。

二、信用信息系统

党的十七届六中全会提出“把诚信建设摆在突出位置，大力推进政务诚信、商务诚信、社会诚信和司法公信建设，抓紧建立健全覆盖全社会的征信系统，加大对失信行为惩戒力度，在全社会广泛形成守信光荣、失信可耻的氛围”。这在我国社会信用体系建设历史上有着里程碑式的重要意义，主要体现在两个“首次”上：首次提出政务诚信、商务诚信、社会诚信、司法公信等四大领域诚信建设；首次提出建立健全覆盖全社会的征信系统。

2011 年 10 月 19 日，国务院召开常务会议部署制定社会信用体系建设规划。在对外公布的新闻通稿中，提出要以社会成员信用信息的记录、整合和应用为重点，建立健全覆盖全社会的征信系统，在实现行业内、地区内信用信息互联互通的基础上，大力推动信用信息在全国范围的互联互

---

① 王晓明．征信体系构建制度选择与发展路径[M]．北京：中国金融出版社，2015：2.

② 《国务院关于宣布失效一批国务院文件的决定》（国发〔2015〕68 号）已宣布该文件失效。

通，充分发挥信用信息对失信行为的监督和约束作用。其中所提的“覆盖全社会的征信系统”即指全社会范围内的信用信息归集、整合系统。

2013年党的十八届三中全会审议通过的《中共中央关于全面深化改革若干重大问题的决定》提出深化信用体系建设改革的内容，包括“建立健全社会征信体系”以及“建立全社会房产、信用等基础数据统一平台，推进部门信息共享”，“征信体系”“信用基础数据”等表述再一次出现在中央文件中。

在中央文件的指引下，党的十七届六中全会前后相关政府文件提到的“征信系统”“征信体系”等应指更大范围的信用信息系统或信用体系，而不是狭义上的商业征信系统或商业征信体系。

2013年出台的《征信业管理条例》将征信业务界定为对企业、事业单位等组织的信用信息和个人的信用信息进行采集、整理、保存、加工，并向信息使用者提供的活动。因此，征信系统一般是指商业机构采集、整理、保存、加工信用主体信用信息的系统，包括商业征信及信贷征信系统（金融信用信息基础数据库）等。需要注意的是，《征信业管理条例》第二条第四款对商业征信以外其他信息的归集与整合作了例外规定，即“行政机关为履行职责而对企业和个人信息的采集、整理、保存、加工和公布活动，不适用该条例”。

延续对征信及征信系统的约定俗成做法，21世纪初上海、浙江、江苏等地在归集、整合行政司法机关产生的数据时，将依托的系统称为“公共联合征信系统”，该系统与原有商业征信的区别在于增加了“公共联合”这一定语。随着工作的深入推进，以及对征信系统概念的进一步明晰，“公共联合征信系统”这个商业色彩浓厚的称呼逐渐被地方政府弃用。

2012年国家确定由国家发展改革委、中国人民银行双牵头推进社会信用体系建设工作后，在国家发展改革委的大力推动下，信用信息系统建设以及信用信息的归集、共享和公开应用工作进入新一轮发展热潮。政府文件层面上，2014年国家社会信用体系建设规划纲要第四点“加快推进信用信息系统建设和应用”，将全社会的信用信息系统确定为行业信用信息系统、地方信用信息系统、征信系统、金融业统一征信平台等。其中，征信系统特指商业征信系统，而非所有信用信息系统的总称；将行业部门建立的信用管理业务系统确定为行业信用信息系统；将地方归集、整合本区域信用信息的综合性业务系统称为地方信用信息系统；而金融业统一征信平台则是指以信贷征信系统为基础的业务系统。至此，随着国家规划纲要的印发，将“覆盖全社会的征信系统”明确为“覆盖全社会的信用信息系统”可能更符合实际工作情况或表述习惯。

第二节　覆盖全社会的信用信息系统的基本框架

信用信息是指反映或描述信用主体信用状况的相关数据和资料等①；而信用信息系统则是指利用信息化手段对信用信息进行归集、整合、管理的信息系统。信用信息系统作为归集与整合信用信息、开展信用评级和提供信用报告等工作的载体，是解决信息不对称、扩大信用交易、防范信用风险、转变政府工作方式和创新社会管理、建立守信激励与失信惩戒机制的基础和关键，是社会信用体系有效运行的核心工程。覆盖全社会的信用信息系统包括行业部门信用信息系统、金融征信系统、商业征信系统和地方公共信用信息系统。

一、行业部门信用信息系统

行业部门信用信息系统是指各行业主管部门或行业协会、商会出于其从事市场监管或提供公共服务的职责需要，应用其在记录、整合管理或服务过程中产生的信用信息对市场主体形成信用激励或约束的信息系统。

社会成员信用信息的记录、整合和应用是社会信用体系建设的重点。记录信用信息既是信用体系建设的基础性工作，又是后续开展信用信息整合以

① 国家市场监督管理总局，中国国家标准化管理委员会．信用基本术语：GB/T22117—2008[S]．北京：中国标准出版社，2008：3.

及信用应用的前提条件。行业部门信用信息系统是记录产生公共信用信息的重要载体和渠道，公共信用信息系统或信用信息共享平台共享归集的数据大部分来源于行业部门信用信息系统所记录产生的数据。行业部门信用信息系统的信息记录、整合和应用活动只在行业内开展，大部分行业部门信息系统是从中央、省到市、县，自上而下地统一建设，具有垂直性、条状的特征。

我国部分行业部门已建成行业信用信息系统，并利用系统开展信用应用。市场监管部门作为商事主体的注册登记机关，产生企业登记注册信息、行政处罚信息、表彰奖励信息、分类监管信息等，此类信息已依托国家企业信用信息公示系统进行整合，并为社会公众提供查询服务。税务部门依托税收征管系统开展企业纳税信用等级评定，产生纳税信用 A 级纳税人或重大税收违法案件当事人等信息。事业单位登记管理部门依托事业单位登记管理系统，产生事业单位注册登记信息。海关建立海关企业进出口信用信息公示平台，记录进出口企业的海关注册信息、信用等级信息、行政处罚信息等。此外，生态环境、医疗卫生、知识产权、工程建设、电子商务、交通运输、人力资源社会保障、教育科研等领域也逐步建立起行业信用信息数据库。

二、金融征信系统

金融征信系统是由中央银行或金融监管部门主导建设，以金融机构为主要用户，以授信申请人为主要征信对象，以信用信息在金融业内互通互联、共同防范信用交易风险为主要目的的信息系统。欧洲地区是金融征信系统建设的典型代表，欧洲各国中央银行或金融监管当局建立并运行管理非营利性质的公共征信机构，主要目的是服务于中央银行金融监管或商业银行防范贷款风险，以及为社会提供信用信息服务。中央银行或金融监管当局通过法律或行政决定的形式，强制要求所监管的金融机构必须加入金融征信系统。因此，金融信贷征信系统的覆盖范围较广，几乎涵盖监管区域内所有金融机构产生的信贷征信信息。一般而言，金融征信系统不采集来源于法院、税务机关等行政机关或公共租赁公司等非金融机构的信息，也很少收集贸易和商业零售机构的信贷信息。

中国人民银行组织建设信贷征信系统借鉴了欧洲公共信贷征信系统的做法。2006年我国先后建成个人和企业信贷征信系统，《征信业管理条例》将其称为金融信用信息基础数据库。2006年经中央编办批准，中国人民银行成立的公益性事业单位的征信中心，负责个人和企业两个信贷征信系统的运行维护工作。《征信业管理条例》第二十七条对该机构性质做出规定，该机构不以营利为目的，由国务院征信业监督管理部门监督管理。

企业信贷征信系统源于2002年建设的银行信贷登记咨询系统。2004年人民银行启动银行信贷登记咨询系统升级工作，将原来分布在337个城市的三级分布式数据库升级为全国集中统一的企业征信系统，实现数据在全国的大集中，统一对外提供服务。2005年12月，企业征信系统实现主要商业银行的全国联网运行；2006年1月个人征信系统正式运行。截至2019年年底，该系统收录10.2亿自然人、2834.1万户企业和其他组织的信息①，已经成为世界规模最大、收录人数最多、收集信息全面、覆盖范围广、使用广泛的信用信息基础数据库。

三、商业征信系统

商业征信系统是指征信公司、商业调查公司、资信评级公司等商业机构为开展业务需要而建设的，用于记录市场主体信用信息并向机构或个人提供信用服务的信息系统。商业征信系统建设以营利为目的，是一种市场化行为，这是与行业部门信用信息系统、金融征信系统的最大区别。

建设商业征信信息系统是开展征信公司业务的基础。中国人民银行2013年下发的《征信机构管理办法》规定，征信企业申请个人征信许可或企业征信备案，均应提交征信信息系统的建设情况，这是征信机构开展征信业务的基本条件。

① 数据来自“事业单位在线”（www. gjsy. gov. cn）上公布的中国人民银行征信中心2019年年度报告书。

目前经人民银行备案的企业征信机构超过130家，而经许可的个人征信机构仅百行征信公司和朴道征信公司两家。按照每家征信企业建设一个征信信息系统的要求，目前我国商业征信系统超过130个。征信信息系统建设属于信息化建设工作，这并非难事，系统建成后如何归集、整合数据才是征信信息系统建设的最大难题。根据我国现实情况，商业征信机构收集到的征信信息主要包括两类：一类是金融交易数据，由金融机构产生；另一类是公共信息，由公权机关如市场监管、税务、海关等部门产生。其中，第一类数据由信贷征信系统掌握，一般不对外公开；第二类数据公权机关也较少对外开放，因此，商业征信机构获取以上两类数据都存在困难。

信用数据是征信机构的核心资产，在难以获取更多数据的情况下，我国商业征信机构发展受到严重限制。据不完全统计，全国各类商业征信机构、资信评级机构年收入仅为20多亿元①，规模非常小。而作为征信机构市场化程度最高的美国，其商业征信机构的收入水平远超我国商业征信机构，公开信息显示，2017年度邓白氏、益博睿、环联等公司年收入分别为43.4亿美元、31.4亿美元、17亿美元。

随着大数据技术的深入发展，近年来互联网出现了企查查、天眼查、启信宝等企业大数据服务平台，提供企业注册登记、法院被执行人、行政处罚、知识产权乃至财务数据等信息查询服务，这些信息大部分来源于国家企业信用信息公示系统、中国裁判文书网、中国执行信息公开网、国家知识产权局、商标局、版权局等官方渠道。这些数据服务平台实际上开展了类似于征信服务的工作，相当于商业征信系统，但并未进行企业征信备案。

四、地方公共信用信息系统

地方公共信用信息系统是指通过整合完善本地区各部门单位履行公共管理职能过程中产生的信用信息，形成统一的信用信息数据库，为企业、个人和社会征信机构等查询公共信用信息提供便利的系统。与行业部门信

① 中国人民银行《中国征信业发展报告》编写组．中国征信业发展报告(2003－2013)[R].2013:18.

用信息系统的“条”不同，地方公共信用信息系统强调对本地区各部门单位公共信用信息的横向整合，是对区域内“块”的整合。据不完全统计，我国所有省级以及大部分地级以上市均建立了本地区的公共信用信息系统，为社会公众提供信用产品和服务。

第三节　公共信用信息系统的功能定位

一、公共信用信息系统的定位

公共信用信息系统作为社会信用体系建设的基础性工程，主要承担区域内公共信用信息的归集、整合工作，依托信用门户网站为社会公众提供信用查询、信息公示、异议处理等基本公共信用服务，依托有关业务模块为政府部门提供联合奖惩、信用嵌入等信用应用工作。可以说，公共信用信息系统是地方推进信用体系建设的综合性业务平台。国家发展改革委 2017 年专门出台的《国家发展改革委关于加强全国信用信息共享平台一体化建设和信用门户网站一体化建设的指导意见》，将公共信用信息系统区分为信用信息共享平台和信用门户网站两个部分。从平台和网站两大功能模块看，公共信用信息系统的主要功能一是依托信用信息共享平台实现公共信用数据的归集、整合；二是依托信用门户网站对外提供基本公共信用服务，对内实施联合奖惩等信用应用。

二、依托信用信息共享平台实现公共信用数据的归集与整合

公共信用数据的归集、整合是社会信用体系建设的重要任务。国家《社会信用体系建设规划纲要（2014—2020 年）》要求“建立信用信息交换共享机制，统筹利用现有信用信息系统基础设施，依法推进……信用信息的交换共享，逐步形成覆盖全部信用主体、所有信用信息类别、全国所有区域的信用信息网络”。国家和地方将信用信息的交换共享作为社会信用体系建设的重要工作。

国家和省级公共信用信息系统归集的数据多以亿乃至十亿、百亿条计算。大量的公共信用数据共享必须依托良好的信息化基础设施。事实上，近年来社会信用体系建设的深入推进，也从侧面反映出我国各省份政务信息化基础设施建设的差距。部分经济实力较强、已建成政务信息资源共享平台的地方，依托政务信息资源共享平台这一载体实现信用信息的交换共享，极大地便利了信用体系建设。部分政务信息化基础设施较为落后、尚未建立政务信息资源共享平台的地方，必然要求建立信用信息共享平台承担公共数据交换共享任务。以下对几个典型地区进行案例分析。

广东省。早在2008年，广东省政府办公厅就印发了《广东省政务信息资源共享管理试行办法》，提出建立政务信息资源共享交换体系，2009年编制第一期省级政务信息资源共享目录，同时建成省政务信息资源共享平台，用于交换共享目录确定的政务信息资源。2014年印发的广东省社会信用体系建设规划就明确要求"依托全省政务信息资源共享交换体系，实现省、市两级信用信息交换和共享"。因此，广东通过全省已有政务信息共享基础设施实现信息的交换共享，广东省公共信用信息系统建设主要侧重于对共享获取的公共信用数据进行加工整合后提供服务。

湖北省。2014年印发的湖北省社会信用体系建设规划提出建设省信用信息公共服务平台，承担信用数据归集、共享交换等服务需求。公开资料显示，该项目于2015年启动建设，2017年9月进行验收评审。为整合共享全省政务信息资源，湖北省政务信息数据共享平台定位于2017年11月才对外招标并确定中标机构。从两个平台承担的功能来看，主要功能均是信息归集、整合处理，只是政务信息数据共享平台归集、整合的数据范围更广。更进一步看，政务信息数据共享平台是政务数据资源交换共享的核心基础设施，而信用信息公共服务平台主要是支撑信用体系建设的业务应用系统。从经济节约角度来看，公共信用数据的交换共享可以依托全省政务信息数据共享平台这个重要基础设施开展。

甘肃省。位于西部地区的甘肃省政务信息化基础设施比较落后。公开资料显示，2016年11月甘肃省对社会信用信息共享平台建设进行招标，建设内容包括信用大数据征集系统等，而甘肃省省级政务数据共享交换平台于2018年6月建成。

宁夏回族自治区。宁夏回族自治区信用信息共享平台建设远早于政务数据共享交换系统。作为自治区政务数据共享开放的总枢纽，自治区政务大数据服务平台于2017年2月投入试运行，而早在2016年10月自治区信用信息共享交换平台（二期）就已招标。

以上分析可以看出，大部分地区在未建设政务信息资源共享平台之前，地方公共信用信息系统承担了信息交换共享基础设施的任务。2016年以来，在国家大力推进政务信息资源共享的大背景下，各省份逐步建成政务信息资源共享平台，为后续信用信息的整合及应用提供了良好的基础设施条件。随着政务信息化基础设施的逐步完善，公共信用信息系统建设应当更加聚焦如何开展信用应用，而非原来重点推动的信用信息交换共享。

三、依托信用门户网站对内对外提供基本公共信用服务和实施信用奖惩

作为公共信用信息系统的两个重要建设内容，信用信息共享平台和信用门户网站按照后厂前店的角色进行分工。信用信息共享平台负责加工整合信用数据，信用门户网站作为信用服务的平台载体，对外提供信用异议、信用修复、信用报告打印下载、信用信息公开公示、信用查询等基本公共信用服务，对内实施信用联合奖惩、开展"信易+"等信用应用。公共信用服务和信用应用的相关内容将在其他章节阐述。

第四节　公共信用信息系统的建设管理模式

建设覆盖全社会的信用信息系统。当前社会影响力最大的包括人民银行组织建设的信贷征信系统（或称金融信用信息基础数据库）、国家市场

监管总局组织建设的国家企业信用信息公示系统、国家发展改革委组织建设的全国信用信息共享平台和“信用中国”网站等。

2014 年《社会信用体系建设规划纲要（2014—2020 年）》印发后，在国家发展改革委的强力推动下，不论国家还是地方，建设公共信用信息系统的积极性均大幅度提升。“信用中国”网站于 2015 年 6 月 1 日正式上线运行，大多数省份及地市在 2015 年、2016 年两年间基本建成信用门户网站并对外提供服务。初步统计，包括新疆生产建设兵团在内的 32 个省级行政区域以及除西藏、新疆、宁夏外大部分地级市乃至县区，均已建成信用门户网站。上至“信用中国”网站、下至县区网站的全国信用门户网站矩阵基本形成，网站总数超过 500 家。这里对各省份公共信用信息系统建设模式进行梳理，主要包括本区域统一建设、省及地方分级建设等平台网站建设模式，具体如表 3－1 所示。

表 3－1　各省份公共信用信息系统建设模式

序号	地区	规划建设模式	实际建设情况
1	北京	全市统一平台网站	部分区在政府门户网站开通信用网页
2	天津	市县两级平台网站	部分区在政府门户网站开通信用网页
3	河北	全省统一平台网站	大部分地级市均开通平台网站
4	山西	省市两级平台网站	大部分地级市均开通平台网站
5	内蒙古	自治区、盟市两级平台网站，鼓励旗县建设本级平台网站	所有盟市均开通平台网站
6	辽宁	省市县三级平台网站	所有地市及部分区县开通平台网站
7	吉林	省市县三级平台网站	所有地市及部分区县开通平台网站
8	黑龙江	全省统一平台网站，建设市级应用子平台	所有地市及部分区县开通平台网站
9	上海	市统一平台，建设区县和重点领域子平台	大部分县区开通信用网页
10	江苏	省市两级平台网站，推进县区建设数据库	所有地市及部分区县开通平台网站
11	浙江	全省统一平台网站	所有地市均开通平台网站
12	安徽	全省统一平台网站	所有地市及部分区县开通平台网站

续表

序号	地区	规划建设模式	实际建设情况
13	福建	省市两级平台网站	所有地市及部分区县开通平台网站
14	江西	省市两级平台网站，有条件的县可建本级平台网站	所有地市及部分区县开通平台网站
15	山东	省市（直管县）两级平台网站	所有地市及部分区县开通平台网站
16	河南	省市县三级平台网站	所有地市及部分区县开通平台网站
17	湖北	全省统一平台网站	所有地市依托省级网站开通信用页面
18	湖南	省市两级平台网站	所有地市及部分区县开通平台网站
19	广东	省市两级平台网站	所有地市及部分区县开通平台网站
20	广西	未明确建设模式	大部分地市开通平台网站
21	海南	全省统一平台网站	大部分市县开通平台网站
22	重庆	全市统一平台网站	所有区县开通平台网站
23	四川	省市两级平台网站	部分地市开通平台网站
24	贵州	全省统一平台网站	所有地市及部分区县开通平台网站
25	云南	省市两级平台网站	部分地市开通平台网站
26	西藏	自治区统一平台网站	自治区统一对外信用网站
27	陕西	省市两级平台网站	所有地市开通平台网站
28	甘肃	省市两级平台网站	所有地市及部分区县开通平台网站
29	青海	省市两级平台网站	部分地市开通平台网站
30	宁夏	自治区统一平台网站	自治区统一对外信用网站
31	新疆	未明确建设模式	自治区统一对外信用网站
32	新疆兵团	兵团统一平台网站	兵团统一对外信用网站

资料来源：根据各省份社会信用体系建设规划等相关综合性文件以及检索互联网公开资料整理。

总结各级公共信用信息系统建设管理模式，主要特点体现在自行组织建设公共信用信息系统、分级归集公共信用数据、信用门户网站风格各异、公共信用服务标准和流程差异较大、成立或安排专门事业单位负责平台网站建设运维等方面。

一、自行组织建设公共信用信息系统

建设地方公共信用信息系统是国家社会信用体系建设规划纲要提出的重要任务之一。各省份制定的信用体系建设规划对公共信用信息系统建设做出重要安排，其中多数地方规划建设省、市两级公共信用信息系统，部分地区甚至要求县区建设公共信用信息系统。如2015年印发的江苏规划提出“加强省辖市和县（市、区）信用信息系统建设”；而2014年印发的广东规划提出“按照财权事权统一的原则，建设各地级以上市公共信用信息管理系统，征集本市信用信息，并开放给所辖县（市、区）使用，县一级原则上不独立建设公共信用信息管理系统”。得益于上级部门以考核、督查等方式的强力推动，全国大多数地级市乃至县区均自行组织并建成信用信息共享平台及信用门户网站。

二、分级归集公共信用数据

公共信用数据作为公共信用信息系统的核心资产，受到各种客观现实条件的限制，只能按照分级负责原则由各地自行组织归集。主要限制条件包括：一是政务信息化基础设施水平参差不齐，基础设施不完善的现实条件使得难以对数据进行统一归集、整合。二是公共信用数据来源于各行业部门，而各行业部门数据标准不一致，没有全国统一的数据标准，对数据进行统一归集、整合不现实。三是不同地方的同类行政机关掌握的公共信用数据也不尽相同，因此各地只能根据本地实际情况进行数据的归集、整合，全国统一的公共信用数据归集与整合无从谈起。

三、信用门户网站风格各异

对于信用门户网站的建设风格、网站栏目、服务内容等，国家并未做出统一规范要求，因此各地建成的信用门户网站风格迥异。2017年国家发展改革委印发《关于加强全国信用信息共享平台一体化建设和信用门户网站一体化建设的指导意见》，同年 10 月“信用中国”网站 2.0 版上线后，虽然多数地方信用门户网站参照“信用中国”网站的风格样式进行设计，但总的来看网站设计风格仍千差万别，更加不用说对具体栏目及服务内容进行统一。

四、公共信用服务标准和流程差异较大

地方公共信用信息系统均提供了信用查询、信息公示、异议申请、修复处理、信用报告打印等基本公共信用服务，但这些服务的标准和流程存在较大差异，给社会公众获取基本公共信用服务造成一定障碍。随着公共信用信息更加广泛地对外共享交换，上下联动处理异议申请、信用修复等需求日益迫切，在没有统一标准和流程的情况下，对外交换共享数据越多，只会对信息主体、提供数据的基层单位和下级网站管理单位造成更多困扰。

五、成立或安排专门事业单位负责平台网站建设运维

提供基本公共信用服务是建设公共信用信息系统的主要目的。由于基本公共信用服务属于公益性质的工作，国家和地方多安排由事业单位负责建设维护工作。国家层面，由国家公共信用信息中心负责全国信用信息共享平台和“信用中国”网站的运行维护工作。多数地方充分发挥发展改革部门管理信息中心的组织优势，依托信息中心设立公共信用信息中心、信用中心、公共信用服务中心、公共信用中心、社会信用服务中心等部门，对公共信用信息系统进行维护，提供基本公共信用服务。

六、与其他信用信息系统建设管理模式的对比

（一）信贷征信系统的统一数据管理模式

信贷征信系统作为金融行业的重要基础设施，归集、整合的信贷征信数据来源于各商业银行。归集、整合的流程是商业银行总行通过统一的业务系统，将省、市、县分行的信息进行逐级汇总后，集中报送到征信中心

建设的全国统一数据库，实现数据的全国集中。为实现征信数据的安全管理，信贷征信系统还分别在北京、上海建立灾备中心。信贷征信系统作为全国统一的数据库，提供的所有查询服务均来自统一数据库的数据，该系统每日被调用查询次数以百万次计。在异议处理方面，依托全国统一的数据库，在接到信息主体提起的异议申请后，按照数据归集流程将申请逐级派发给信源单位进行核实处理。

（二）国家企业信用信息公示系统的数据分级管理、集中对外展示的模式

《企业信息公示暂行条例》规定，工商行政管理部门要组织建设企业信用信息公示系统，并推进监督企业信息公示工作。2014 年 3 月原国家工商总局启动全国企业信用信息公示系统建设，该系统于 2016 年 12 月正式上线运行。2017 年 7 月印发《国家企业信用信息公示系统使用运行管理办法（试行）》，规定工商行政管理部门按照企业信息公示“全国一张网”的目标建设国家企业信用信息公示系统。该系统使用统一互联网访问地址（www. gsxt. gov. cn）提供对外服务。国家和省分级负责数据管理工作，其中省一级负责维护管理本区域内企业注册登记信息及其他部门产生的行政许可和行政处罚等信息，并按照规定的时间要求将归集的数据及时汇总到国家数据库，实现全国数据的统一集中。

（三）三个系统平台有关模式的对比

国家企业信用信息公示系统的数据既在中央集中也分散到各个省份，省级与中央一样也承担数据管理维护的职责，这是该系统与信贷征信系统的最大区别。但是国家企业信用信息公示系统提供了全国统一的公示平台和公示样式，并按照统一标准规范进行建设和展示，因此，社会公众在使用系统时未感受到数据分布式提供而产生的差异，使用体验非常良好。与国家企业信用信息公示系统、信贷征信系统相对统一的管理模式不同，公共信用信息系统遵循分级负责的原则进行建设和管理，其在用户体验度、服务便利性、数据丰富度、品牌影响力方面仍有较大的提升空间。

第五节　新时代公共信用信息系统的发展方向

新时代，公共信用信息系统建设管理进入新的发展阶段，必然要求各级有关单位紧跟时代发展要求，更加突出公共信用信息系统作为社会信用体系建设的基础性工程的功能定位，确保公共信用信息系统在新时代发挥更重要的作用。

一、功能建设应更加突出公共信用管理服务

2014 年以来，地方在建设社会信用体系过程中，注重对公共信用数据的归集与整合。公共信用信息系统作为整合汇集信用数据的基础设施，承担了政务信息资源整合共享的重要任务。不少信息化基础设施薄弱的地方，正是结合国家归集、整合公共信用信息的要求，初步实现了本地区政务数据资源共享这一艰巨任务。而部分建成政务信息资源共享平台的地方，依托共享平台进行公共信用信息的归集、整合，从而强化了共享平台作为政务信息交换共享总枢纽的作用。

2016 年以来，国家进一步将政务信息资源整合共享提高到非常重要的地位。2016 年 9 月国务院印发《政务信息资源共享管理暂行办法》，首次从国务院层面对政务信息资源整合共享作出规范要求。2017 年 5 月国务院办公厅印发《政务信息系统整合共享实施方案》，具体部署政务信息整合共享工作。趁着国家高度重视的契机，部分率先建成政务信息资源共享平台的地方，抓紧升级改造原有基础设施；而未建立相关基础设施的地方，也抓住这个政策机遇，推动建设本区域政务信息资源共享基础设施。

2018 年新一轮党政机构改革，对公共信用信息归集与整合提出新的要求。多数省份成立负责政务数据管理、政务信息化的专门管理机构，贵州、重庆、福建、广东、吉林、广西、山东、浙江、湖北、江苏、河北、辽宁、黑龙江等地设立政务服务或政务数据管理机构，重要目的就是适应

新时代大数据管理发展新趋势，统筹管理好政务数据资源，优化做好政务服务工作。因此，在组建数据管理机构对政务数据进行统一汇集管理的背景下，公共信用信息系统建设必将要纳入区域内统一的政务数据资源共享平台进行管理。《广东省“数字政府”建设总体规划（2018—2020年）》将社会信用信息库与人口、法人、自然资源和空间地理并列为四大公共基础数据库，并将社会信用公共平台定位为“数字政府”建设的八大公共支撑平台。这一轮机构改革后，原由发展改革部门主导建设的公共信用信息系统，尤其是数据归集与整合工作将逐步纳入统一的政务数据管理架构。这些变化将对未来公共信用信息系统建设产生非常大的影响。

不得不承认，在公共信用信息系统建设初期，多数地方均将公共信用信息系统定位为信用数据归集与整合平台，而非信用应用业务系统，因此依托该系统进行信用应用这个原本应该重点推进的工作反而在前期系统建成后被弱化。公共信用信息系统建设进入新的发展阶段后，数据归集与整合将依托区域内统一的政务信息资源共享机制实现，公共信用信息系统将更加突出专业化业务管理系统的定位。从功能建设上，作为公共信用业务管理的载体，未来公共信用信息系统应该聚焦公共信用服务、公共信用应用等业务功能，聚焦为社会公众和政府部门提供更好的信用查询、异议处理、信用修复、信用评分、联合奖惩的自动推送反馈等全流程公共信用管理服务。

二、要重点建设国家、省和大城市等级别的信用系统

对比信贷征信系统、国家企业信用信息公示系统等相对统一的建设管理模式，目前国家、省、地级市乃至县区均建设本级公共信用信息系统的做法导致财政总体投入巨大，造成资源浪费、数据标准不统一、整合共享困难等。对于区域内公共信用信息系统建设，各地信用体系规划做出不同安排和实践。

广东社会信用体系建设规划确定，县一级原则上不独立建设公共信用信息管理系统，其所需服务由市开放使用。虽然该规划提出了清晰的市县

系统建设思路，但在实际工作却出现偏差，比如部分地市特别是珠三角经济发达地区仍对所辖县区提出建设公共信用信息系统的要求，县区也按照这个要求建成了信用平台网站。浙江是为数不多的建设全省一体化的公共信用信息系统的省份。浙江信用体系建设“十三五”规划提出，按照统一信用代码、统一数据库、统一共享交换体系、统一公示发布系统、统一归档范围、统一目录和标准体系的要求，完善全省统一的信用信息基础库和信用信息公示平台，形成一体化的公共信用信息服务平台，实现对省、市、县三级信用信息的统一归集、归档、交换共享以及信用信息的“一次产生，共同应用”。江苏、河南等地的规划也明确规定建设县区信用平台网站。河南省“十三五”社会信用体系建设规划要求“加快建设市、县级公共信用信息平台，对外提供信息发布、查询服务……健全行业、省辖市和县（市、区）信用信息系统”。江苏省信用体系建设规划规定“加强省辖市和县（市、区）信用信息系统建设。在各省辖市统一规划指导下，有计划地推进县（市、区）建设社会法人或自然人信用基础数据库，逐步实现信用信息归集交换全覆盖”。

虽然各省份对是否建设县区一级信用平台网站的意见并不统一，但从实际建设情况来看，全国有越来越多的县区组织建设信用平台网站，这有其内在动因。一方面，平台网站建设是落实信用体系建设工作的重要抓手，从行政管理惯性思维层面，纵使原则上省政府不要求建设县区平台网站，但是地市为推进工作落实，一层抓一层，也会简单机械地要求县区一级建设平台归集数据，忽略了县区信用平台网站建设成效和社会影响力极其有限的实际。另一方面，县区推进信用体系建设存在工作抓手不足的问题，县区信用体系建设牵头部门期望以建设本地信用平台网站等具体举措来进行对外宣传和体现信用体系建设工作成效。

综合以上分析，建设县区乃至地市一级的平台网站，既存在财政投入巨大、增加基层工作压力、分散信用平台网站社会影响力等不利因素，也不符合政务信息资源共享整合的大趋势。因此，未来公共信用信息系统建设的发展方向应该是重点推进国家、省以及大城市平台网站的建设，地市一级公共信用信息系统原则上可不再建设，而对于县区一级平台网站，要坚决予以撤销或将其合并到地市一级平台上。

地市和县区不再建设公共信用信息系统，并不表示地市和县区无须归集、整合公共信用数据或是开展信用体系建设工作。由于大部分公共信用数据来源于地市和县区，地市和县区将继续承担数据归集的繁重任务。而这一任务顺利实施的前提条件是建设并完善政务信息资源共享基础设施，只有在政务信息资源共享框架下实现信用数据的归集与整合，才能确保县市在不建设信用平台的同时，数据的归集与整合不受影响。同时要注意的是，县区以及地市不建设平台网站并不意味着其信用体系建设工作任务负担减少，事实上，地市和县区要将工作重心集中到推动信用应用在本区域的落实上，要协同做好数据使用过程中产生的异议处理、信用修复等基本公共信用服务工作。

三、要强化全国统一的数据标准和服务规范

"信用中国"网站及各地信用门户网站建设运行初期，全国各级信用门户网站的设计样式、数据标准、信息异议处理和信用修复等流程并未作统一规范。随着网站建设逐步深入，建立统一的信用信息共享平台和信用门户网站具有重要的现实意义。国家发展改革委出台的《关于加强全国信用信息共享平台一体化建设和信用门户网站一体化建设的指导意见》提出了统一平台网站名称、标识、风格、标准体系和管理规范等要求。平台网站一体化建设可以分为深度一体化和浅度一体化。浅度一体化只是从网站样式、展示栏目进行简单的统一规范；深度一体化不只要求在样式栏目上统一设计，更重要的是数据一致展示、服务标准统一、服务流程紧密结合。2017 年 11 月举行的首届全国信用信息共享平台和信用门户网站建设观摩培训会上，各地展示的网站样式风格基本参照"信用中国"网站进行设计改版。全国各级信用门户网站从形式上初步实现了网站样式和栏目的一致，但"形像神不像"的问题非常突出，只是网站样式栏目作了统一，但是异议处理、展示的内容样式等各级网站平台仍然千差万别。

依托《企业信息公示暂行条例》的有力支撑，国家企业信用信息公示系统展示的数据虽然来源于各地各部门，但在全国一体化建设方面探索出一条值得借鉴的道路。网站访问入口方面，统一网站访问入口（www.gsxt.gov.cn），可查询到全国市场主体的信息，同时为各省份设置二级访问域名提供部分本区域差异化的浏览体验。网站数据管理方面，得益于企业注册登记机关管理企业基础信息的优势，网站规范企业基础信息、行政许可、行政处罚、经营异常名录信息、严重违法失信企业名单信息等标准格式。服务业务流程方面，开发全国统一的公示信息异议数据交换系统，依托该系统实现异议数据的交换传递和处理，达到了服务流程和服务标准的一体化效果。

不同于国家企业信用信息公示系统，信贷征信系统作为数据集中的统一系统，不存在分散式数据需要进行整合的问题。但是，信贷征信系统征集全国各级银行类金融机构的金融信贷信息，数据处理、异议处理等流程的复杂程度不亚于国家企业信用信息公示系统、公共信用信息系统。就此，中国人民银行征信中心制定《金融信用信息基础数据库个人征信异议处理业务规程》《金融信用信息基础数据库企业征信异议处理业务规程》等制度，形成全国统一的异议处理业务规范。

2017 年国家发展改革委发布《公共信用信息标准体系框架》《公共信用信息分类与编码规范》《公共信用信息资源目录编制指南》《公共信用信息基础数据项规范》《公共信用信息交换方式及接口规范》和《公共信用信息公示规范》等六项工程标准，这些标准已在全国信用信息共享平台（二期）项目建设中率先应用，并要求各地各部门在社会信用信息化基础设施建设中参考使用。虽然这六项工程标准以国家发展改革委名义正式发布，但是可以想象出这些标准应用成效有限。这是因为：一方面，这六项标准仅是工程标准，尚未上升到国家标准甚至强制性标准的层次；另一方面，各地各部门原有信息化建设中已固化了相关标准规范，将这些标准变更为其他标准有一定的困难。

未来要建立以“信用中国”网站为龙头的全国一体化信用平台网站矩

阵，形成信用门户网站的强大社会影响力，必然要建立既有差异又有统一标准规范的体系。在差异性方面，由于“信用中国”网站及各省信用门户网站分别由国家公共信用信息中心及各省信用中心或相关事业单位承担，完全统一网站样式、栏目可能不切实际；并且为保留各地信用体系建设特色，地方信用平台网站也需保持一定的差异性。在统一性方面，要从数据和服务两个维度推进一体化建设：数据层面，全国范围的大规模公共信用数据共享交换，就必然要求建立全国统一的异议处理和信用修复流程，周全安排国家、省、市、县等各级各部门处理数据的需求，建立全国统一的数据处理流程规范；服务层面，要制定统一的信用记录报告、异议处理表格样式和服务规范等。

四、要逐步统一管理全国信用门户网站群

未来要尽快改变现有较为松散的管理模式，发挥国家公共信用信息中心在全国信用信息共享平台和信用门户网站建设工作的核心带头作用，统筹建立全国信用门户网站统一管理机制，将所有信用门户网站纳入全国统一管理。

一是建立信用门户网站联盟。对进入联盟的信用门户网站进行统一标识，实行备案管理，建立全国统一信用门户网站群。

二是统一网站域名。结合全国政府网站集约化改造的要求，为避免各地信用门户网站纳入本地政府网站后被兼并或被取消，可将各级信用网站域名变更为“信用中国”网站的二级域名，如“信用广东”网站域名可变更为“gd. creditchina. gov. cn”。

三是建立资讯栏目统一管理机制。对新闻资讯、信用宣传教育、信息公示等必须设置的栏目进行全国统一展示安排，如统一发布头条新闻、集中展示在全国具有影响力的信用新闻动态、形成一体化的展示样式等。

第四章　公共信用服务

第一节　公共信用服务与市场化信用服务

“公共信用服务”“公共信用服务机构”等专有名词在2014年国家社会信用体系建设规划纲要中首次被提及。规划纲要中“培育和规范信用服务市场”一节中提出“逐步建立公共信用服务机构和社会信用服务机构互为补充、信用信息基础服务和增值服务相辅相成的多层次、全方位的信用服务组织体系”。虽然尚没有对公共信用服务、公共信用服务机构等概念的权威解释，但是可以肯定的是，提供基本公共信用服务是我国社会信用体系建设的重要内容。应该说，我国社会信用体系建设之所以具有中国特色，之所以与其他国家和地区信用体系建设模式有着重要区别，主要原因是在市场化信用服务之外，为社会公众提供了基本公共信用服务，这是中国特色社会信用体系建设模式的重要特征之一。

公共信用服务是指公共信用服务机构对公共信用信息进行加工并整理后，向社会公众免费提供的公共信用查询、公共信用记录报告下载打印、信息公开公示、信用异议和信用修复处理、信用体系建设动态资讯发布、诚信宣传教育等公益性服务。对这一概念的理解要把握好以下几点：第一，提供公共信用服务的主体是公共信用服务机构，从现阶段各地实际情况看，主要包括公共信用信息中心、公共信用服务中心、公共信用中心、信用中心、社会信用中心等公益性事业单位，但是也不排除一些地方创新体制机制，即将此类公益性服务委托其他市场主体而非事业单位承担。第二，提供公共信用服务的基础是公共信用数据，这些数据一般由行政机关、司法机关以及公用事业单位等产生，其中公用事业单位产生的数据应是与公共利益相关的信息。第三，公共信用服务是免费的公益性服务。与以营利为目的的市场化信用服务不同，公共信用服务作为基本公共服务，一般不会收费，提供的公益性服务所需的费用由财政支付。公共信用服务作为我国社会信用体系建设的一项基本内容，可以保证全体社会成员或市场主体平等获得基本公共服务，对促进诚信社会建设具有重要意义；同时，免费的公益性服务不会增加社会成员的经济负担，体现了中国特色社会信用体系建设模式的优越性。

市场化信用服务主要是商业征信机构、信用评级机构提供的信用服务。正如美国信用体系建设模式中邓白氏、益博睿、环联、艾克飞、FICO 等公司提供的信用服务一样，百行征信公司、朴道征信公司以及已经在央行备案的近 130 家企业征信公司构成了完全市场化的信用服务市场。

国家社会信用体系建设规划纲要将“政府推动，社会共建”确定为 2014 年到 2020 年社会信用体系建设的主要原则。该主要原则应用到信用服务层面上，“政府推动”即公共信用服务机构积极提供基本公共信用服务，“社会共建”即大力发挥市场化信用服务机构的力量，为全社会提供良好的增值性市场化信用服务，全力夯实信用体系建设的市场化基础。从这个角度看，公共信用服务与市场化信用服务构成了中国特色的信用服务体系，其中公共信用服务机构除提供基础性服务外，在数据层面上还将建立与市场化信用服务机构共享的开放体系。近年来，随着工作的深入推进，正如国家社会信用体系建设规划纲要所设想的，到 2020 年我国已基本形成公共信用服务与市场信用服务互相补充，基础服务和增值服务相辅相成，多层次、全方位的信用服务体系。

第二节　公共信用服务机构

一、全国公共信用服务机构基本情况

各地提供公共信用服务主要依托“信用中国”网站以及省、市信用门户网站等载体，因此这些网站平台的具体承办单位具备公共信用服务机构的雏形。梳理“信用中国”网站、31 个省级和 15 个副省级城市信用网站的承办单位，可以初步理清各地公共信用服务机构的基本情况。检索互联网公开资料，各地承担信用门户网站运行维护的单位主要分为以下三类。

第一类是名称中明确体现“公共信用”或是“社会信用”的机构，共有 18 家，包括国家公共信用信息中心、上海市公共信用信息服务中心、吉林省信用信息服务中心、青海省公共信用信息中心、江苏省公共信用信息中心、黑龙江省公共信用中心、山东省社会信用中心、内蒙古自治区社会信用管理中心、浙江省信用中心、云南省信用中心、重庆市信用中心、辽宁省信用中心等省一级机构，以及哈尔滨市社会信用中心、成都市公共信用信息中心、西安市社会信用中心、长春市信用信息服务中心、大连市信用中心、深圳市公共信用中心等副省级一级机构。

第二类为单位名称未体现“信用”但加挂了信用中心牌子的机构，包括安徽、天津、江西、陕西、河北、湖北、山西等省份的 7 家单位，以及厦门、宁波、沈阳、南京、杭州等副省级城市的 5 家单位，这些单位安排内设机构承担公共信用服务工作，并加挂信用中心牌子。此外，广东省投资和信用服务中心，既承担信用体系建设工作也承担其他服务业务，也归属到此类机构中。具体如表 4 - 1 所示。

表 4－1　加挂信用中心牌子的相关机构

序号	地区	单位名称	加挂牌子	内设机构
1	安徽	安徽省经济信息中心	安徽省公共信用信息服务中心	公共信用信息服务处
2	天津	天津市信息中心	天津市信用中心	电子政务处
3	江西	江西省信息中心	江西省信用中心	社会信用技术运维部
4	陕西	陕西省信息中心	陕西省信用管理办公室、陕西省联合征信中心	信用综合处
5	河北	河北省经济信息中心	河北省社会信用信息中心	信用信息管理处
6	湖北	湖北省信息中心	湖北省信用信息中心	—
7	山西	山西省经济信息中心	山西省信用信息管理中心	信用信息管理部
8	宁夏	自治区发展和改革委员会信息中心	宁夏社会信用服务中心	社会信用服务部
9	广东	广东省投资和信用服务中心	—	—
10	厦门	厦门市信息中心	厦门市信用服务中心	信用协调部、征信服务部
11	宁波	宁波市经济信息研究中心	宁波市信用中心	征信工作部、信用发展研究部
12	沈阳	沈阳市经济信息中心	沈阳市信用中心	信用发展部
13	南京	南京市信息中心	南京市信用中心	—
14	杭州	杭州市信息中心	杭州市信用中心	信用事业部

资料来源：根据互联网公开信息整理。

第三类包括以下几种情况：一是承担单位性质为事业单位，但名称未体现“信用”也未加挂牌子，如甘肃省经济研究院（甘肃省信息中心）、河南省信息中心、广西壮族自治区宏观经济研究院、新疆维吾尔自治区信息中心、西藏自治区经济信息中心、福建省经济信息中心、济南市经济发展研究中心、广州市信息化服务中心；二是承担单位是行政机关，如海南省发展和改革委员会、北京市经济和信息化局；三是承担单位为社会组织或企业，如贵州省诚信建设促进会、武汉资信管理有限公司。

上述三类机构中，第一类机构的业务宗旨和工作范围主要是信用信息加工整理、信用信息应用、提供公共信用服务，基本符合公共信用服务机构划分标准；其他类别的机构仅类似于公共信用服务机构，而难称其为公共信用服务机构。第一类机构仅有 18 家单位，占总共 47 家单位的 1/3，从数量来看，全国范围内的公共信用服务机构的规模较为弱小。上述第一类共 18 家机构的业务范围，除重庆市信用中心、长春市信用信息服务中心之外，其他 16 家单位的业务范围均可通过公开信息检索获得。

国家公共信用信息中心。其主要职能包括：为社会信用体系建设提供公共信用信息服务，全国信用信息共享平台建设运维，公共信用信息归集、共享与公开，跨地区部门联合奖惩信息共享，相关信用信息提供与咨询服务，相关服务标准规范制定，各地区各部门信用信息共享平台建设指导，相关业务培训与国际交流，社会信用体系建设重大问题研究。

上海市公共信用信息服务中心。其主要职能包括：统一规划、管理本市信息系统建设与信息资源开发、利用、服务，负责本市公共信用信息服务平台建设运行、信息征集，提供公益性信用信息查询和服务等。

吉林省信用信息服务中心。其主要职能包括：为全省信用信息建设提供服务，负责全省信用信息平台和数据库的建设与维护，为政府部门和社会公众提供信用信息服务。

青海省公共信用信息中心。其主要职能包括：为青海省社会信用体系建设提供信息服务；承担公共信用信息归集、共享、公开和跨地区跨部门守信联合激励与失信联合惩戒信息共享工作；承担提供信用信息服务工作，制定公共信用信息归集、共享、公开与服务技术标准规范，指导信用信息共享平台与归集系统建设和应用服务。

江苏省公共信用信息中心。其主要职能包括：为加快推进江苏省社会信用体系建设提供信息和信息化技术服务；省级企业信用基础数据库及服务平台的建设和运行，省级有关部门和各市企业信用信息的征集、加工、交换和服务，全省公共信用信息平台的业务指导和技术支持，公共信用体系建设相关研究。

黑龙江省公共信用中心。其主要职能包括：为省营商环境建设监督局统筹推进全省社会信用体系建设相关工作提供技术服务；承担省信用信息共享平台和信用中国（黑龙江）网站的建设、维护和管理工作。

山东省社会信用中心。其主要职能包括：承担信息收集、存贮、处理工作，对宏观经济运行情况进行监测和预测，为政府和社会提供信息技术服务；承担省电子政务外网的建设管理、运行维护工作，保障网络安全，为党政机关、事业单位提供信息传输、容灾备份、电子认证等服务；承担国家信息中心系统内信息共享的有关工作。

内蒙古自治区社会信用管理中心。其主要职能包括：制定全区信用信息征集系统建设规划和方案，承担全区信用信息交换平台、信用数据库、信用评价系统及相关网站的完善、运行和维护工作；开展信用信息的征集、整理、加工、发布及管理；提供信用信息公共服务和咨询服务，受理信用异议、信用投诉，开展信用统计分析、信用交流、教育、培训和宣传；协助有关部门研究开展征信和信用评级、评价标准和规范的编制工作。

浙江省信用中心。其主要职能包括：为浙江省信用信息咨询和监督提供全方位的服务，承担全省信用征信、发布、查询、评价等工作。

云南省信用中心。其主要职能包括：承担云南省信用信息共享平台和“信用中国（云南）”网站的建设、运行、维护、管理工作；负责全省公共信用信息归集、共享、公开和跨地区、跨部门守信联合激励与失信联合惩戒信息共享工作，制定相关标准和规范；开展社会信用体系建设重大问题研究；推动公共信用信息依法向社会机构开放，为有关部门和社会提供信用信息服务；承办省社会信用体系建设部门联席会议交办的其他事项。

辽宁省信用中心。其主要职能包括：负责全省信用数据交换平台、信用评价系统及相关网站的建设、完善、运行和维护工作；为社会信用信息的征集提供技术支持和平台服务；负责全省信用信息的征集、整理、加工、发布及管理工作；编辑发行《信用辽宁》刊物；协助各市和省直有关部门做好社会信用体系建设的有关工作。

哈尔滨市社会信用中心。其主要职能包括：宣传党和国家的方针政策，推行全面质量管理、咨询服务、业务培训。

成都市公共信用信息中心。其主要职能包括：在全市信息化主管部门及社会信用体系建设职能部门指导下，负责全市公共信用信息平台的建设、运行和维护，依法依规对全市相关单位采集的公共信用信息进行归集、披露、使用、推送。

西安市社会信用中心。其主要职能包括：负责公共信用信息征集、管理，公共信用信息平台运行、维护管理，公共信用信息公开、查询，公共信用信息统计分析、监测预警，信用信息异议申请及投诉举报受理工作。

大连市信用中心。其主要职能包括：为全市社会信用信息提供技术支持和服务；为"信用大连"建设工作提供服务、保障、支撑；承担制定公共信用信息归集、共享、公开及应用等标准规范相关事务性工作；开展社会信用体系建设相关的重大问题研究，参与制定社会信用体系建设政策法规及相关制度；承担公共信用信息归集、共享、公开和跨地区跨部门守信联合激励和失信联合惩戒信息共享工作，推动公共信用信息依法向社会机构开放，为相关部门和社会提供信用信息服务；负责全市公共信用信息管理平台和"信用大连"网站的运行、维护和完善工作，组织实施全市社会信用体系建设宣传教育和信用文化建设相关工作；承担全市信用评级报告规范性审查及相关事务性工作，开展信用产品的开发和应用推广工作，促进现代信用服务市场发展；开展信用信息监测分析、评价及预警工作，编制监测报告；承担市委、市政府交办的其他工作。

深圳市公共信用中心。其主要职能包括：负责深圳市公共信用信息的管理、应用及深圳市公共信用信息系统的业务管理；协助深圳市信用办承担全市公共信用有关工作；协助研究拟定深圳市公共信用信息业务标准及公共信用体系建设相关政策法规。

分析这 16 家机构的业务范围，可发现以下几个特点：

一是公共信用服务机构的核心职责是公共信用信息平台的建设和运行维护。公共信用信息平台建设是公共信用服务机构的首要工作，基本上所有机构均将平台建设、运维作为主要职责。只有平台建好了，才能依托平台进行信用数据的加工处理并提供良好的公共信用服务。

二是信用信息数据是公共信用服务机构的第一生产资料。通过大数据词云分析上述机构的宗旨和业务范围，词频量排前四位的分别为信用（49次）、信息（38次）、建设（23次）、服务（16次）。从词频分析中可以看出信用信息数据对于各地公共信用服务机构业务开展的重要性。没有信息数据，公共信用服务机构将无法提供更多服务。

三是公共信用服务内容需要进一步聚焦及固化。检索上述公共信用服务机构的主要职责并进行大数据分析发现，公共信用服务对外提供的服务内容包括查询、评价、激励、惩戒、异议受理等。这些词的词频分布较为分散，由此可见各地公共信用服务机构对如何提供公共信用服务尚没有统一明确的思路，公共信用服务内容较为分散，没有固化下来。随着公共信用服务机构建设的深入，服务内容如何更加突出和聚焦，将是各地公共信用服务机构需要注意的重要问题。

二、公共信用服务机构是信用体系建设的重要支撑力量

发展公共信用服务机构是信用体系建设的重要制度安排。发展公共信用服务机构可以促进完善信用服务组织体系，提升公共信用服务水平，推动构建激励守信、惩戒失信的诚信社会。除国家社会信用体系建设规划纲要对此做出制度安排外，2015年印发的《国务院办公厅关于运用大数据加强对市场主体服务和监管的若干意见》也要求“充分发挥公共信用服务机构作用，为司法和行政机关、社会信用服务机构、社会公众提供基础性、公共性信用记录查询服务”。公共信用服务机构在信用体系建设全局中的定位非常重要，起到连接政府与社会的关键作用，其承担的公共信用数据整合、提供基本公共信用服务等工作在信用体系建设中属于基础性、兜底性工作，没有这一基础性服务，诚信社会建设将无从谈起。

公共信用服务机构在社会信用体系建设各个阶段承担的主要任务随着工作的深入推进而有所变化。2012年，社会信用体系全面启动建设初期，社会信用的信息化建设色彩较浓，公共信用服务机构主要任务是归集、整

合信用信息，建设公共信用信息平台和信用门户网站，而提供公共信用服务方面与社会公众的期待有一定差距，从严格意义上讲，公共信用服务的职责作用并未得到充分体现。而进入新时代，公共信用服务机构应要求更加突出公共信用服务机构的信用服务职责，更加突出公共信用服务机构在信用体系建设中的基础服务作用。

首先，满足人民对美好生活的需要是新时代一切工作的努力方向。现阶段，全国信用服务市场总体呈现出服务机构规模小、散、弱，服务水平低下，服务市场发展不充分等特点，这与人民群众对美好生活的需要严重不相适应。而公共信用服务机构掌握大量的公共信用信息，可以提供基本的或增值的信用服务。与市场化信用服务机构形成良好互补，是现阶段信用服务机构的主要形式，对于提升全国信用服务水平、促进信用服务市场发展有极大帮助，因此必须大力发展公共信用服务机构。

其次，发展公共信用服务机构适应了新时代“数字政府”改革的要求。按照“数字政府”的改革要求，政务信息的归集与整合将由各地新成立的大数据局、政务信息化局统一管理。虽然“数字政府”改革初步解决了公共信用数据的归集与整合这个老大难问题，但是信用应用和信用评价监测等专业信用服务如何提供、由谁提供等问题仍未解决。“数字政府”改革后，各地传统的信息中心、经济信息中心在剥离政务信息管理等职责后，出现工作职责弱化、工作虚化等问题。因此，各地信息中心、经济信息中心转型发展成为公共信用服务机构，突出提供良好信用服务这一职责是这些机构的重要发展方向。这样既可以解决公共信用服务如何提供、由谁提供的问题，也可以解决这些机构原有工作弱化的痛点，是一项适应“数字政府”改革要求的两全之举。

最后，强化公共信用服务机构建设也是新时代适应事业单位改革的必然要求。事业单位是提供公益服务的重要力量，2018 年《中共中央关于深化党和国家机构改革的决定》提出了公益类事业单位的改革方向，其中对于面向社会提供公益服务的机构，要逐步推进管办分离，强化公益属性，破除逐利机制。公共信用服务作为一项基本公共服务，要发挥保基本、兜底线、促公平等作用，宜由公益类事业单位提供服务。这既能有效解决人民群众亟须获取基本公共信用服务的难题，又符合事业单位改革关于强化公益属性、满足人民群众需求、促进公益事业发展的方向和趋势。

三、新时代公共信用服务机构建设思路

当前公共信用服务工作面临两方面的新形势要求：一方面，政务数据管理体制出现新变化，在“数字政府”建设和大数据发展战略的引领下，地方政府按照加强对政务数据统一管理的思路对政务信息资源管理体制进行调整。按照这个思路，提供公共信用服务所需的数据将由统一数据管理机构整合提供，公共信用服务机构原来承担的数据整合共享的职责将极大弱化。另一方面，社会公众对公共信用服务的需要尤为迫切，社会公众已普遍意识到信用在整个经济社会活动中的重要性，信用服务成为工作生活中不可或缺的一部分。由于大量信用信息由政府部门掌握，且市场信用服务机构普遍小、散、弱，公共信用服务仍是信用服务的主要形式，是社会公众在经济社会生活中必需的一项基本公共服务。公共信用服务工作的这些新变化，要求必须高标准建设公共信用服务机构，要推动公共信用服务机构做好业务转型、知识转型、理念转型，更加突出公共信用服务主业，更加聚焦信用记录报告查询、公共信用评价、信用异议和修复、行业地区信用状况监测预警等信用专业业务，更加注重提升公共信用服务水平和强化公共信用服务意识。具体建设思路体现在以下几个方面。

一是原则上公共信用服务机构应由信用体系建设牵头单位举办。公共信用信息整合及应用是推进社会信用体系建设的重要抓手，公共信用服务机构及其承担的公共信用信息整合和应用工作是社会信用体系建设牵头单位组织开展工作的重要支撑，因此，要统筹考虑信用体系建设牵头单位和公共信用服务机构的设置。从有利于工作开展的角度来看，公共信用服务机构应随信用体系建设牵头单位设置，即公共信用服务机构下设在信用体系建设牵头单位，并由其管理。

二是坚决按照政事分开、事企分开、管办分离原则设立事业单位性质

的公共信用服务机构。由于公共信用服务的公共性、非营利性、公益性等特点，应将公共信用服务机构定位为面向社会提供公益服务的事业单位，强化其公益属性，坚决按照政事分开、事企分开、管办分离的原则，着力构建新型政事关系，将行业管理职责和事业单位举办职责相分离，社会信用体系建设牵头单位重在抓好规划、政策，同时要加强对公共信用服务的行业监管，坚决杜绝不当干预，减少参与微观事务管理。公共信用服务机构重在强化自身管理能力，提高服务质量和效率，满足人民群众的服务需求。

三是由省级公共信用服务机构提供区域内统一公共信用服务。公共信用数据整合处理具有规模效应，公共信用服务边际成本较低，因此从经济便利角度来看，没必要层层设置公共信用服务机构，原则上只设置省级的公共信用服务机构，市县一级可考虑由省公共信用服务机构以分支机构形式进驻提供服务。由全省统一的公共信用服务机构承担全省范围内信息处理及公共信用服务工作，既可形成信息处理的规模效应和信用服务的统一性，又可减轻地市设置新机构的负担。当然，设置全省统一的公共信用服务机构，必须以统一数据管理机构承担起全省公共信用数据归集、整合工作为前提，否则将因数据处理工作量过大而影响公共信用服务水平的提升。此外，对于一些经济发展水平较高、人口规模较大、信用工作基础较好的地级以上市，可以根据实际情况由其自行设置独立的本地公共信用服务机构。

四是公共信用服务机构主要承担公益性工作。其中包括：根据公共信用管理服务的实际需要确定公共信用信息目录，并向数据管理机构提出数据共享需求；提供信用记录报告查询打印、处理信用异议和修复、保护信用主体合法权益等基本公共信用服务；建立公共信用评价模型，组织开展评价，并推动评价结果在各行业领域应用，促进信用惠民；开展行业地区信用状况和营商环境监测预警分析，建立信用监测预警分析模型，依托归集、整合的公共信用信息以及其他信息，开展行业地区信用状况和营商环境监测，发布监测分析报告。

第三节　公共信用服务的基本方式

公共信用服务机构是中国特色社会信用体系建设模式下特有的机构，与有着超百年历史的市场化信用服务机构发展历史相比，2014 年国家社会信用体系建设规划纲要提出“公共信用服务机构”概念至今尚不足十年时间，此类机构发展尚处于萌芽阶段。该机构的性质、组建方式及主要承担的业务，尤其是公共信用服务的内容仍处于非常初级的阶段，其承担的主要业务范围有待深入探索，公共信用服务机构最终发展成什么样、能否给社会信用体系建设提供一定支撑，还有很长的路要走。

从现阶段工作实际来看，公共信用信息中心、信用中心、公共信用服务中心、社会信用中心等机构只是公共信用服务机构的雏形，承担的主要工作就是建设运维公共信用信息平台（含数据共享平台和信用门户网站），归集、整合信用数据，并依托归集的数据和该网站平台提供对外服务。实际上，从对外提供服务的角度看，公共信用信息平台建设只是提供对外服务的载体和基础，依托该平台对外提供公共信用服务的能力才是公共信用服务机构的主要核心竞争力。这一点也可以从现有承担公共信用服务的机构历史沿革看出来，现有的公共信用信息中心、社会信用中心、公共信用中心多数由原直属于发展改革部门的信息中心演变过来，这些信息中心原来的主要职能就是围绕发展改革部门的政务信息化建设展开的，发展改革部门牵头承担了社会信用体系建设工作，因此才由其负责公共信用信息平台建设维护，此类机构多数还谈不上公共信用服务机构。现阶段公共信用服务机构提供的公共信用服务内容仍然较为粗放，服务内容集中在基本的信用查询服务、信息公开公示等方面，与信用体系建设的高质量发展、人民群众对公共信用服务的高质量要求存在较大差距。深化公共信用服务的内容提供主要包括以下几种方式。

一、公共信用信息查询和公开公示

2011 年 10 月 19 日国务院常务会议将社会信用体系建设的重点定位为信用信息的记录、整合和应用。可见，社会信用体系建设所有任务都是围绕着信息的加工、处理和应用开展的，当前社会信用体系建设工作的本质就是提供信息服务的工作。公共信用服务是公益性服务，围绕信息服务来看，免费向社会公众提供公共信用信息查询、信用记录报告的打印下载、公共信用信息公开公示是公共信用信息的基本服务形式。

公共信用信息查询和公开公示作为最基本的公共信用服务形式，做好这方面服务对于社会信用体系建设、促进诚实守信社会环境的形成具有非常重要的帮助，这可以从以下几方面来看。

第一，政府部门掌握的大量数据与市场对数据的迫切需求不相匹配。我国大量的信用信息由行政部门以及具有公共管理职能的单位掌握着，而这些信息的利用程度普遍较低，普通社会公众并不了解与自身信用状况有关的信息，有关市场主体想了解交易对手的信息也没有渠道，而其他需要利用信息的单位也没有更多渠道获取这些信息。在对公共信用信息热切的需求下，如果可以建立一个信息查询的公开和公示平台，为市场主体、有关单位解决信息查询公开和公示的问题，解决市场主体之间或市场主体与行政部门之间的信息不对称问题，将对社会信用体系建设大有帮助。另外，如果行政部门不提供此类基础服务，沉淀在各个部门的数据将继续沉淀下去，很难得到很好的应用。

第二，信息查询和公示是最基本的公共信用服务。依托公共信用信息平台获得的公共信用信息查询和公开、公示等服务是公益性的服务，因此只要有需要，所有市场主体均可以便捷地获得这一完全免费的服务，可以为社会公众提供兜底性、普惠性、均等的基本信用服务，符合我国作为社会主义国家的定位。反之，社会公众获得市场化信用服务需要花费一定的经济成本，然而并非所有市场主体都承担得起这些经济成本。因此，如果没有公共信用服务机构提供的这些基础公共信用服务，那么很多人将难以获得信用服务，这也不符合建设全社会信用体系的要求。

第三，新技术发展迫切要求为所有社会成员提供无技术门槛的服务。进入21世纪20年代，信息技术发展日新月异，人工智能、大数据、区块链等新技术普遍应用到信用服务相关领域，很多人尤其是年龄较大、文化水平较低的社会成员对新技术的接受程度较低，导致进入门槛很高。因此在提供信用服务过程中，新技术的应用将对很多人造成技术歧视。提供公共信用查询和公开、公示等基本公共信用服务，可以为所有社会成员提供无技术门槛的服务，从这一方面来看，提供最基本的公共信用信息查询和公开公示服务，对于全社会的信用体系建设非常有帮助。

第四，公共信息查询和公开公示是支持信用服务机构发展的重要渠道。在现有市场化信用服务机构的发展过程中，公共信用信息是最基础的数据，但是现有官方渠道没有为市场化信用服务机构的业务开展提供良好的数据支撑，因此信用服务机构通过技术手段从信用门户网站查询公共信用信息，通过公开、公示等渠道获取公共信用信息，就是解决其信息来源不足的重要途径，公共信用信息的查询和公开公示也是给予信用服务机构数据支持的重要渠道。

基于上述理由，公共信用信息查询和公开公示对于促进社会信用体系建设非常重要。从现有情况来看，公共信用信息查询和公开公示这一基本服务的主要展现形式包括：

一是信息公示。信息公示是公共信用信息应用的主要方式之一。信息公示的主要运行机制在于，依托信用门户网站公示失信主体的失信行为信息，可以形成社会舆论压力，从社会声誉上对失信主体进行贬损，形成社会性的约束和惩戒。而对守信主体进行褒扬公示，为社会成员建立诚信典型和榜样，可以引导社会成员形成积极向上的诚实守信氛围。目前可以公示的信息主要包括行政许可、行政处罚、失信联合惩戒对象名单、守信联合激励对象名单，以及社会组织评选出的相关“红黑名单”、信用评价等次等。诸如行政许可、行政处罚等“双公示”信息是信息公示的主要内容。

二是信息查询。参照市场化信用服务，依托信用门户网站为社会公众提供信用主体的信用档案查询服务是公共信用服务的主要形式之一。信用查询中，有三个关键点需要注意：首先，要注重查询的便利性，比如可以实现社会信用主体名称的模糊检索，也可以用统一社会信用代码检索；同时应该实现所有社会成员的全覆盖，法人和非法人组织应该包括企业、事业单位、社会组织，乃至机关法人、个体工商户等。其次，要注重查询结果展示的美观性和全面性，查询的信用主体信用档案应该覆盖所有行政部门、具有公共事务管理职能的机构产生的所有公共信用信息，此外，查询结果的展示必须美观直接。再次，必须建立授权查询机制，因为并非所有的公共信用信息都是可以公开的，对于不能公开或信用主体认为需要经其允许后其他主体才能查询的信息，就必须建立授权查询机制。只有建立授权查询机制之后，公共信用服务才能具备完整的服务内容，才具备服务机构的基本雏形。

三是公共信用记录报告的下载、打印。出具信用报告是信用服务行业的主要服务内容之一，不管是邓白氏、益博睿等国外征信机构还是中国人民银行征信中心、百行征信等国内机构，出具的信用报告均为其主要服务内容和重要盈利渠道。公共信用记录报告在现有很多信用场景下均有其存在价值，比如财政部 2016 年印发通知要求在政府采购活动中查询和使用信用记录，而查询和使用的具体载体就是下载、打印信用记录报告，并用于传播和证明。也可以说，下载、打印公共信用记录报告其实就是信用信息查询的延伸活动。

二、信用异议和信用修复

信用异议和信用修复是公共信用服务的基本形式之一，可以从以下几方面理解该服务的内容。

第一，信用异议和信用服务与公共信用信息查询和公开公示的关系。信用异议和信用修复是与公共信用信息查询和公开公示相配套的基本公共信用服务形式，两者相辅相成。一方面，信用信息异议和信用修复是因公共信用信息查询和公开公示而产生的，信息查询和公示服务做得越好，信用信息异议和信用修复的申请和处理量就越多。另一方面，信用异议和信用修复服务做得越好，越有利于提升人民群众对信用查询和信息公示工作支持的积极性。

第二，要充分认识信用异议和信用修复工作在公共信用服务工作中的极端重要性。不管是市场信用服务还是公共信用服务，信用异议既是社会信用主体申诉自身权利的一种方式，又是公共信用服务机构和相关信息单位纠正信息错误的重要来源。建立信用异议机制，其目的就是保护信用主体的合法权益，不让信用主体的合法权益受到非正常的损害，坚定社会成员拥护社会信用体系建设的信心。实施信用惩戒只是促进社会信用主体诚实守信的手段，并非社会信用体系建设的最终目的。从这个逻辑看，建立自我纠错、主动自新的信用修复机制就非常必要，这是社会信用体系建设工作的一项重要补充和保障。将信用修复机制建设好了，在保护信用主体合法权益的同时，也能促使社会成员拥护并支持社会信用体系建设工作。

第三，信用修复是一项新探索的公共信用服务工作。参照市场化信用服务内容，信用异议是一项传统的信用服务工作，现阶段各地已出台的社会信用条例、公共信用信息管理条例、公共信用信息管理办法等已对此做出明确、详细的规定。但是信用修复方面，自 2016 年国务院《关于建立完善守信联合激励和失信联合惩戒制度加快推进社会诚信建设的指导意见》提出该概念后，各地对该项工作的探索有所区别。虽然美国也出台了《信用修复机构法》，但我国现阶段的做法与美国的做法区别较大。我国尚没有成熟的信用修复操作办法，因此还需要不断地深化探索，再提炼、总结全国统一的可行做法，之后再固化成公共信用服务的一项基本内容。

信用异议和信用修复作为公共信用服务的主要内容，分别包括以下几方面内容。

信用异议方面。一是受理信用异议申请。社会成员对公共信用信息平台和信用门户网站公开公示的信息存在异议的，可以向公共信用服务机构提出申请。公共信用服务机构作为统一受理单位，集中受理社会信用主体的异议申请。二是对异议信息进行核实和处理。公共信用服务机构受理异议申请后，需先核实该异议情况是否因数据的传输、整合错误而产生。此环节处理无问题后，可将该异议转到信息提供单位核实处理。三是数据更正并反馈结果。有异议的数据不管是由公共信用服务机构产生还是由信息提供单位产生，在核实后均要第一时间进行更正处理，处理结果要尽快向提出异议的主体反馈。此外，现有各省份公共信用数据基本依托政务信息资源共享平台或政务大数据中心实现本区域内共享，因此，异议信息也可以通过该传输渠道实现信息的正向传输和异议信息的反向推送，建立信息的全自动、全流程处理，以提升处理效率。

信用修复方面。美国《信用修复机构法》将信用修复定义为改善信用主体信用记录、提升信用评分的行为。与美国信用修复做法不同，我国信用修复的主要定位为主动纠正失信行为、消除不良社会影响。现有信用修复具体做法仍处于摸索阶段，不同地方、不同行业关于信用修复处理的做法均有区别。例如，就失信联合惩戒名单而言，失信被执行人只要履行了被执行义务即可退出各种限制，而统计上严重失信企业名单上的失信企业经认真整改到位后可以申请从公示网站提前移除信息，但公示时间不得少于6个月。又如，对于行政处罚信息的修复处理，有的做法是由公共信用服务机构核实、审核后进行处理，而有的地方则认为应由行政处罚行为认定单位认定可否修复后，再由公共信用服务机构撤下其公示的信息或不再作为惩戒的依据。

信用修复是重要的公共信用服务形式，因此，在此项工作中公共信用服务机构应当发挥更加重要的作用，应当让公共信用服务机构承担处理信用修复的核心和枢纽作用。主要操作思路是，公共信用服务机构负责在公共信用信息平台和信用门户网站公开公示的所有行政处罚信息修复工作。但是此种操作方式的前提是每个行业的行政处罚信息修复标准在全国层面或至少在全省层面上进行统一，至少由省级及以上行业主管部门制定一般、严重、特别严重等级别失信行为的划分标准，并将划分标准对外公开征求意见后确定。划分标准制定并印发后，公共信用服务机构即可按照商定的划分标准对各个具体行政处罚信息可否修复做出决定并处理。按照这种操作方式处理，一方面可以统一全省乃至全国范围内的行政处罚行为信用修复标准，符合建立统一市场体系的要求；另一方面可以减少各级行政部门和公共信用服务机构的自由裁量权，避免乱作为。

三、信用宣传教育培训

2014 年国家社会信用体系建设规划纲要确定的社会信用体系建设三大工作举措包括：加强诚信教育与诚信文化建设、加快推进信用信息系统建设和应用、完善以奖惩制度为重点的社会信用体系运行机制等。在中国特色社会信用体系建设模式下，信用宣传教育和培训既是公共信用服务机构主要的业务工作，又是公共信用服务的主要形式。从传统上看，诚信宣传教育属于精神文明建设主管部门和教育行政主管部门的工作范畴，一方面，诚信作为社会主义核心价值观之一，属于传统伦理道德范畴的工作，因此由精神文明建设主管部门负责；另一方面，诚信理念一直也是大中小学的必要课程之一，由教育行政主管部门管理也是理所当然。在中国特色社会信用体系建设模式框架下，公共信用服务机构也承担着信用宣传教育培训的重要职责。

公共信用服务机构承担起信用宣传教育培训的逻辑是：传统上由精神文明建设主管部门和教育行政主管部门组织推动的诚信宣传教育工作，是从意识形态层面上促进全社会诚实守信氛围，形成“内化于心”的软性约束。而中国特色社会信用体系建设模式下，公共信用管理成为促进社会诚实守信的新模式，公共信用管理涉及许多新工作，如信用修复、公共信用信息公示、公共信用记录报告应用等，这些工作需要让更多社会公众知晓和遵守，因此，公共信用服务机构在承担着这些公共信用服务的同时，必须围绕这些服务开展宣传和教育。同时，公共信用服务机构管理的信用门户网站及其微信公众号、移动端 App 等传播媒介作为公共信用服务主要载体，在社会公众中有较大影响力，这些传播媒介理应成为诚信宣传教育培训的主阵地。

信用宣传教育培训作为公共信用服务主要有以下几种形式。

一是社会信用体系建设工作动态发布。通过信用门户网站、微信公众号、移动端 App 发布社会信用体系建设工作动态，宣传社会信用体系建设工作进展和成效，营造开展信用体系建设的浓烈氛围。

二是协助诚信道德模范的典型宣传。诚信道德模范一般应由党委宣传部门组织宣传，但是公共信用服务机构作为社会信用体系建设和管理的重要力量，在诚信道德模范的典型宣传中也可以发挥重要的作用，利用现有的网站、微信公众号等渠道宣传诚信道德模范的感人事迹。

三是社会信用体系建设和管理知识宣传。中国特色社会信用体系建设创设了诸多社会信用管理新要求，如公共信用信息公示期限、信用修复开展要求、哪些信息纳入公共信用信息目录等，这些具体的管理要求既需要社会公众广泛参与讨论确定，也需要普通民众熟知，因此公共信用服务机构需要大力传播此类知识。

四是社会信用管理相关培训。可以依托信用门户网站等载体建立失信主体信用修复培训机制。失信主体通过信用门户网站开展在线公益性培训，可以极大地减轻普通失信主体的时间成本和经济成本，也可以将在线公益性培训扩展到广大社会公众当中，提升普通群众的社会信用管理素养。

四、公共信用评价服务

在公共信用服务的基本方式中，公共信用信息查询和公开公示、信用异议和信用修复、信用宣传教育培训等属于基础性公共信用服务工作，现有的公共信用服务机构均能较好地提供这些服务。与上述的基础性公共信用服务不同，公共信用评价服务属于体现公共信用服务机构核心竞争力的服务内容之一，之所以将信用信息中心、社会信用中心、公共信用中心称为公共信用服务机构，重要的一点是这些机构提供了公共信用评价服务，做不好公共信用评价服务的机构难以称之为公共信用服务机构。公共信用服务机构要大力开展公共信用评价服务主要基于以下几个方面考虑。

第一，国内外经验表明，开展信用评价是信用服务机构的核心能力，这一判断不仅适用于市场化信用服务机构，同样也适用于公共信用服务机构。现有维护公共信用信息平台和信用门户网站的信息中心、信用中心等单位要成长为合格的公共信用服务机构，必须先加强公共信用评价能力建设。

第二，进入新时代，社会信用体系建设进入深化发展阶段，这一阶段的重要特点是规范开展信用应用，在市场监管层面就是依法开展信用监管，而公共信用评价正是开展信用监管的重要能力支撑。从现有情况看，政府部门开展公共信用评价工作的总体能力欠缺，公共信用服务机构着力开展公共信用评价服务刚好可以弥补这一能力欠缺，为信用监管提供强有力的技术支撑。

第三，公共信用评价结果除在信用监管、社会治理等传统领域应用外，为验证评价结果的客观性、科学性，扩大评价结果的应用范围，还可以拓展到金融、社会生活等领域。因此，要提升公共信用服务机构的作用和地位，夯实其作为信用服务机构的地位，最重要的路径就是开展公共信用评价，并将评价结果在市场领域广泛推广及应用。

总的看来，在社会信用体系建设初期，社会信用体系建设牵头部门和公共信用服务机构普遍对公共信用评价工作不够重视，没有将公共信用评价作为公共信用的核心服务内容进行安排。接下来，公共信用服务机构一定要大力发展公共信用评价业务，使其成为核心业务之一。公共信用评价服务的主要形式包括：一是组织对企业、事业单位、社会组织、自然人乃至机关法人等开展公共信用评价，评价数据来源包括行政司法机关、具有公共事务管理职责的单位、公共事业单位产生的相关信用数据等。二是将评价结果应用到市场监管、社会治理领域，如在信用门户网站的信用档案中展示评价结果，对评价对象进行分类、分级监管等。三是将评价结果进行市场化应用，如将其作为信贷管理对象的信用状况评价参考等，目的是发挥公共信用评价的市场化应用价值。

五、信用数据挖掘分析

与公共信用评价服务相似，信用数据挖掘分析也是体现公共信用服务机构核心竞争力的服务内容之一。缘于 2015 年《国务院关于印发促进大数据发展行动纲要的通知》《国务院办公厅关于运用大数据加强对市场主体服务和监管的若干意见》等重要文件的先后印发，近年来，利用大数据技术辅助开展社会治理、市场监管乃至宏观经济决策的做法相当普遍。从国家的规划、设想以及现阶段实践情况来看，大数据技术在公共管理中的应用将越来越重要，同样道理，公共信用服务对大数据技术的依赖度也进一步提升。

信用数据挖掘分析作为一项公共信用服务，主要提供的对外服务形式包括以下几类：一是信用数据挖掘分析，辅助宏观决策。依托公共信用信息平台归集的大量行政许可、行政处罚、失信被执行人以及欠税欠费等数据，结合其他辅助数据，利用大数据技术可以挖掘并展示简政放权成效、优化营商环境甚至地方金融风险等情况，为政府部门决策提供参考依据。二是行业和地区信用状况监测预警。利用大数据技术可以监测预警行业和地区信用状况，反映社会信用体系建设对改进和促进行业和地区信用状况的影响程度。

第五章　信用激励与约束机制

在信用信息的记录、整合和应用工作中，信息记录和整合是基础，信息应用是关键。信用信息应用的主要目的是在经济社会各个环节中全面推广使用信用信息，建立守信激励和失信惩戒机制，以形成激励守信、惩戒失信的氛围。守信激励和失信惩戒机制是社会信用体系运行的核心机制，该机制的建立对于弘扬社会主义核心价值观，构建以信用为基础的新型监管体制，进一步推动简政放权和政府职能转变，营造公平诚信的市场环境，提高社会治理能力，均发挥着重要的支撑作用。

国家社会信用体系建设规划纲要确定的 2014 年到 2020 年的规划期已经实施完成，前期扎实开展的公共信用信息平台建设成效显著，初步形成了公共信用信息的记录整合体系，为信用信息的广泛应用提供了坚实基础。2016 年是守信激励和失信惩戒机制建设的重要节点，国务院印发的《关于建立完善守信联合激励和失信联合惩戒制度加快推进社会诚信建设的指导意见》，吹响了建立守信激励和失信惩戒机制的总号角。国务院文件印发实施后，随着配套出台的数十个联合奖惩合作备忘录和各省份实施方案的落实，全国范围内的守信激励和失信惩戒工作氛围浓厚、成效显著。典型成效是通过对失信被执行人实施的全方位惩戒约束，最高人民法院院长在 2019 年全国两会上宣布我国已实现“基本解决执行难”这一重要目标。

第一节　信用奖惩机制的经济学分析

与守信激励相比较，失信惩戒对社会成员的震慑作用更为明显，对社会信用环境的净化作用更为重要，以下以失信惩戒为重点分析信用奖惩机制的经济学基础。

一、基于成本收益的分析框架

市场经济是信用经济。贺学会等①认为，在市场交易中，信用是市场主体凭借自身的信用状况，不需要提供抵押物而获取额外报酬的额度；而经济范畴下的信用等同于资金投入，是可度量资本价值量的一种资本，可称之为信用资本。因此，可以通过对信用资本进行成本收益分析研究失信惩戒机制的运行机理。

假设某个经济交易行为为市场主体带来正常收益 R，而市场主体发生失信行为且不被发现的私人收益为 T，失信行为被发现概率为 p。因此，市场主体因失信而获得的收益可表示为 $R+T$。按照经济学的理性人假设，考虑道德压力以及未来发展机会减损等前提，社会活动或经济交易中市场主体愿意发生失信行为的基本条件是：

$$(1-p)(R+T) > R$$

由于失信行为被发现后将触发惩戒措施，从而增加市场主体的失信成本，比如远期交易机会的减少，因此，假设惩戒措施实施后远期交易机会减少导致的损失为失信机会成本 M，那么上式可变为：

$$(1-p)(R+T) > R+Mp$$

可整理为：

$$T\frac{(1-p)}{p} - M > R$$

① 贺学会，王海峰，王小曼．企业信用行为与失信惩戒机制：一个基于信用资本的分析框架[J]．金融研究，2008(10)：150－161.

假设守信的正常收益 R 为常量，那么失信惩戒机制是否有效运转将取决于失信私人收益 T、失信机会成本 M、失信行为被发现概率 p 这三个变量。只有加大失信机会成本 M 和失信行为被发现概率 p，减低失信私人收益 T，才能减少失信行为发生的可能性。假定市场主体的效用函数等基本不变，那么失信私人收益 T 将不会有太大变化，因此，建设失信惩戒机制的关键问题是如何将失信机会成本 M 和失信行为被发现概率 p 最大化，以此抑制或阻止信用主体产生失信行为。

关于加大失信行为的被发现概率，具体就是要加强对市场主体信用状况的监测预警，尽早发现市场主体失信行为的苗头性、倾向性问题。为达到以上目的，就需要加大信用信息的归集、整合力度，运用合适的分析方法和数学模型对信用信息进行加工处理，以准确掌握市场主体信用状况和评价结果，分析其发生失信行为的可能性，分类实施差异化的管理措施。

关于失信机会成本，关键是不断扩大失信主体被限制的行业和领域范围，形成“一处失信，处处受限”的社会信用管理氛围。切实可行的实施路径是依照法规更大范围地传播共享失信主体的失信记录，使其失信行为被全社会广泛知晓，从而最大范围地限制其交易机会。需要注意的是，从保护市场主体权益的角度，失信记录不能被无限制地传播共享，传播失信信息的广度和深度取决于失信程度。

二、基于博弈论的分析框架

守信激励与失信惩戒机制是一个典型的博弈论模型。假设甲、乙是社会活动或经济交易的双方，当双方正常交易时各自收益相等，即正常交易活动中双方都守信时，可各获得 1 单位收益。当其中一方失信且不被及时发现时，另一方损失的收益将由失信方获取。而当双方都失信时，各方的收益均为 0 单位。根据博弈理论分析，守信激励与失信惩戒的博弈最优结果是双方都遵守约定各获得 1 单位收益；但在实际操作中，任何一方的最优选择都是本方失信，因为不管对方守信与否，本方失信时收益均为最大。因此，该博弈的均衡结果是双方均选择失信，收益皆为 0 单位。甲、乙双方博弈矩阵如表 5－1 所示。

表 5 –1 未能及时发现对方失信行为的博弈矩阵

	甲守信	甲失信
乙守信	(1, 1)	(2, –1)
乙失信	(–1, 2)	(0, 0)

在以上博弈论模型中，假设双方失信行为均能够被及时发现且受到惩罚，那么博弈得益矩阵就转变为表 5 –2。在失信行为能够被及时发现的假设条件下，不管对方守信与否，本方选择守信时结果总是最优，因此，博弈均衡结果是双方都是选择守信，收益皆为 1 单位。

表 5 –2 及时发现对方失信行为的博弈矩阵

	甲守信	甲失信
乙守信	(1, 1)	(–2, –1)
乙失信	(–1, –2)	(0, 0)

根据表 5 –2 及时发现对方失信行为的博弈矩阵模型分析，失信惩戒机制发挥作用的关键是失信行为能否被及时发现，并且受到有效惩戒。但是现实中失信行为并不总能被及时发现，可能存在一定概率 p，假设双方的收益各为 R，那么在此种情况下，博弈得益矩阵变为表 5 –3。

表 5 –3 一定概率发现对方失信行为的博弈矩阵

	甲守信	甲失信
乙守信	(R, R)	$(-2Rp, -R)$
乙失信	$(-R, -2Rp)$	(0, 0)

根据表 5 –3 分析，一方由于自身经济社会活动行为失信而造成的损失为 $2Rp$，获得的收益则为 $2R(1-p)$。按照经济学的理性人假设，市场主体诚实守信、不发生失信行为的条件是失信损失大于失信收益，即：$2Rp > 2R(1-p)$，计算得出 $p > 0.5$，即当失信行为被发现的概率大于 50% 时，市场主体的理性选择倾向于守信行为。

上述分析发现，依据博弈论对失信惩戒进行分析的结论与基于成本收益框架的分析结论相一致：失信行为被发现概率、失信机会成本等因素决定了博弈均衡结果，因此，失信惩戒机制建设的关键是如何提高失信行为被发现概率和失信机会成本。

三、失信行为被发现概率和失信机会成本的影响因素

关于失信行为被发现概率。企业、个体工商户等市场主体是否守信，主要根据其履约能力和履约意愿进行判断。履约能力作为客观存在的信用能力，可以通过技术手段和数据模型进行科学、合理的评测；而履约意愿是主观的，只能根据以往的市场行为守信情况进行判断。充分地了解市场主体过往行为的真实信息，关键是要将散落在各领域的信用行为进行记录、整合、共享。因此，失信行为能否被及时发现和预警，关键是市场主体信用信息能否被及时记录、整合和共享。

关于失信机会成本。失信机会成本包括直接经济损失、间接经济损失和名誉减损等。对于违反法律法规制度或违反社会规则的行为，如虚报冒领、学术不端、偷税漏税、虚假宣传等，主要由国家公权机关实施行政处罚、司法惩戒，表现为间接经济损失和名誉贬损。对于未履行契约行为，如合同违约、贷款违约、拖欠债务等，主要由交易对手实施经济惩戒，部分严重违法行为也会受到行政惩戒或司法惩戒，表现为直接经济损失。因此，提升失信机会成本，关键是要依照法规实施各种惩戒措施，放大各种直接或间接经济损失及名誉贬损。

第二节　基本内涵和作用机理

从总体框架看，社会信用体系包括信用法规制度和标准规范、信用信息记录整合、信用信息服务、信用奖惩、诚信文化宣传教育等子体系；从信用信息处理使用流程看，社会信用体系主要包括信用信息整合处理、信用信息公开共享和信用奖惩等机制。不管从何种视角理解社会信用体系，守信激励和失信惩戒机制都是社会信用体系的核心运行机制。

随着社会信用体系建设的深入推进，信用奖惩作为一种新型的经济社会管理方式和手段，受到社会各界尤其是行政司法机关的推崇和关注，成为行政司法机关开展行政管理、市场监管、公共服务的重要手段。信用奖惩将成为除行政审批、行政处罚外的一项主要的行政管理手段和方式。党中央、国务院明确提出要加快构建以信用为基础的新型市场监管体制。

国家相关重要文件对信用奖惩的表述包括守信激励和失信惩戒制度、守信联合激励和失信联合惩戒制度、信用奖惩机制等名称。以上表述的主要区别有：一是实施的奖惩是否“联合”；二是“机制”还是“制度”。本书认为，第一，“机制”是指一个工作系统的组织或部门之间相互作用的过程和方式，强调了实施联合奖惩过程的动态性、协调性，而“制度”是静态的，因此使用“机制”较为合适；第二，有关部门在实施自身权责范围内的奖惩措施的同时，将信息共享给其他部门，由其他部门对信用主体实施奖惩，形成了联合奖惩的效果，因此，从充分发挥奖惩措施效果的角度要突出“联合”。本书认为，“信用联合奖惩机制”的表述较为恰当。

一、信用奖惩的主要依据是信用主体的信用状况

本书第二章已论述，信用包括伦理道德、社会活动、经济交易等三层次含义，信用主体的信用状况具体体现为履约能力和履约意愿，主要通过信用信息来展现。信用信息有广义和狭义之分，广义的信用信息包括所有可以表现信用主体履约能力和履约意愿的显性或隐性的信息。显性信息，有信用主体的资产负债情况、行政处罚情况等；隐性信息，有在社交平台的活动轨迹信息、电子商务平台的交易信息等。按照“一切皆信用”的理念，从广义角度来看，信用主体一切活动信息、状态信息都是信用信息。从狭义角度来看，信用信息主要是指行政司法机关、公共企事业单位、金融机构记录的信用主体管理信息或信贷征信信息等。构建信用联合奖惩机制，首要任务是识别信用主体的信用状况，收集与信用主体相关的所有信用信息，之后再根据信用状况实施具体的奖惩措施。

二、构建信用奖惩机制的关键是奖惩

奖即奖励或激励，惩即惩戒或惩处。激励，即“给予荣誉或财物来鼓励”，其内涵和外延较为宽广，所有对守信主体有益的措施都可称为激励措施，如：从经济方面给予补助、补贴，降低融资成本；从公共服务方面予以容缺办理、绿色通道；从道德层面给予荣誉称号、提升荣誉感。惩戒，即“通过处罚来警戒”，惩戒不同于行政处罚，所有约束失信主体行为的措施都可称为惩戒措施，如：在经济方面限制其获得经济补助、补贴；在公共服务方面，从严实施行政许可，限制从事相关活动或是撤销荣誉称号等。对失信主体实施惩戒并非最终目的，通过落实惩戒措施以示警诫，以此促进形成诚实守信的社会氛围才是最终目标。

三、构建信用奖惩机制重在联合

构建信用联合奖惩机制，要突出联合协同机制建设，这是形成“一处失信，处处受限；处处守信，事事方便”的信用联合奖惩大格局的必然要求。第一，这是建设统一开放、竞争有序的市场体系的需要。改革开放以来，各地在发展经济、吸引投资过程中设置了各不相同的优惠政策，或对一些失信行为实施程度各异的惩戒措施，在一定程度上影响了全国统一、开放的市场体系的建立。建立统一的信用联合奖惩机制，可避免因为差异化激励措施而造成不当竞争，或因为差异化惩戒措施而对市场主体经营造成挤出效应。第二，实施联合奖惩可以提升奖惩措施执行密度，形成更为紧密、有效的奖惩效果。西方征信体系发展已有一百多年历史，而我国提出建设信用体系至今不过二十年时间，全面推进信用体系建设也仅十年时间。为尽快形成良好的市场经济秩序、建立社会信用体系，必须抓紧建立更为高效、严密的信用奖惩机制，特别是转轨时期失信事件显著增加，更对此提出迫切要求。联合协同机制具有执行密度更紧密、更有效的特点，该机制的建立可推动多个实施主体按照职责分工联合执行激励和惩戒措施。据此，让守信者处处便利，而不仅局限于一个部门、一个行业、一个地区；让失信者处处难行，而不是在一处被限制就转移到其他部门、行业或地区继续从事失信活动。

四、实施信用奖惩的主体包括所有社会成员

按照政府推动、社会共建的社会信用体系建设基本原则，信用联合奖惩的主体除行政司法机关外，还包括行业协会/商会、其他专业机构和市场主体、普通社会公众等，信用联合奖惩机制包括行政性奖惩、市场性奖惩、行业性奖惩和社会性奖惩等，只有所有社会成员共同实施奖惩，才能实现信用奖惩的全覆盖，形成信用联合奖惩大格局。

五、守信激励的作用机理

与失信动机不同，推动社会成员守信更多地体现为伦理道德因素的教化，而不仅仅是经济利益诱使。即经过一定的伦理道德教育，诚实守信成为社会成员应有的品质。这可根据马斯洛需求层次理论进行分析解释，在生理需求、安全需求、社交需求、尊重需求、自我实现需求等五个层次中，社会成员在满足正常的生理和安全需求之后，守信成为更高层次的尊重和自我实现的需求。守信联合激励的主要手段包括经济激励、公共服务激励、荣誉激励。

一是经济利益激励。这是指对守信者给予一定的经济利益，如：在金融领域，对认定为诚实守信的借贷者提供更低利息，或更高额度的借款金额，更优惠的保险费率；在租赁服务中，被认定为诚实守信的主体可以免交押金；等等。

二是公共服务激励。这是指给予守信者一定的公共服务或行政管理便利，如：在行政管理中，对三年无失信记录者提供绿色通道或容缺办理的便利；在入学、生育等公共服务中，给守信外来人口优先办理子女入学、优先办理居住证、优先入户，为守信者提供更加便利的计划生育服务等。

三是荣誉激励。这是指从尊重和自我实现的需求出发，对守信者开展名誉激励，提升其由守信带来的荣誉感。公开宣传褒扬达到激励效果，如：在报纸网站公开报道诚实守信的典型事迹，对诚信主体进行褒扬；通过正式渠道授予荣誉称号，如文明办举办的中国好人评选、道德模范评选等。

六、失信惩戒的作用机理

构建信用联合奖惩机制，要从分析社会成员的守信或失信目的入手。社会成员失信或守信的目的不同，对社会成员实施惩戒或激励的作用机理也不相同。

按照经济学理性人的假设，理性人在做出经济决策时会进行成本收益分析。社会成员发生失信行为的唯一可能就是预期收益大大超过预期成本，也就是说，社会成员失信的唯一诱因是经济利益，因此，失信联合惩戒的主要目标是提升失信行为的预期成本，降低其预期收益，主要方式包括经济、行政、法律、道德等方面，主要手段包括惩罚、震慑、教育等。

一是惩罚。这是指通过法律约束、经济惩戒等方式减损信用主体的物质利益，是失信联合惩戒最直接、最主要的手段。①对违法行为的惩罚，由司法行政机关根据法律法规规定对信用主体的违法行为进行惩处，此类惩罚适用于所有社会成员，是一种正式的制度安排。②对违规行为的惩罚，由企业、社会组织等机构根据内部管理规定或行业规则、惯例对内部员工或行业会员进行惩处，以维护组织内部或行业正常运行秩序，保证内部公平正义。此类惩罚只适用于组织内部相关信用主体，是一种非正式的制度安排。③对违约行为的惩罚，由交易对方根据商业伦理道德对交易违约行为进行经济制裁和约束，在违约行为未上升为违法行为时，经济制裁只属于普通民事关系，惩罚标准可由自己确定也可由双方协定，惩罚效果直接有效，是一种非正式的制度安排。惩罚的目的是通过法律、经济制裁尽量放大失信成本，导致失信成本大于失信收益，以形成不能失信的局面。

二是震慑。其主要通过公开和共享失信惩戒结果予以实现。公开宣扬失信惩戒结果的目的是对信用主体社会名誉进行贬损、实施道德谴责，让其在一种无形的、充满公众舆论的环境与氛围中倍感道德约束压力。社会中浓厚的失信惩戒氛围也可对未失信或有失信倾向的信用主体产生强大震慑作用，促使其主动诚信经营，以防患于未然，推动社会成员不敢失信。

三是教育。教育手段的目的是引导所有社会成员诚实守信，为此需要将失信惩戒与守信激励行为有效结合起来，形成教育示范效应，使其将发生失信行为既损失经济利益又是道德污点的观念内化于心，通过道德教化方式促进整个社会形成诚实守信的良好氛围。

以上三种手段中最主要的是进行惩罚，只有依法依规开展惩罚并产生震慑作用才能提升预期失信成本及降低失信收益，才能形成“不能失信、不敢失信、不想失信”的良好社会信用管理局面。

第三节　信用奖惩机制的运行框架

一、信用奖惩的实施主体

行政司法机关、企业等市场主体，行业协会/商会、信用服务机构等专业机构，以及社会公众等均为信用联合奖惩的实施主体。第一，行政机构作为信用法规制度的制定者和监督实施者，对违反法规制度的市场主体履行监督和惩戒责任，对带头遵纪守法的榜样予以褒扬。司法机关是实施失信惩戒的重要主体，是执行社会公平正义的最后保障，如法院限制失信被执行人高消费的做法，即司法机关实施惩戒的具体表现。第二，企业作为经济交易的主体，可依据经营管理策略方针，对履行契约的交易对手实施经济激励，对未履行契约的交易对手实施经济约束。第三，行业组织是相关行业规则、内部管理制度的制定者，可依据行业约定、行规对会员企业实施激励或惩戒。第四，信用服务等专业机构是社会信用体系建设产品的供给者，其提供的信用产品和服务是信用联合奖惩的重要基础支撑，发展专业机构将有力促进信用联合奖惩机制建设。第五，社会公众能起到社会监督作用，是信用联合奖惩机制的重要参与主体。

二、信用奖惩措施分析

根据国务院《关于建立完善守信联合激励和失信联合惩戒制度加快推进社会诚信建设的指导意见》，以及梳理数十个联合奖惩合作备忘录的相关奖惩措施，本书归纳出联合奖惩措施的分类。

（一）按照实施主体划分

按照实施主体划分，可分为行政性奖惩、司法性奖惩、市场性奖惩、行业性奖惩、社会性奖惩。

第一，行政性奖惩。政府部门实施的奖惩称为行政性奖惩。包括两类：对达到行政处罚标准的，可实施警告、罚款、没收违法所得和非法财物，以及责令停产停业、暂扣证照等处罚；对未达到行政处罚标准或不属于处罚事项的，可实施加大检查频次和力度、不列入免检或免审等强化管理措施，或摘除荣誉称号、限制其参加政府投资项目招标等资格和权益，称为行政信用惩戒。由于行政效率需要提升、行政处罚具有滞后性等原因，行政处罚实施效果并不明显。在市场准入条件明显放宽、市场主体数量急剧膨胀的情况下，要加强苗头性问题的监管和监测预警，因此，从提高监管和惩戒效率的角度，可更多地采用行政信用惩戒。

第二，司法性惩戒。司法机关的作用在信用联合奖惩机制建设中主要体现在失信联合惩戒方面，主要是对较严重且触犯法律规定的失信行为做出司法惩戒，如缴纳罚金或限制人身自由等，执行主体一般是公安局、检察院、法院。司法手段作为社会公平正义的最后保障，应慎重执行。

第三，市场性奖惩。市场性奖惩是信用联合奖惩的重要方式，由于市场性奖惩属于市场化行为，奖惩实施主体要自己承担后果，因此，实施激励或惩戒尤其是惩戒的效率较高，效果明显。市场性奖惩的常见方式是金融、商业机构以及其他社会服务机构根据市场主体的信用状况，在提供金融服务、社会服务时给予不同的服务待遇，如：信用记录良好的，给予减低贷款利率、提高贷款额度等优惠；信用记录不良的，给予提高贷款利率、严格贷款条件等限制。

第四，行业性奖惩。行业协会、商会等在行业内实施守信激励或失信惩戒，切合简政放权的改革趋势和“小政府、大社会”的社会治理新思路。行业协会、商会可发挥贴近会员企业、快速且便利获取会员企业信用信息的优势，通过加强信用信息采集、共享以及利用行规、行约等方式对会员企业实施监督和约束。

第五，社会性奖惩。这主要是指通过公开信用信息等方式，推动社会公众对守信或失信行为进行评议，发挥舆论作用，以期褒扬守信主体或对失信主体产生道德压力，迫使其做出改进。实施道德惩戒时，要注意保护信用主体的合法权益，不能无限制地公开失信主体的失信记录，要为失信主体提供信用修复的机会和渠道。

（二）按照部门作用划分

按照部门作用划分，可以分为发起部门和实施部门。发起部门是主要负责确定联合激励或是联合惩戒对象的部门，该类部门既是确定联合奖惩对象的发起部门，也是具体执行奖惩措施的实施部门。实施部门负责按照职责分工在各自领域对相关主体实施联合激励或联合惩戒。发起部门和实施部门共同作用，形成联合奖惩的局面。

联合惩戒对象，诸如重大税收违法案件当事人，失信企业，违法失信上市公司相关责任主体，失信被执行人，安全生产领域、环境保护领域、农资领域失信生产经营单位及其有关人员，食品药品生产经营严重失信者，严重质量违法失信行为当事人，电子商务及分享经济领域炒信行为相关失信主体，财政性资金管理领域相关失信责任主体，统计领域严重失信企业及其有关人员，严重违法失信超限超载运输车辆相关责任主体，涉金融严重失信人，海关失信企业等；联合激励对象，诸如纳税信用 A 级纳税人、优秀青年志愿者、海关高级认证企业等。负责认定联合激励对象或联合惩戒对象的部门即发起部门，包括：税务、市场监管、法院、应急管理、生态环境、商务、财政、农业、统计、交通、金融、团委、海关等部门。依职权负责对激励或惩戒对象实施奖惩措施的部门即实施部门，主要包括：发展改革、工业和信息化、教育、科技、公安、民政、财政、人力资源社会保障、自然资源、生态环境、住房城乡建设、交通运输、农林水利、海洋渔业、商务、文化和旅游、卫生健康、税务、市场监管、新闻出版、广播电视、应急管理、金融、海关等部门。

（三）按照奖惩措施性质划分

按照奖惩措施性质，可分为日常监管、公共服务、公共资源交易（含政府采购、招标投标）、许可认证、登记设立、资金支持、表彰评优、任职录用等措施。

一是日常监管，是指在日常管理中对失信主体加强监管或对守信主体优化监管措施。

二是公共服务，是指在公共业务办理、教育、就业创业、社会保障等过程中，依照法规限制失信主体或优先为守信主体提供便利。

三是公共资源交易，在政府采购、政府投资建设工程招投标、土地矿产权交易、国有资产交易、公车/公物拍卖、排污权/碳排放权交易等过程中，限制失信主体或为守信主体提供便利。

四是许可认证，在行政审批、许可证发放、资质认证等过程中，限制失信主体或优先考虑守信主体。

五是登记设立，限制失信主体注册登记、设立公司或注册公司从事专门领域业务，或优先为守信主体在登记、设立公司或公司从事专门领域业务提供便利。

六是资金支持，在财政性资金安排、财政补贴、补助等涉及资金分配的事项中，限制失信主体或优先为守信主体提供便利。

七是表彰评优，在表彰奖励、评优评先中，同等条件下优先授予守信主体，限制失信主体取得优秀或荣誉称号，对已取得的要及时撤销。

八是任职录用，对失信主体依法依规限制其担任公司法定代表人或相关专门岗位的任职资格，对其在国家公职人员录取或晋升中予以限制；对守信主体考虑同等条件下优先予以录取等。

三、实施信用奖惩的基础和补充

（一）完善的信用信息是实施信用联合奖惩的基础支撑

信用信息的记录、整合是社会信用体系建设的基础性工程，是实施信用联合奖惩的首要环节。在市场主体信用行为未被记录、整合之前，信用奖惩的实施主体只能是市场主体的交易对手，而一旦将信用行为尤其是失信行为进行记录、整合并充分共享和广泛传播之后，原本属于私人、个体性质的信用行为将被社会知晓，被赋予社会属性，并由其他社会成员实施多方面、多维度的激励或惩戒。因此，实施信用联合奖惩的关键是对信用信息进行记录整合。我国已建成的商业征信、金融信用信息、公共信用信息三大类型数据库，为信用联合奖惩机制建设提供了扎实的数据基础。一是商业征信数据库，商业征信机构因业务开展需要，通过各种渠道收集整理信用信息，数据的权威性和准确性不足。二是金融信用信息基础数据库，于2006年正式运行，由央行征信中心负责运营，主要归集了银行信贷信息以及部分公共信用信息，数据权威、可靠。三是公共信用信息数据库，是由各地出于市场监管需要对行政司法机关掌握的公共信用信息进行归集、整合而形成的，数据较为准确、严谨。

（二）保护信用主体合法权益是实施信用联合奖惩的必然要求

保护信用主体合法权益是社会信用体系建设的重要保障，其主要内容是建立畅通的权利救济渠道和奖惩有效期限制度。一是建立畅通的权利救济渠道。《中华人民共和国行政许可法》《中华人民共和国行政处罚法》等相关法律法规规定，公民、法人或者其他组织对行政机关做出的行政决定享有陈述权、申辩权，或依法提起行政复议、行政诉讼等权利。信用联合奖惩作为一个具体行政行为，与其他行政行为一样，要注意保护信用主体的合法权益，保护信用主体合法权益的重点是建立透明的异议处理制度。二是确定奖惩有效期限。奖惩措施的实施并非无限期的，应当体现为一定期限内的奖惩。对于为督促信用主体履行义务而建立的惩戒对象名单，当信用主体履行义务、改正错误后即可撤销，如法院确定的失信被执行人。对于依据行政处罚认定的惩戒对象名单，由于行政处罚无法撤销，因此不管其履行处罚义务与否，相关信息应永久记录，但在对外公布和实施惩戒时要设定一定期限，给予信用主体改过自新的机会。

（三）建立信用主动修复制度是实施信用联合奖惩的必要补充

失信联合惩戒的最终目的不是惩罚，而是引导社会成员改过自新，促进形成诚实守信的社会氛围。因此，在惩戒失信行为时要同步建立信用主动修复制度，给予信用主体对失信行为进行修复的机会和权利，以解除或减少其因失信而受到的资格、权利限制和不良社会评价，如以志愿服务时长抵扣轻微失信行为或缩短有效期限。建立信用主动修复制度，也可为有关社会成员提供改过自新的机会，促进形成良好的社会信用体系建设氛围。

四、信用奖惩机制运行的相关问题探讨

（一）失信惩戒不构成二次行政处罚

对失信行为进行联合惩戒，目的是通过扩大惩戒范围，增加惩戒执行密度，限制失信行为，最终目的是净化社会环境。讨论对失信行为进行联合惩戒是否构成二次行政处罚问题，要注意惩戒和行政处罚的区别，注意区分失信行为的具体性质和定义。行政处罚是指行政主体对于实施了违法行为但尚未构成犯罪的公民、法人或其他组织，通过剥夺或限制其一定利益的方法加以惩罚的行为。行政处罚是一种依职权的行政行为、负担性行政行为、要式行政行为，多数情况下又是裁量性行政行为；按照处罚种类划分，可分为自由罚、行为罚、财产罚和声誉罚。惩戒，即通过处罚等手段达到警戒的目的，此处的“处罚”是指所有对失信主体起约束作用的措

施，不同于行政处罚，如：在经济层面上限制获得经济补助、补贴；在公共服务层面上，从严实施行政许可，限制从事相关活动，撤销相关失信主体的荣誉称号；等等。对比“信用惩戒”和“行政处罚”，两者存在诸多不同。

一是实施依据不同。行政处罚的实施依据非常明确，只能通过法律法规、规章等形式予以设定。其中只有法律可以创设限制人身自由的处罚；地方性法规不能创设吊销企业营业执照的处罚；行政规章只能创设警告与罚款的处罚类型。失信惩戒的依据更广，行政机关既可依法依规对行政相对人实施惩戒，此时惩戒对象承担行政责任，也可以民事主体身份实施惩戒，此时惩戒对象承担民事责任，如因交易对方信用状况不佳，行政机关不再采购其产品。

二是实施范围不同。由于行政处罚依据的只有法律、法规和规章，而实施惩戒的依据除法律法规、规章外，还包括政策文件、一般规范性文件等。由于依据范围的扩大，失信惩戒的实施范围远大于行政处罚。

三是实施方式不同。行政处罚作为一种要式行政行为，多为裁量性行政行为，一般以书面决定的形式作出。在实施过程中应将具体的处罚标准规定在一定幅度内，尽量减少执行过程中的自由裁量权。失信惩戒对此并没特别安排，规定得较为松散。

四是实施内容不同。行政处罚主要实施内容包括自由罚、行为罚、财产罚和声誉罚等处罚措施，惩戒措施主要包括减少交易机会、加强重点监管、提高公共服务门槛等，两者实施内容存在交叉，但实施惩戒的措施更多、范围更大。

行政处罚不再罚原则主要包括一事不再罚、刑罚与行政处罚相折抵两个方面。此处主要讨论一事不再罚原则，其中“一事”即一个违法行为。“不再罚”包括两个层次：一是如果一个违法行为只触犯一个法律规范就只存在一个处罚事由，对此不得予以多次处罚；二是如果一个违法行为触犯了多个法律规范，此时存在多个处罚事由，对此不得给予多次同一种类的处罚。

一种情况是失信行为是违法行为，那么应按照相关法律法规规定予以处罚，并将处罚信息记录为失信信息，该失信记录推送到有关部门，其他部门可以根据有关法律法规或规章对其实施包括行政处罚在内的惩戒。首先，任何部门均可以对违法行为实施不涉及行政处罚的惩戒，因为实施的惩戒措施不属于行政处罚，因此并不是二次行政处罚。其次，当对违法行为在不同领域进行行政处罚时，应注意不能重复使用同一种类的处罚手段。如：对未办理任何证照就开办餐馆的行为，同时触犯卫生、市场监管、税务等方面的法律法规，卫生、市场监管、税务等部门均有权实施处罚。此时各个行政机关依据不同的法律法规对当事人进行处罚符合行政处罚相关规定。但尤其要把握好的是，这些处罚不能属于同一种类，只能是不同种类，如：行政机关以一个事由对当事人处以罚款，而以另一个事由吊销其营业执照，再以另一个事由对其处以警告，这些都不违反一事不再罚原则；但是绝不能给予两次罚款或两次警告。

另一种情况是对于失信行为尚未达到行政处罚程度的，可将失信记录推送到其他有关部门实施联合惩戒，由于尚未触及行政处罚，不存在二次行政处罚问题。不过，还存在其他部门在实施惩戒时对失信主体进行行政处罚的情况，此时应该注意避免二次行政处罚。

（二）区别对待机构和个人的信用奖惩模式

在信用联合奖惩实施过程中，要注意对个人、法人和非法人组织的信用奖惩进行区分。对个人要以奖励激励为主，谨慎使用惩戒约束措施；对法人和非法人组织要奖惩并重，既要惩戒又要奖励。主要缘由包括以下几方面。

第一，有利于取得社会共识，共同营造诚实守信的社会氛围。社会信用体系建设是一个新的社会治理、社会管理模式，需要全社会共同努力；实施信用激励，让社会成员获得一些激励，是确保社会成员支持此项工作尤其是取得普通个人积极支持的最好办法。

第二，个人主体权益意识更为明确。相比于企业、事业单位、社会组织等法人组织，普通个人作为活生生的权利主体，权利意识更为强烈，更加注重维护自身合法权益，在当前信息异议处理等权利救济机制尚未健全的情况下，为推动社会信用体系发展，可先重点开展奖励、激励。同时，对个人实施激励也可迅速扩大信用体系建设的影响力，形成良好的舆论氛围。

第三，个人信用记录少且难以实施惩戒。目前信用信息记录主体主要集中在企业等法人组织领域，个人信用信息较少，大部分自然人甚至没有信用记录。对于无信用记录的个人虽然难以实施联合惩戒措施，但可实施联合激励措施，例如，对于无信用记录的个人，可认为其遵纪守法而没有被记录到失信行为，从而将其认定为信用状况良好，并实施一定程度的激励措施。

（三）政府、社会、市场在信用联合奖惩工作的分工

信用联合奖惩工作要注意厘清公权与私权的边界，必须坚持政府推动、社会共建原则，坚持两条腿走路，一手抓政府奖惩，一手抓信用服务市场发展，既要让市场起决定性作用，又要保证行政司法机关不缺位、不越位。

政府在信用奖惩机制建设中起着重要作用，既是信用奖惩机制建设的组织、推动者，又是具体行政信用奖惩措施的引导、示范主体；既是公共信用数据的记录、整合者，又是信用数据开放的推动者。政府部门带头在行政管理、市场监管、公共服务事项中依法依规开展奖惩是建立信用联合奖惩的基础和关键，可以撑起信用奖惩的半边天。

培育发展信用服务市场，以此支撑市场性奖惩，也是信用联合奖惩的半边天。在美国的信用奖惩机制建设中，并没有很多政府部门的参与。而是由益博睿、环联、艾克飞、邓白氏等企业以及近500家区域性信用局构成的信用服务市场为市场主体提供了齐全的信用产品和信用服务。有关市场主体通过查询使用这些专业机构提供的报告，并按照自己的职责采取惩戒措施，以此形成市场性奖惩机制。西方征信国家的经验表明，在信用体系建设中，发展信用服务市场和激发信用服务需求对于信用奖惩机制建设非常重要，构建完善的信用体系主要取决于信用服务市场的发达程度。因

此，我国推进信用联合奖惩机制建设，关键还需要积极培育、壮大信用服务市场和机构。只要把信用服务市场培育起来，形成市场化奖惩，信用体系自然而然就能建立起来。

（四）对不同领域信用能力和信用行为的理解

实施信用联合奖惩的关键是依据信用主体信用状况认定信用奖惩对象。信用状况通过信用能力和信用行为两个范畴衡量，信用能力是信用主体履行承诺的基本素质，信用行为是信用主体履行承诺的具体表现。我国信用信息主要来源于公共领域和金融信贷领域。

第一，在公共领域，信用主体大部分均遵纪守法，未被行政司法机关记录到失信信息，因此公共信用信息数据库的信用信息较少。对于没有违法失信行为而无信用记录的主体，并不能将其认定为信用状况不好，反而应当因其遵纪守法而被认定为信用状况良好。

第二，在金融信贷领域，随着经济社会发展，金融服务普遍渗透到社会成员中，因此，信用主体在金融信贷领域的信用行为较多，人民银行金融信贷征信系统的信用记录较为齐全。金融信贷领域与公共领域不同，不能将没有产生借贷行为的主体认定为信用状况良好；只有当其产生借贷行为并按照约定履行还款义务时，才能记录其信用状况良好。

第三，要区分失信主体对失信行为产生后的处理态度。将积极履行有关责任、进行改正和修复的行为与置之不理、不积极履行责任的行为区别开来。对于积极履行有关责任、改正和修复失信行为的，可依据有关规定将其认定为良好守信行为。

（五）注意防范惩戒过程中出现的法律风险

注意防范对不同类型和程度的失信行为进行惩戒而产生的法律风险。一是对社会公共失信行为的惩戒。此类行为侵犯了大多数遵纪守法社会成员的信用权益，为维护社会整体信用利益，必须对其做出与失信程度相当的制裁。从承担民事责任角度来看，对社会公共失信行为的制裁方式包括警告、责令悔过改正、贬损失信者名誉、限制进入相关领域或参加活动等。二是对经济契约失信行为的惩戒。此类行为违反双方合同约定，交易对方出于维护自身信用权的目的，主要通过经济制裁方式惩戒该类行为，如严格赊购和赊销条件、提高贷款利息、减少交易机会甚至停止交易等。从商业伦理角度来看，相关惩戒措施是民事主体自主做出的商业惩戒行为，符合商业交易伦理道德，也不违反法律法规规定，完全属于依法依规地行使信用维护权。而当此类行为上升为违法行为时，要追究其法律责任。不管是对公共失信行为还是对经济契约失信行为的惩戒和约束，都要在依法依规的框架下组织实施，要避免出现法律风险。

第四节 影响信用奖惩实施的关键问题

一、确定联合奖惩对象认定标准

在信用奖惩工作中，激励或惩戒对象名单是实施奖惩措施的靶子。建立全国统一的社会信用体系，首要的是制定全国统一的惩戒或激励对象名单认定标准。倘若中央部委层面未制定国家认定标准，而由省份制定区域性认定标准，则不符合建设全国统一市场体系的要求，也可能因本地区严格管理失信主体，从而影响本地企业利益和本地区经济发展。

二、进一步明晰联合奖惩措施实施依据

对于守信联合激励，由于对信用主体进行褒扬、奖励不涉及贬损信用主体的合法权益，法律法规、规章以及相关政策文件均可以作为实施依据，在实施过程中合规开展即可。对于失信联合惩戒，由于在一定程度上贬损了信用主体权益，要慎重对待、分类处理。其中：实施依据是法律法规、规章的要严格依法依规执行；实施依据是规划、意见等政策性文件的需要通过制定规章或规范性文件、进行合法性审查等方式规范惩戒工作。例如，《关于对环境保护领域失信生产经营单位及其有关人员开展联合惩戒的合作备忘录》提出安全生产监管部门要依法限制环境保护领域相关失

信主体取得安全生产许可证，依据是《国务院关于促进市场公平竞争维护市场正常秩序的若干意见》有关规定。由于行政许可决定必须严格依据有关法律法规、规章做出，国务院出台的意见可以作为限制取得许可的政策依据，但不能作为法规依据。因此在具体操作过程中，依据政策文件作出限制许可的决定可能存在一定法律风险，导致相关措施难以落地。为减少政府施政风险、确保惩戒措施具有可操作性，对法律法规、规章依据不充分的联合惩戒措施，需要推动有关部门制定具体实施细则才能执行。

三、落实行业主管部门的主体责任

党中央、国务院高度重视信用体系建设工作，2016 年中央全面深化改革领导小组审议了六件与信用体系建设相关的文件，国务院专门印发文件部署信用联合奖惩机制建设，国家发展改革委等有关部门积极牵头推进相关工作。具体来说，各部门的重视程度不一，一些传统监管部门如市场监管、海关等将信用联合奖惩机制建设作为适应新的监管形势、转变监管方式的重要手段，着力建设以信用为基础的新型监管机制，这些部门信用联合奖惩工作卓有成效。但是，大部分部门并未将信用体系建设作为重要业务予以推进，认为信用体系建设工作是额外任务，工作积极性、主动性不够，没有建立专门工作机构或安排专门人员来推进这项工作，在这种情况下，信用联合奖惩机制建设难以取得全面突破。

国家和省信用体系建设由发展改革部门牵头，但信用体系建设涉及方方面面，工作任务只落实到发展改革部门会影响工作推进力度。社会信用体系建设尤其是信用奖惩工作，要注意发挥行业部门的作用，要推进重点行业及领域相关工作。

四、夯实信用奖惩工作的基础支撑

记录、整合信用信息是实施联合奖惩的基础。各地、各部门在信用平台建设、信息记录整合等方面存在一些问题。在信用信息记录环节，主要表现为：没有电子化记录存储；部分信息以文书形式记录，尚未形成结构化数据；只记录信用主体名称，没有记录信用主体的统一社会信用代码或组织机构代码等。在信用信息整合环节，主要表现为：信息标准不健全、不统一，整合难度高；信息共享不持续，没有按照约定的时间频率共享信息；信息共享不及时，信息产生后较长时间才交换共享到公共信用信息平台；整合的信息以基本信息居多，许可、处罚等信用信息较少。信用信息记录、整合等基础性工作不扎实，既影响对信用主体进行惩戒，也影响信用主体及时退出惩戒，极大地影响了信用联合奖惩的全面开展。

五、充分发挥社会力量

一方面，行政机关带头使用信用报告或其他信用产品的示范作用未能得到很好的发挥，加之缺乏统一规则，导致公共信用数据开放的进展不理想，在一定程度上影响了信用服务机构获取信用数据、开发推广信用产品和服务。另一方面，信用服务行业管理体制不健全，信用服务市场鱼龙混杂，信用服务机构产品质量和公信力有待提升，这些都制约了使用第三方报告工作的开展。

社会信用体系建设的最终落脚点是信用应用，最终目的是让普通社会公众感受到诚实守信的价值。政府部门印发文件、建设公共信用信息平台、归集信用信息数据，开展了大量工作，但普通公众对信用体系建设成效的“获得感”并未全面显现出来，原因在于未普遍在经济社会领域建立信用应用场景，或者说，在经济社会生活场景中还未引入信用手段，信用价值未全面、广泛地发挥，如在金融借贷领域，还未有更低的借贷利率、无须抵押的信用贷款、更为便宜的房租等。在公共服务方面，良好的信用记录能够享受优先便利服务，例如，业务办理时的绿色通道、容缺办理，同等条件下优先获得政府采购、政府投资项目投标的机会等，不胜枚举。又比如，对共享单车、共享汽车等可建立相关行业信用体系，对良好信用者给予一些优惠，对不良信用记录者予以惩戒。

六、建立信用主体权益保护机制

近年来，信用管理成为社会管理的新手段，对失信主体进行联合惩戒成为新趋势，但各部门普遍缺乏信用主体权益保护意识和工作机制。一是未建立联合惩戒有效期限制度。限定信用信息有效期限是征信业的一般规则，如《征信业管理条例》规定个人信息保存期限为5年。由于信用信息存在有效期限，那么因失信行为而形成的惩戒对象名单信息、对失信主体实施的惩戒措施也应当具有有效期限。除税务、法院等少部分部门外，多数部门在实施惩戒时未规定列入惩戒对象名单的期限及惩戒措施实施期限。二是未建立异议处理机制。信用主体在提起行政复议或行政诉讼之前，进行异议处理是保护其合法权益的重要途径，大部分地方和部门均未建立实施失信惩戒的异议处理机制，影响了工作的深入开展。三是未建立惩戒对象名单信息告知和提醒制度。《征信业管理条例》规定，采集个人信息应当经信用主体本人同意，未经本人同意不得采集；最高人民法院要求将列入失信被执行人的决定书按有关方式送达当事人。目前，在惩戒对象名单管理制度中还普遍缺乏类似规定，信用主体难以知悉是否被列入惩戒对象名单，既侵犯了其合法权益，也不利于其主动修复失信信息。四是信用修复制度不健全。信用修复包括三个层次：第一，检视信用主体在征信机构或公共信用信息平台中的信用记录，确认信息是否及时、准确、无误，避免出现在信用主体不知情的情况下征信机构记录了错误或过期的信息。第二，通过合法合规手段对不良信息进行修复。如：对违约欠款记录尽量安排还款，形成良好的信用记录；对异议申请后仍然没有协商一致的信息，信用修复机构可以协助信用主体增加个人异议标注。第三，对轻微公共失信记录，通过公益活动、志愿服务等形式依法依规予以抵消，如探索通过一定志愿服务时长抵消行人闯红灯的交通违章行为的记录。总之，我国相关信用修复机制尚未健全、完善，影响了信用联合奖惩的实施。

第五节　建立信用奖惩机制的基本路径

一、完善守信激励和失信惩戒对象名单制度

对守信或严重失信主体进行联合激励或联合惩戒抓住了信用信息应用的重点。实施联合奖惩的关键是确定联合激励或联合惩戒的对象，这就需要建立统一、规范的奖惩对象名单制度。

失信惩戒对象是指严重违法失信联合惩戒对象；守信激励对象是指守法诚信联合褒奖对象。对信用主体进行名单管理是信用管理的重要手段，也是推进信用体系建设切实可行的有效措施之一。完善奖惩对象名单制度要注意以下几点：一是把握“谨慎使用惩戒对象名单、鼓励使用激励对象名单”的总体原则。鉴于被列入惩戒对象名单将严重减少信用主体的社会交易机会，对惩戒对象名单制度要谨慎使用，只有严重的失信行为才可被列入；而对于守信激励对象名单，由于其可以引导形成诚实守信的社会氛围，因此要积极鼓励。二是要对认定标准和退出标准进行统一。从建立全国统一市场体系、保障公平公正的角度考虑，各行业、各领域奖惩对象名单的认定标准要全国统一，地方有关部门按照全国统一标准具体负责名单认定；全国统一标准未出台前，地方也可以制定认定标准，在国家或省出台相关标准后要依据国家或省级标准执行。三是奖惩对象名单的实施主体是行业主管部门，社会信用体系建设牵头部门负责协调、推动，各行业、各领域主管部门要切实担负起实施奖惩对象名单制度的主体责任。

二、编制联合奖惩措施清单

编制联合奖惩措施清单的主要作用是，通过梳理、整合国家合作备忘录确定的各项奖惩措施，进一步明确具体责任部门和奖惩对象，从而编织起一张奖惩对象明晰、奖惩措施具体、部门责任落实的联合奖惩网络。

联合奖惩措施清单一般包括发起部门、实施部门、联合激励或联合惩戒对象、奖惩措施及其类别、实施激励或惩戒的法律法规、规章及政策依据等内容。一是发起部门，是指记录信用主体失信行为的部门，具体负责确定和提供惩戒对象信息。二是实施部门，是指依据法律法规、规章及有关政策规定，在部门职责范围内对奖惩对象实施激励或约束、惩戒的部门。三是联合激励或联合惩戒对象，是指惩戒措施的作用对象，由发起部门按照国家统一标准具体认定，包括法人组织和自然人。四是奖惩措施，是指联合奖惩实施部门实施的激励或约束、惩戒内容，惩戒措施可能包括：行政处罚或一般的惩戒内容，激励措施按照国家有关政策文件确定即可；对于以同一法律法规或政策为依据的奖惩措施，按照分级负责的原则，不同层级的部门如国家部委、省级部门、市级部门等实施的内容也不一样。五是措施类别，根据国发〔2016〕33 号文件，分为强制性措施、推荐性措施两类，其中强制性措施是指依法必须联合执行的激励和惩戒措施，主要是指法律法规、规章规定必须执行的措施；推荐性措施是指由参与各方推荐的，符合褒扬诚信、惩戒失信政策导向，各地区、各部门可根据实际情况实施的措施。六是法律法规、规章及政策依据，是指实施激励或惩戒措施的依据，包括法律、行政法规、地方性法规、政府或部门规章，以及党中央、国务院、国家有关部委和省委、省政府、省有关部门印发的有关政策文件。

三、开展信用评价或诚信积分管理

对社会成员运用以信用为核心的管理手段，逐步实现社会管理信用化和信用管理社会化，成为社会信用体系建设的基本共识。对社会成员实施信用管理的首要环节是建立信用主体的信用评价机制，其中：对企业、事业单位、社会组织等法人组织主要开展信用等级评价，对个人主要建立诚信积分管理制度，以此实现对信用主体的分级、分类管理。对于法人组织信用评价而言，主要实施路径如下：一是将信息的失信程度分为轻微失信、一般失信、较重失信、严重失信，在编制数据目录清单时，就将信息的失信程度作为一项必填数据项予以安排，信源单位在确定失信类别后向公共信用信息平台报送信息；二是建立法人组织的通用信用评价模型；三是根据信用评价模型，对信用主体的信用状况进行评价，形成信用等级。对于个人诚信积分管理，主要实施路径如下：一是构建个人诚信积分管理通用指标体系，广泛征求意见，设定积分管理周期或信息有效期限；二是对特定领域可在通用指标体系之上构建专有指标体系；三是归集、汇总各有关部门掌握的个人信用信息，评价得出个人诚信积分。

四、编制应用查询事项清单，建立分类分级管理机制

应用查询事项清单主要明确各有关部门在行政管理、市场监管或公共服务过程中需要查询并使用信用记录、法人组织信用评价结果或个人诚信积分信息的事项清单。与联合奖惩措施清单不同，应用查询事项清单主要被用于事中的信用管理环节，目的在于推动公共信用信息、信用评价结果在行政司法机关内部查询和应用，梳理并确定信息查询、应用的场景。编制应用查询事项清单，既可避免部门漫无目的的查询、使用而导致的信息滥用，又可避免部门不主动查询信用信息的缺陷，促进公共信用信息在行政司法机关内部的规范化应用。

应用查询事项清单由社会信用体系建设牵头单位组织有关单位对照权责清单进行梳理，主要明确应用事项、事项类型、业务环节、应用手段、查询方式、业务系统支撑等内容。为方便查询公共信用信息，在编制应用查询事项清单的同时，对于有专门业务管理系统支撑的应用事项，要尽量争取将信息查询页面嵌入业务办理系统，以更便捷、高效的方式建立查询应用机制。如将查询页面嵌入各单位 OA 系统，在使用 OA 系统办公或审批时即可查询公共信用信息。对于确实无法通过自动嵌入系统方式查询信息的，再以分配账号形式登录公共信息平台查询信息。

五、完善信用主体权益保护制度

信用主体权益保护制度是建立信用联合奖惩机制的重要保障，没有完善的信用主体权益保护制度，就难以建立持续运转、高效、规范的信用联合奖惩机制。

一是建立联合奖惩有效期限制度。在建立激励或惩戒对象名单制度时，要依据法律法规、规章等有关规定，同步确定激励惩戒对象名单或实施联合奖惩措施的有效期限，并严格按照期限实施奖惩，对超过有效期的奖惩措施要及时撤销，如国家税务总局对重大税收违法案件当事人设定的有效时间为 2 年。

二是建立信息异议处理机制。参考中国人民银行征信中心有关制度，建立公共信用信息管理领域的异议处理机制，异议申请由公共信用信息平台管理部门或信源单位受理，在规定时间内经信用平台、信源单位核实后反馈异议申请者。对核实无误的信息要及时公布，对存在错误的信息要及时更正，对无法核实的信息要暂停公开。

三是建立信用主动修复制度。争取出台信用修复的专门办法，规范信用修复行为。对一些轻微失信行为，可通过参加公益活动、志愿服务等予以修复。对已修复的失信行为要及时调整，并做好记录和保存。支持有关专业机构依法依规开展信用修复业务，如协助开展异议申请服务等。

四是建立告知提醒制度。对可能被列入或已经被列入惩戒对象名单的信用主体，要以适当的方式告知提醒，以充分保障信用主体的知情权。

六、强化信用奖惩机制建设的市场驱动

信用联合奖惩机制建设要“两条腿走路”，一方面要在政府内部建立信用奖惩机制；另一方面要发挥社会力量，积极培育、发展信用服务市场这一信用体系建设的供给侧，要充分发挥专业机构力量。通过政府和社会共同努力，构建全社会共同参与的信用联合奖惩大格局。为此，一是要开

发信用应用场景，培育信用服务需求。全面落实在行政管理事项中使用信用记录和信用报告的工作要求，为信用服务机构生存和发展提供市场空间。鼓励信用服务机构加强信用创新，协助政府开发更多应用场景，应用信用产品和服务。政府在制定公共政策时要倾向于支持信用服务机构开发的信用应用场景，如在共享单车和共享汽车管理中，对已建立信用体系并利用信用管理手段减免押金的企业，可以减少监管要求，加大政策支持力度。二是要以财政资金支持专业机构发展。政府财政支持专业机构发展的方式包括：直接减免专业机构的有关税费；以产业扶持基金的形式支持信用服务机构，或提供贴息贷款；按提供信用报告份数对信用服务机构提供的服务进行补贴，支持社会公众使用信用产品或服务，培育普通社会公众的信用应用习惯。三是要开放公共信用数据。建立信用数据开放备案管理制度，政府部门要依法依规大力向对已备案的信用服务机构开放公共信用信息，促进公共信用数据的社会化应用，推动公共信用数据与金融信贷数据、市场信用数据融合。

第六节　信用奖惩机制建设在未来社会信用体系建设中的定位

国家社会信用体系建设规划纲要将守信激励和失信惩戒机制界定为社会信用体系运行的核心机制。近几年，各级有关部门将信用奖惩实施工作作为全社会信用体系建设的重点任务予以推进。国家层面上，一方面，国家发展改革委牵头推动出台了超过数十份联合奖惩合作备忘录，覆盖了规划纲要确定的诸多重点领域；另一方面，有关领域主管部门也制定了认定相关奖惩对象名单的管理制度，将其作为联合奖惩备忘录的重要配套措施。省、市、县层面按照国家要求配套措施建立联合奖惩管理信息系统，并按照国家形成奖惩案例的要求持续输出奖惩成效。可以说，自 2016 年国务院出台建立完善信用联合奖惩制度的指导意见以来，信用奖惩机制建设取得了阶段性的重大成效。

进入“十四五”时期乃至今后更长时间内，信用奖惩机制仍然是社会信用体系运行的核心机制，现阶段已经搭建好的奖惩对象名单认定、出台信用奖惩合作备忘录、对应具体事项和名单类型梳理并确定奖惩措施清单等工作框架仍将继续推进。事实上，信用奖惩机制建设尤其是对奖惩对象实施激励和惩戒的最初动机是解决诚信缺失的突出问题。只有失信程度最为严重的主体才会被列入惩戒对象名单。因此，本书有一个基本判断：随着奖惩对象名单制度的逐步深入推进，诚信缺失的突出问题得到根本性扭转后，被列入惩戒对象名单的企业存量将得到遏制，增量也将逐步减少。因此，虽然信用奖惩机制建设仍是社会信用体系建设的重点工作，但是该项工作在整个社会信用体系建设中的重要程度将有所下降，社会信用体系建设的工作重点将在“十四五”规划后期发生战略转移。社会信用体系建设将由现在的政府强力推动信息归集和信用奖惩的单轮驱动模式，转向政府和市场共同推动的双轮驱动模式。

第六章 信用监管和公共信用评价

第一节 信用监管发展历程

一、社会主义经济体制改革与市场监管职能强化

1978年党的十一届三中全会开启改革开放历史新时期以来，沿着计划经济向社会主义市场经济转变的逻辑主线，我国持续推动经济体制改革。在计划经济体制向社会主义市场经济体制转变的过程中，以工商行政管理部门为代表的市场经济监管部门的职责不断调整，符合现代市场经济要求的市场监管职能逐步显现并持续强化。

1978年，中央决定成立工商行政管理总局①，该局成立之初的主要职责具有浓厚的时代色彩，其中主要任务被界定为“保卫社会主义公有制，维护国家计划，保护正当的经营活动，打击资本主义势力，防止资本主义倾向的发展”，体现了当时国家对工商行政管理部门的历史定位。

1982年党的十二大提出“正确贯彻计划经济为主、市场调节为辅的原则，是经济体制改革中的一个根本性问题。我们要正确划分指令性计划、指导性计划和市场调节各自的范围和界限……”党的十二大在突出计划经济为主的同时，提出市场调节为辅的重要原则，这较之原有相关提法有了重大突破。1984年党的十二届三中全会通过的《中共中央关于经济体制改

① 参见互联网检索的公开资料：1978年9月国务院发布的《国务院关于成立工商行政管理总局的通知》。

革的决定》又提出“社会主义经济是公有制基础上的有计划的商品经济”的改革思路。1982 年的党政机构改革将原“工商行政管理总局”改称为“工商行政管理局”，虽然该机构的规格被降低了，但是遵循党的十二大关于现代化建设的部署要求，该机构的职责定位重点突出了“对工商企业实行经济监督，保护合法经营，取缔非法经营，维护社会经济秩序”等内容，更加符合现代经济发展需要。

1987 年党的十三大提出“加快建立和培育社会主义市场体系”，要求“加强工商行政管理和物价管理，严格执行市场管理法规，形成正常的市场秩序”。该提法表明，随着经济体制改革的逐步深入，为加强对市场经济秩序的规范管理，工商行政管理机关履行市场监管职责的必要性逐步显现。1988 年《国务院确定行政机构设置》① 确定的工商行政管理总局职能包括：依法确定各类工商企业和个体工商业的合法地位；监督管理或参与监督管理市场上的各种经济活动，检查并处理经济违法违章行为，保护合法经营，取缔非法经营，维护正常的市场秩序，保证社会主义商品经济的健康发展。该职能定位重点强调了对市场经济合法经营活动的规范保护，工商行政管理机关维护正常市场秩序的重要性、必要性更加凸显。

1992 年党的十四大提出“建立社会主义市场经济体制”，该决定在我国社会主义建设历程中具有里程碑式的重要意义。1993 年党的十二届三中全会通过的《中共中央关于建立社会主义市场经济体制若干问题的决定》，做出“改善和加强对市场的管理和监督”“建立有权威的市场执法和监督机构”等重要部署。建立社会主义市场经济，一方面更加突出了市场对资源配置的基础性作用，另一方面强调政府部门要履行好裁判员的角色。与建立社会主义市场经济体制的重要思路相适应，1994 年国务院办公厅印发的《国家工商行政管理局职能配置、内设机构和人员编制方案》，确定国家工商行政管理局改革的基本思路是：完善对市场的监督管理，强化行政执法，建立健全适应社会主义市场经济体制的工商行政管理新机制。至

① 参见互联网检索的公开资料：1988 年 5 月 3 日国务院发布的《国务院确定行政机构设置》。

此，工商行政管理机关弱化行政审批、逐步放宽市场准入、强化市场监管的核心职能，在社会主义市场经济体制确立之后逐步建立起来。

此后，由于市场经济的深入发展，各个专门行业领域监管任务逐步加重，历届政府相应调整相关监管部门的设置。比如：1998 年新设立国家质量技术监督局、国家药品监督管理局等监管部门；2003 年将工商行政管理局重新升格为总局，新设立国家安全生产监督管理局，以及在国家药品监督管理局增加食品监管职责并将其更名为“国家食品药品监督管理局”；2008 年将原有相关部门升格为国家质量监督检验检疫总局、国家安全生产监督管理总局等。新设立相关行业领域监管部门或对原有监管机构的调整，均是基于强化相关行业领域监管职责的考虑，归结起来就是基于建设社会主义市场经济体制需要而设立或调整的。

2018 年新一轮党政机构调整，原国家工商行政管理总局、原国家质量监督检验检疫总局、原国家食品药品监督管理总局等整合组建为国家市场监管总局。自 1998 年以来实行的各行业监管部门对专门领域实施监管的分散局面，在 2018 年机构改革后完成了整合统一，由国家市场监管总局实施统一监管的市场监管大格局自此建立。国家市场监管总局的主要职责包括：市场综合监督管理、市场主体统一登记注册、组织和指导市场监管综合执法工作、反垄断统一执法、监督管理市场秩序、宏观质量管理、产品质量安全监督管理、特种设备安全监督管理、食品安全监督管理综合协调、食品安全监督管理、统一管理计量工作、统一管理标准化工作、统一管理检验检测工作、统一管理监督和综合协调认证认可工作等。

二、市场监管与信用监管

1994 年印发的国家工商行政管理局职责，具体落实了党的十二大和十三届三中全会确定的建设社会主义市场经济体制的重要部署，充分体现了市场化倾向的职能转变要求。职责调整的主要内容包括：一是改革企业登记管理制度，将现行的审批设立制度逐步过渡为工商行政管理机关依法核准的登记注册制度。二是拓宽监督管理范围，从侧重于监督管理集贸市场和工业品市场转变为监督管理或参与监督管理各类市场。三是调整行政执法对象，从重点查处投机倒把活动转变为依法规范市场交易行为，保护公平竞争。四是提高管理层次，从侧重于具体业务管理转变为运用法律和行政手段进行宏观监督管理。

上述职能转变思路充分体现了工商行政管理部门向市场监管机关的逻辑转变。市场监管概念源于1994年，以“市场监管”作为主题词检索中国期刊网1990年以来相关文献资料，发现在1994年之前中国期刊网未见此类资料，而1994年和1995年两年相关文献数量分别为5篇和10篇，主要刊载在《工商行政管理》和《中国工商管理研究》等工商行政管理机关主办的权威刊物上。1994年《中国工商管理研究》发布时任国家工商行政管理局局长刘敏学同志在全国市场监督管理工作会议上作的“加强市场监管，维护市场秩序，为改革、发展、稳定的大局做贡献”的讲话，该讲话意味着工商部门高层对“市场监管”概念的认可。“市场监管”概念正式进入官方决策视野。

从20世纪90年代到21世纪前十年，工商部门履行市场监管的职责总结起来就是“严进严管”两个方面：严进方面，主要是严格实施准入环节注册登记管理。根据1988年施行的《企业法人登记管理条例》和1994年施行的《公司登记管理条例》，工商行政管理部门作为注册登记机关，负责企业法人或公司的注册登记工作，也就是说，企业法人或公司的出生证明由工商机关颁发。企业法人或公司的注册登记作为行政许可事项，相关法律法规对此做出相对严格的条件限定。例如，以实缴方式确定注册资本，工商行政管理机关审批企业、公司注册文件时需查询中介机构协助提交的注册资本验资证明，这些规定显著提升了企业、公司注册登记门槛，限制了市场主体的产生。严管方面，主要依据法律法规实施执法检查，具体是从商标注册、市场管理、个体私营经济监督、广告监督等方面对市场主体经营活动实施严格监管。

实施严进严管中遇到的一些困难和问题，促进了工商行政管理工作思路的相应调整。一是严格准入环节的注册登记管理，普通群众开办企业的难度较大，大量有强烈创业欲望和激情的群众开办企业的热情受到影响，阻碍经济活力的进一步激发。从2003年起，世界银行将企业开办时长作为评价经济体营商环境的重要指标。群众开办企业所需时间较长、所需提交材料较多，不符合世界银行关于优化营商环境的设想。严进还体现在对从事需要许可证的行业实施“先证后照”的管理模式，即先取得主管部门的行业准入许可后，市场主体方可到注册登记部门领取营业执照。二是严管方面，在计划经济模式下，难以维持对大量市场主体的检查监管，因为随着市场主体数量规模急剧扩大，在监管部门行政编制受限的情况下，无法实施对市场主体的全方位检查、监督。整理公开资料发现，1978年全国个体工商户仅为14万户，1989年全国私营企业仅为9.05万户，而到2012年个体工商户、私营企业数量分别增长到3984.7万户、1059.8万户（见表6-1）。市场主体数量急速增长，原有的监管执法模式难以适应对庞大市场主体群体的监管需求，监管执法模式必须做出相应调整。因此自2006年起国家开始推行企业年度检验制度。

市场主体数量激增既有经济快速发展的内在原因，也有监管体制改革的外在原因。原有市场主体准入管理模式经过变革，放宽了对市场主体的准入限制，极大地促进了市场主体数量的快速增长。具体改革举措是将注册资本实缴制改为认缴制，即“1元即可注册公司”的设想成为现实。同时，放宽市场主体准入的具体举措还包括实施“先照后证”改革，即对一些严格准入的行业，市场主体可先行注册获得身份资格后，再向行业主管部门申请开展相关行业经营活动的许可。放宽准入后市场主体数量快速增长，比如我国私营企业数量就从2012年的1059.8万户增长到2020年的3905万户（见表6-1）。市场监管部门对数千万市场主体实施监管形成了巨大的监管压力，为应对新形势的调整，市场监管部门必须主动实施信用监管改革。

表 6－1　私营企业和个体工商户数量增长情况　单位：万户

年份	1978	1989	1996	2000	2012①	2017	2020
私营企业	0	9.05	44.3	176.2	1059.8	1436.9	3905②
个体工商户	14	—	—	2571.4	3984.7	—	8353

注：①截至 2012 年 9 月底的数据情况；②截至 2020 年 3 月底的所有企业数量，而非仅为私营企业数量。

资料来源：根据互联网公开资料整理。

三、信用监管的演化阶段划分

信用监管概念发展壮大于 21 世纪初，基本与社会信用体系建设发展历程同步。标志性事件包括 2003 年国家工商行政管理总局印发《关于对企业实行信用分类监管的意见》，以及 2014 年国务院印发《注册资本登记制度改革方案》和 2014 年 10 月 1 日起施行《企业信息公示暂行条例》。将以上标志性事件作为重要时间节点进行阶段划分，可以将信用监管的演化区分为以下两个阶段。

（一）探索开展阶段

信用监管的核心文件，包括国家工商行政管理总局印发的《关于对企业实行信用分类监管的意见》、历年印发的《全国整顿和规范市场经济秩序工作要点》，以及 2007 年国务院办公厅印发的《关于社会信用体系建设的若干意见》等。

《关于对企业实行信用分类监管的意见》是首个提出对企业市场主体实施信用分类监管的官方文件，从市场准入指标、经营行为指标、市场退出指标、参照指标等维度构建企业信用监管指标体系。其中：市场准入指标主要包括设立登记和变更登记情况；经营行为指标内容包括年检、日常检查、专项检查、举报、投诉，以及违反工商行政管理规定处罚的情况；市场退出指标包括注销登记和吊销营业执照的情况；参照指标包括资产、金融信用、行政许可、行政处罚、司法判决等情况，主要是在制定企业信用监管等级标准和实施企业分类时作为参考。从分类等级方面，将企业分为 A、B、C、D 四级，其中：A 级为守信企业、B 级为警示企业、C 级为失信企业、D 级为严重失信企业。同时提出对不同等级企业实施分类管理，对失信企业实施信息公开、重点审查等惩戒约束措施，对守信企业实施免于年检或业务办理绿色通道等激励措施。该文件作为信用分类监管的纲领性文件之一，其框定的信用监管基本框架和思路沿用至今。在新的市场监管形势不断发展变化的背景下，2011 年国家工商总局印发《关于进一步加强企业信用分类监管的意见》，进一步深化了对企业实施信用分类监管的要求。

21 世纪初，我国大力整顿和规范市场经济秩序，将信用作为重要的措施和手段予以利用。2004—2007 年连续四年的《全国整顿和规范市场经济秩序工作要点》，提出要推进信用等级分类管理、开展行业和企业诚信建设试点、建立和完善信用惩戒机制等重点工作。正是在大力整顿和规范市场经济秩序的背景下，2007 年产生了首个与信用相关的地方性法规《广东省企业信用信息公开条例》。与此同时，2007 年国务院办公厅《关于社会信用体系建设的若干意见》确定社会信用体系建设的重点任务包括加强行业信用体系建设、实行内部信用分类管理、健全负面信息披露制度和守信激励制度等。

在实施信用监管的探索阶段，由于商事登记制度改革尚未启动，虽然随着经济增长市场主体数量有所增加，但总的看来信用监管仅为原有监管方式的重要补充，转变监管方式、实施信用监管的极端必要性和紧迫性尚未完全显现。另外，虽然 2012 年以前一些地方和部门稳步推进社会信用体系建设工作，但是国家层面对信用体系建设工作的重视程度和行政资源投入与地方层面相比还略显欠缺，因此大部分地方的行业主管部门没有将信用管理手段确定为主要监管手段之一。以上种种现实原因导致在探索阶段信用监管未被全社会普遍接受和应用。

（二）全面实施阶段

全面实施阶段的信用监管发展遵循以下两条主线。一条是从工商行政管理部门推进商事登记制度改革的逻辑主线，主要标志是 2014 年国务院正式印发的《注册资本登记制度改革方案》，以及与该方案相配套的《企业信息公示暂行条例》正式施行，确立了对市场主体宽进严管和发挥全社会监督作用的总体思路。另一条主线是2012年以来国家大力推进的全社会信用体系建设，以及2014年国家社会信用体系建设规划纲要部署的14个商务诚信子领域和10社会诚信子领域信用体系建设工作，均提出了相关行业及领域实施信用监管的思路。2016年国务院发布《关于建立完善守信联合激励和失信联合惩戒制度加快推进社会诚信建设的指导意见》，在这个信用奖惩纲领性文件中正式提出"构建以信用为核心的新型市场监管体制"，这是国务院文件首次出现信用监管的重要表述。到2019年国务院办公厅发布《关于加快推进社会信用体系建设构建以信用为基础的新型监管机制的指导意见》，又将原表述的"以信用为核心的新型监管机制"调整为"以信用为基础的新型监管机制"，并提出构建覆盖事前、事中、事后全流程的新型监管机制的设想，至此，以信用为基础的新型监管机制建设思路基本确立。

在全面实施阶段，由于商事登记制度改革的全面铺开，以及全国社会信用体系建设氛围浓烈，信用监管领域实现了从工商行政管理的单一行业领域到覆盖所有行业领域的转变。按照中央关于国家治理体系和治理能力现代化的部署，社会信用体系建设作为治理体系的重要组成部分，信用监管即是治理能力的重要手段。全社会各行各业、各地区逐步利用起信用监管这个管理利器，信用监管正在发展成为重要的、具有中国特色的行政管理和公共服务手段之一。

第二节　信用监管主要制度设计

经济学是研究如何将有限的资源进行合理配置以达到社会效率最大化的学科。对信用监管概念的界定与经济学定义相类似。在人员编制、物质条件等行政资源受到限制的情况下，如何创新监管方式并对行政资源进行有效配置，以更好地履行监管职责，达到对市场主体的市场行为进行有效监管的目标，这就是信用监管产生的原因。因此，如何创新监管方式，充分配置、调动限定条件下的各种资源，是信用监管必须解决的主要问题。

综合分析20世纪90年代以来我国信用监管实践的主要经验发现，信用监管的制度设计已经覆盖市场活动的事前、事中和事后等方方面面，以信用为基础的新型监管机制已基本形成。关于信用监管内涵的认识深化过程，充分体现在国家有关重要文件的论述中。2016年国务院《关于建立完善守信联合激励和失信联合惩戒制度加快推进社会诚信建设的指导意见》提出“以信用为核心的新型监管机制”，而在2019年《关于加快推进社会信用体系建设构建以信用为基础的新型监管机制的指导意见》中，则转变为“以信用为基础的新型监管机制”。本书认为，2016年国家文件提出的“以信用为核心”指的是信用在新型监管机制建设中起到核心作用，言下之意是除信用要素之外，新型监管机制建设还包含其他组成要素，信用要素只是处于核心位置。而2019年国家文件提出的“以信用为基础”是指在新型监管机制建设中信用要素起到基础性、决定性作用，没有“信用”这个基础支撑，新型监管机制则无从谈起、无法建设。“以信用为基础的新型监管机制”的提法，极大地扩展了信用监管在市场监管机制建设中的作用。

信用监管的重点制度设计包括市场主体信用承诺、信息公开公示、信用等级分类、失信惩戒和约束、权益保护等。

一、信用承诺

信用承诺又称为诚信承诺或承诺等。在中华传统文化语境中，诚信承诺是非常庄重的社会行为，承诺的履行与否代表着社会成员的道德水平。诚信承诺具有“软法”属性，在一定程度上从道德层面对人们的社会行为进行规范和约束。“一诺千金”“一言九鼎”“一言为定”“君子一言，驷马难追”等成语均体现了中华传统文化语境下诚信承诺的重要性。

在社会信用体系建设实践尤其是信用监管工作实践中，信用承诺已经从道德层面的抽象的意识形态概念转化为具体的信用体系建设抓手或信用监管的工具。道德层面的诚信承诺仅仅是软约束，而现代社会的信用体系建设或信用监管实践中的信用承诺是硬约束，是一项对经济社会活动进行规范的信用管理手段和措施。

信用体系建设的重点是信用信息的记录、整合和应用。如果要将信用承诺发展成为有用的信用管理手段和措施，就应当围绕信息的记录、整合和应用等核心工作开展。利用现代化的信息技术手段，可以非常便捷、快速地记录和传播信用承诺内容，最大限度地发挥对承诺事项实现情况进行监督的作用。因此，现代技术条件下信用承诺的特征与传统承诺存在以下几点不同。

一是承诺内容的信息属性。不管是口头承诺还是书面承诺，在落后的信息技术条件下信用承诺内容难以被记录和广泛传播。口头承诺由于缺乏记录载体而无法对承诺事项进行有效验证，而书面承诺在信息技术手段尚未普及前也难以进行大范围传播，因此，信息技术条件落后影响了对承诺事项的督促。现代信息技术发达，则可便利地将诚信承诺内容转化为具体的结构化数据并简便地予以记录、整合及传播。因此，承诺内容的信息属性是现代信用体系建设范畴下的诚信承诺与传统诚信承诺的最大不同。

二是承诺事项的可追溯性。诚信承诺作为信用体系建设的具体抓手或信用监管工具，督促诚信承诺事项的落实关键在于将承诺事项进行详细拆分，将具体业务事项中的承诺内容转化为可度量、可量化的结构化数据。只有对承诺事项进行拆分、量化后，承诺事项是否落实、是否履行才具备可追溯的基础。虽然传统诚信承诺也可将承诺事项进行细化分解，但是在现代信息技术条件下，该项工作更为具体、更容易实现。

三是未履行承诺情况的可追责性。信用承诺作为信用管理的重要环节，关键工作是将未履行承诺的情况予以记录，并依法进行应用。比如应当依法及时对未履行承诺的责任主体进行责任追究，才能建立起信用承诺作为信用管理重要环节的闭环管理系统。如果不对未履行承诺行为进行有效追责，信用承诺将仅仅是道德层面上的诚信行为，只是软约束，现代信用管理理念下将信用承诺作为信用监管工具的硬约束将无法形成。

信用承诺在信用监管生命周期中属于事前环节的管理举措，信用承诺制度建设是我国推进信用监管工作的重要创新点，也是与其他国家市场监管机制建设的重要差异点之一。2014 年国家社会信用体系建设规划纲要印发以来，信用承诺作为信用监管的重要举措受到各行业部门的普遍欢迎，诚信承诺制度在相关行业和领域具体监管实践中得到广泛应用。国家规划纲要确定的 34 个行业领域中共有 7 个领域建立专门诚信承诺制度。推广使用信用承诺管理非常切合现代信用体系建设内涵，将是未来信用体系建设尤其是信用监管机制建设的重点任务。

二、信息公开公示

阳光是最好的防腐剂，推行政务公开是监督政府行政决策行为的重要手段，也是提升政府决策水平的有效办法。将市场主体相关信息及时予以公开公示，接受社会公众的监督，是实施市场监管的主要方式。关于信息公开公示，国家层面做出几方面顶层设计：一是制定《企业信息公示暂行条例》，该条例与国家商事登记制度改革相配套，是企业信息公开公示的根本依据，规定了企业信息公示范围的同时也相应配套经营异常名录、严重违法失信企业名单等信用分类分级制度。二是推行行政许可、行政处罚信息在行政决定之日起 7 个工作日内上网公开制度，该制度在国务院办公厅《关于运用大数据加强对市场主体服务和监管的若干意见》中首次被提及。该项工作在国家发展改革委的极力推进下成为对市场主体影响最大、市场主体体会最深的信用体系建设重点工作。大力推行市场主体信息公开公示，从理论层面上主要基于以下考虑。

一是发挥他律对市场主体的约束作用。对社会成员社会行为的约束包括自律和他律两个机制。自律是社会成员将相关社会道德要求内化为自身行为准则，即体现诚信的道德要求。而他律是通过其他社会成员的监督、约束以规范市场主体行为的过程。从心理学角度，他律机制对社会成员行为的约束具有决定性作用。公开市场主体相关信息，让社会成员共同监督市场主体的活动和行为是发挥他律作用的主要形式。市场主体参与市场竞争的活动与其他交易对手利益相关，因此让其他交易对手及时了解该主体相关信息是基本要求。

二是降低社会交易成本。信息不对称是市场交易中不可避免的永恒话题，信用体系建设的核心任务就是解决信息不对称问题。从经济学角度来看，因信息不对称而产生的“柠檬市场”和逆向选择等问题极大地增加了社会交易成本，影响了社会运行效率。将市场主体相关信息及时予以公开公示，可以最大限度地解决信息不对称问题，尤其是通过信用门户网站、企业信用信息公示系统等官方渠道公开市场主体信息，将缓解市场交易方的信息饥渴、降低信息获取成本，对促进市场有序、规范交易具有重要意义。

三是解决监管力量有限的问题。商事登记制度改革将市场主体注册登记门槛降到几乎为零，因此市场主体数量急剧增长。与此同时，实施监管的行政资源有限增长，监管力量不足以适应市场主体数量快速增长成为新时代市场监管机制建设的瓶颈。在监管资源有限的情况下，发挥社会公众的监督力量就成为创新监管方式的必然选择。

上述分析表明，大力推行市场主体信息公开公示既有理论基础也符合现实工作情况，是信用体系建设的重要方向。

三、信用等级分类

对管理对象进行信用等级划分是信用管理的基础性工作。欧美国家推行的市场化信用管理体系，其核心就是市场主体的信用分类体系，典型代表就是 FICO 公司研发的个人信用评分模型。我国信用体系建设的重要特点是除在市场交易中应用欧美国家的信用管理模式外，还根据国情需要创新，形成一套信用监管新模式，因此，不管是行政还是市场化的信用管理，信用等级分类一直是我国信用体系建设和管理的基础性工作。实施信用监管就是在信用等级分类基础上，对不同信用级别的主体实施精准监管、差别化监管。从 2003 年国家工商总局探索开展企业信用分类工作伊始，信用分类在质量监管、食品药品监管、安全生产监管、海关等行业相继开展，成为监管体系的重要制度安排。各行业、各领域建立联合惩戒对象黑名单制度，其实也是信用分类评价的鲜活案例。

衡量信用评价结果科学、客观、公正的标准在于，评价结果可否准确反映信用主体的信用状况。金融征信和商业征信体系中，信用评价、信用评分与违约概率和实际违约发生率直接挂钩，市场化信用评分方法的优劣体现在信用评分所对应的违约概率与实际违约发生率是否相符。以信用评价结果预测违约概率实质上蕴含着“历史可以重演”这个假设前提，即信用评价、信用评分所对应的信用主体违约概率和实际违约率是基本确定的，也是可以预测的。对信用主体进行公共信用评价，实际上应该以评价结果可否准确预测信用主体在公共领域的合规情况作为衡量准则。评价结果好的信用主体对法律法规遵从程度更好，此类主体未来在公共领域的违法、违规概率更低，更直接的表述是此类主体被处以行政处罚或纳入黑名单的概率更低。

2019 年国务院办公厅印发的《关于加快推进社会信用体系建设构建以信用为基础的新型监管机制的指导意见》首次提出深入开展公共信用综合评价的任务，将开展全覆盖、标准化、公益性的公共信用综合评价作为信用监管重要工作予以安排。开展公共信用评价，目的是为信用监管提供更精准的依据，但是公共信用综合评价还存在一些问题：第一，评价主体方面，由行政部门或与行政部门关系密切的事业单位组织开展评价工作是否合适，需要进一步讨论商榷。第二，评价模型和方法方面，公共信用综合评价模型和方法较为粗放、科学性有待提升，因此应当参照成熟的市场化信用评价模型对公共信用综合评价方法进行深化。第三，评价结果应用方面，评价结果除应用到行政部门的内部信用监管外，是否进行市场化应用，如金融机构可否依据公共信用评价结果进行差别化授信额度管理、费率优惠等，需要进一步研究探讨。

四、失信惩戒和约束

在事前、事中、事后的全流程信用监管体系中，与信用承诺的事前监管属性、信息公开公示和信用等级分类的事中监管属性不同，对失信主体实施惩戒和约束属于事后信用监管的主要内容。失信惩戒和约束具有惩罚、震慑、教育三方面功能，处于信用监管主要制度设计的核心位置。实施失信惩戒和约束的目的并非覆盖所有市场主体，而是针对特定少数失信主体进行惩戒，以此震慑和教育其他市场主体。信用监管发挥作用的关键在于惩戒和约束失信主体后对其他市场主体产生的震慑和教育作用。以《国务院关于建立完善守信联合激励和失信联合惩戒制度加快推进社会诚信建设的指导意见》和《国务院办公厅关于加快推进社会信用体系建设构建以信用为基础的新型监管机制的指导意见》等文件为代表，国家一直将信用惩戒机制建设作为信用体系建设和信用监管工作的基础性工作，因此对失信主体实施失信惩戒和约束是信用监管机制建设的核心，应当予以高度重视并精心组织。

五、信用主体合法权益保护

保护信用主体合法权益属于信用监管的补救性措施，实施信用承诺、信息公开公示、信用等级分类尤其是失信惩戒和约束等具体信用监管举措，会不可避免地对市场主体尤其是失信市场主体的经济社会活动产生重大影响，因此，及时纠错或修复相关失信行为对保护信用主体合法权益非常重要。信用主体合法权益保护机制具体包括建立信用信息有效期限机制、错误信息异议处理机制、信用修复机制、信息侵权责任追究机制、信用数据安全管理机制等，建立上述这些机制对完善信用监管实施机制、推动信用体系平稳、有序、健康发展具有重要意义。

第三节　公共信用评价在信用监管中的重要位置

一、公共信用评价是中国特色社会信用体系建设模式的核心内涵

一般认为，国外信用体系建设模式主要包括三种：一是以美国为代表的市场化信用管理模式，典型代表就是以邓白氏、益博睿、环联、艾克飞

等征信公司，FICO 等决策分析管理技术提供商，以及标准普尔、惠誉国际、穆迪等资信评级公司所组成的庞大的市场化信用服务体系。二是以德国、法国为代表的公共联合征信管理模式，这些国家由中央银行主导建设了汇集各类商业银行金融征信数据的公共征信系统。中国人民银行主导建设的企业和个人信贷征信系统与该模式相类似。三是以日本、韩国为代表的行业征信模式。特别注意的是，强调德国、法国等的公共联合征信管理模式以及韩国、日本等的行业征信管理模式，并非是说这些国家只存在此类模式，而是说这些模式在德国、法国或韩国、日本较为典型。实际上，相关国家在发展公共联合征信管理模式或行业征信管理模式的同时，市场化信用服务体系也得到蓬勃发展。不管是公共征信还是行业征信国家，同样需要发展市场化信用服务，市场化信用服务机构也是这些国家征信服务体系中的重要组成部分。

国外现有的三种信用管理模式所解决的核心问题基本一致，即金融交易或商业服务过程中的信息不对称问题，尤其是金融信贷征信系统就是按照金融服务基础设施的目标进行建设的。更进一步讲，国外普遍将信用管理服务作为市场经济活动的管理措施，而很少将信用手段延伸引用到社会治理领域。与国外信用管理模式比较，中国特色社会信用体系建设模式的最大特点在于，在坚持建设以央行信贷征信系统为主、市场化信用服务机构为辅的金融征信和商业征信体系的同时，着力将公共信用管理手段引入社会治理、公共服务、行政管理等领域，推动构建公共领域的信用管理体系。

实施信用评价是市场化信用管理的核心工作，所有信用管理活动都要以信用评价为基础，这是市场化信用服务管理的基本共识。参考市场化的信用评价要求，在推动建设公共信用管理体系、构建以信用为基础的新型监管机制过程中，建立以公共信用数据为基础的公共信用评价体系是自然而然的要求，这也是中国特色社会信用体系建设模式的基本要求。所有对社会成员的公共信用管理活动，均必须以公共信用评价结果为基础，从这个层面上看，公共信用评价是中国特色社会信用体系建设模式的核心内涵。

二、公共信用评价是诚信建设向公共信用管理转变的关键

诚信一直以来就是中国传统文化倡导的重要伦理道德，是社会主义核心价值体系所倡导的公民基本道德规范之一。在社会信用体系建设过程中，部分社会公众或专家学者基于传统的诚信概念，将我国社会信用体系误认为是道德层面的诚信建设。中国特色社会信用体系建设模式的特殊性在于，该模式既强调传统信用手段中的商业征信和金融征信体系建设，又强调道德层面的诚信建设。因此，要进一步理解我国社会信用体系建设的发展方向，就必须厘清诚信建设与信用建设的关系。将诚信建设界定为宣传部门组织推进的精神文明建设工作，而将社会信用体系建设界定为发展改革部门组织推进的公共信用体系建设，以及人民银行组织推进的商业征信和金融征信体系建设，这是对我国社会信用体系建设边界的基本界定。

道德层面的诚信建设，主要通过宣传教育将诚信观念内化为社会成员的行动自觉。而公共信用体系建设与道德层面诚信建设不一样，该模式主要是基于公共信用信息对社会成员开展信用管理，推动建立更为完善的经济交易和社会治理体制。不管是市场化信用管理还是公共信用管理，体系实施的基础和核心均要对信用主体进行公共信用评价，可以说信用评价是实施信用管理的一切逻辑起点。因此，从道德层面的诚信建设与社会信用体系建设的区别中可以看出，公共信用评价是诚信建设向公共信用管理转变的关键。只有基于公共信用评价结果开展各方面的信用管理活动，才能进一步讨论信用监管等信用管理具体工作的落实问题。

三、公共信用评价是信用监管的实施基础

信用监管是指根据市场主体信用状况对其实施差别化的分类管理措施。主要特点包括：一是分类监管。按照市场主体信用状况进行分类，对信用状况差的失信主体乃至严重失信主体实施重点监管，而对信用状况良好的失信主体减少监管频次和力度。其中，对市场主体信用状况的衡量，

除传统的遵守法律法规的情况外，还可将市场主体在其他领域如供水、供电、供气、通信等公用事业领域或金融交易、商业交往等市场交易违约行为纳入其中。二是精准监管。与传统监管方式存在较大区别的是信用监管在实施过程中的精准性，由于信用监管以精准测量市场主体信用状况为基础，可以对不同信用状况市场主体实施相关联、相对应的信用监管措施，这就解决了原有监管方式平均用力而重点不够突出的问题。由于监管措施的实施具有精准性，可以有效节约监管资源，这是信用监管的最大特点。三是风险监管。传统监管方式更多体现为对市场主体事前的准入审批和事后的行政处罚。信用监管基于广泛整合的信息数据基础，对市场主体未来发生的违法、违约行为风险进行预测，因此，须提前预警市场主体的失信行为，有效防范失信风险。信用监管是风险监管，可以提前介入、干预甚至阻止市场主体违法、违约失信行为的发生。

以上分析的分类监管、精准监管、风险监管等都是以开展市场主体信用状况评价即公共信用评价为基础而实施的。信用监管的内在运行逻辑就是依托公共信用评价对市场主体进行画像并依据画像实施监管。因此，公共信用评价作为信用监管实施的基础，所有的信用监管均要依据公共信用评价予以落实。

从上述关于公共信用评价的分析可以看出，公共信用评价是中国特色社会信用体系建设模式的核心内涵，是诚信建设向公共信用管理转变的关键，也是信用监管的实施基础。由于信用监管与公共信用评价之间存在密切的联系，做好信用监管的前提和基础就是开展公共信用评价。

第四节　公共信用评价基本思路

一、公共信用评价基本情况

综合部门和地方对公共信用评价的探索发现，公共信用评价主要包括三类：第一类是行业部门组织开展的行业信用评价，包括市场监管部门、税务部门、海关等主要监管部门建立的本行业部门信用评价机制。第二类是地方开展的本区域内社会成员综合性信用评价，如浙江组织对企业、自然人、社会组织、事业单位、政府机构等五类主体开展的公共信用评价。第三类是城市组织对公民个人开展的个人信用评分。

关于行业信用评价，主要将市场监管、税务、海关等监管部门作为实施主体。原工商部门从市场准入指标、经营行为指标、市场退出指标、参照指标等维度，将企业划分为守信企业、警示企业、失信企业、严重失信企业①，在制定企业信用监管等级标准和实施企业分类时将其作为参考。商事登记制度改革后实施的企业异常名单制度和企业严重违法失信名单制度也属于行业信用评价范畴。2003 年税务部门制定了《纳税信用等级评定管理试行办法》，2014 年又出台了《纳税信用管理办法（试行）》，从税务登记情况、纳税申报情况、账簿凭证管理情况、税款缴纳情况、违反税收法律法规行为处理情况等维度对纳税主体的纳税信用进行管理，将纳税信用区分为 A、B、C、D 四个级别，其中，纳税信用 A 级为激励对象、B 级为正常管理对象、C 级和 D 级为从严管理对象。海关总署 2014 年出台了《中华人民共和国海关企业信用管理暂行办法》并在 2018 年作出修改完善。该办法规定，依据《海关认证企业标准》将高信用等级的进出口企业划分为高级认证企业和一般认证企业，将其他企业划分为一般信用企业、失信企业。对高级认证企业实行非常便利的管理措施，如：进出口货物平均查验率在一般信用企业平均查验率的 20% 以下，可以向海关申请免除担保，减少对企业的核查频次，可以在出口货物运抵海关监管区之前向海关申报，海关为企业设立协调员，AEO② 互认国家或者地区的海关为其提供通关便利措施，等等。此外，国家有关主管部门认定的统计上严重失信企业名单、严重质量失信名单等联合惩戒对象名单也属于行业信用评价

① 参见原国家工商行政管理总局 2003 年 10 月 31 日印发的《关于对企业实行信用分类监管的意见》，文号为工商企字〔2003〕第 131 号。

② AEO 即经认证的经营者（Authorized Economic Operator），由世界海关组织（WCO）在《全球贸易安全与便利标准框架》中提出，目的是建立一套各国海关普遍认可的国际贸易参与企业认定标准。

范畴。

关于综合信用评价，典型的是浙江组织开展的五类主体公共信用评价工作。2017年浙江省印发《五类主体公共信用评价指引》，建立了企业、自然人、社会组织、事业单位、政府机构等五类主体的公共信用评价规则，这是省级层面出台的首个公共信用评价规则。浙江省公共信用评价总分为1000分，按照重要性和科学性原则采用专家打分法设定各项指标权重。一级指标包括身份特质、履约能力、遵纪守法、经济行为、社会公德等，其对应权重分别为150分、150分、300分、200分、200分。二级指标有13个，按照综合性、重要性、公共性、可得性、动态调整性、公信力等原则进行设置，包括：教育信息、工作经历信息、国家职业资格信息等身份特征指标；纳税遵从信息、社保缴纳信息等履约能力指标；行政管理信息、司法处理信息、履职记录信息等遵纪守法指标；信贷信息、公用事业信息等经济行为指标；公益服务信息、慈善捐赠信息、荣誉记录信息等社会公德指标。基于公共信用评价的基本定位和保护自然人合法权益的考虑，身份特征和履约能力等指标暂不测评，直接按满分处理。此外，浙江在计算全部自然人评价得分后按照数据统计特征调整相关参数，以确保评分符合合理的统计分布规律。

关于城市个人信用评分，自2014年山东荣成市建立个人信用评分制度以来，众多城市谋划建立本城市的个人信用评分机制。典型的个人信用评分开展城市如江苏苏州、宿迁、无锡，浙江杭州、衢州、义乌，山东荣成、威海，内蒙古呼和浩特、鄂尔多斯，河南郑州、濮阳，福建福州、厦门，安徽芜湖，江西抚州，广东肇庆，陕西榆林，等等。部分影响力较大的城市如杭州、苏州、宿迁、荣成等的个人信用制度基本情况如下。

杭州：惠信分，分值为150～950，主要指标包括社会关系、公益服务、遵纪守法、用信活动、公共缴费和职业违规等，输入数据包括市民基础信息、生活轨迹及用信情况等，采用流行的市场化信用评价方法进行评分。

苏州：桂花分，满分为200分（含100基础分、100附加分），主要指标包括基本条件指标、能力指标、资产状况指标、品德指标等，输入数据包括资质状况、荣誉表彰、献血记录、志愿者服务等，按照层次分析法并采用正面指标加分、负面指标减分的方法计算评分。

宿迁：西楚分，默认为1000分，依此将主体分为A、B、C、D四级和AAA、AA、A+、A、A⁻、B、C、D八等；主要指标包括基本信息、商务信用信息、社会管理信用信息、司法信用信息、荣誉信息等；具体输入数据如志愿者信息、无偿献血信息、骨髓捐献信息、见义勇为信息、表彰奖励信息、劳动模范信息等，行政处罚信息、刑事案件判决信息、纪律处分信息、交通违章信息、欠缴水费/电费/通信费信息等；采用指标加减法（正面信息加分、负面信息减分）和直接降级法进行计算，基础信息不纳入计分体系。

荣成：默认为1000分，将主体划分为AAA、AA、A、B、C、D等级；主要包括商务领域、社会管理领域、政务管理领域等指标体系；数据来源非常广泛，如合同履行、民间借贷、行政处罚、计划生育、参与邪教、伪造证件、诬告诽谤、党纪政纪处分、民事和刑事诉讼、家庭美德、社会公益、招商引资、文体活动等；评价方法是按照判定规则对不同信用信息赋予一定分值，同时对严重失信行为可直接判定为较低等级。

与西方征信国家成熟的信用评价制度相比，我国有关行业或地方开展的综合信用评价和个人信用评分在评价方法科学性方面还存在改进空间。参照西方信用评价理论，科学的公共信用评价结果应当符合正态分布等统计分布规律，不同评价结果应当对应一定的违法、违约概率。而不管是行业信用评价还是城市个人信用评分，多数公共信用评价制度只是简单地对违法失信行为进行扣分或对守法、守信行为进行加分。由于缺乏利用现代信息技术手段进行科学处理的技术基础，缺乏统计学、概率论等数学学科的参与，评价结果的科学性受到一定质疑。随着上述公共信用评价制度的深入实施，其科学性方面的缺陷将越发凸显。

二、评价主体

组织公共信用评价的主体有以下几个选择：一是由政府部门自行组织开展；二是由公益性事业单位承担；三是委托市场化信用服务机构承担。以下具体分析相关主体承担公共信用评价的优劣。

第一，由政府部门自行组织开展公共信用评价并发布结果。此类操作方式下公共信用评价结果具有较高权威性，并且由政府部门组织开展，推广应用力度更大。但是此类方式也存在显著缺陷，如政府部门直接参与对市场主体信用状况进行画像，不符合政府部门作为市场活动裁判者的定位，使得市场在资源配置中的决定性作用发挥不充分。另外，政府部门行政资源有限，过多参与公共信用评价工作会影响其他行政管理工作的谋划推进，而且公共信用评价等技术工作也非政府部门所擅长。

第二，由市场化信用服务机构承担公共信用评价工作。因为信用服务机构在开展市场化信用评价中积累了丰富的评价方法和评价技术，该操作方式下公共信用评价技术的优势明显，可以较大程度地提升评价结果的科学化水平。但是委托信用服务机构开展公共信用评价也存在缺陷，由于公共信用评价具有显著的公益属性，该项工作由市场化机构承担可能导致政府与市场边界不清等问题。此外，部分公共信用信息涉及商业秘密和个人隐私，而市场化机构是以营利为目的的，委托市场化机构承担相关工作可能会产生该机构将相关信息数据用于营利的情况，导致信息滥用、信息泄露或评价结果难以做到客观公正等问题。

第三，由公益性机构承担公共信用评价具体工作。政府部门统筹组织公共信用评价工作，公共信用中心或市民卡公司等具有一定专业能力且与信用工作密切联系的公益性机构接受政府部门委托，承担公共信用评价具体工作并出具评价结果，此种操作方式最为合适、妥当。主要考虑以下几点：一是公共信用中心或市民卡公司等具备一定的信用评价技术能力，也可以通过适当的机制引进相关专业技术优秀人才。二是公共信用中心作为承担公益性工作的事业单位，由其发布公共信用评价结果可以避免行政部门直接参与信用画像的情况。三是由公共信用中心等开展信用评价后，可以与市场化信用服务机构开展深入合作，以市场化方式进一步推广、使用公共信用评价结果，拓展应用场景，提升评价结果的使用率，推动信用评价方法不断迭代升级。

三、评价方法

选择评价方法可以基于以下标准：一是评价方法应当具备一定的科学性，确实能够准确反映社会信用主体的信用状况，并准确预测存在的信用风险；二是评价方法应当具有一定可操作性，可向社会公众做出清晰的解释和指引。

基于上述标准，可以按照以下步骤开展公共信用评价工作。一是构建评价模型。应用诸如层次分析法、专家打分法等筛选和确定评价指标体系及其权重。二是确定数据来源并整理数据。根据指标体系选择并确定数据来源，包括行政司法机关、金融机构以及涉及信息主体经济社会生活方方面面的数据等。对于数据来源方面，行政司法机关产生的行政许可、行政处罚等信息可按照正常的政务信息共享渠道予以共享；金融信贷、社会生活等信息，可与信息产生单位签订信息共享协议，加强信息共享收集能力，以市场化方式收集数据；此外，还可以由评价对象自行提供的方式获得数据。三是模型训练及评估。包括对数据进行加工整理，按照一定规则对指标取值进行数学标准化处理；采用逻辑回归模型、神经网络模型、随机森林算法等先进技术方法，对模型进行训练、评估等。随着评价工作的深入，还需根据实际情况不断调整评价模型，以符合最终应用需求。

四、评价指标体系

公共信用评价指标的选择主要考虑三个标准：一是公共性。即指标体系要符合公共信用评价的定位，评价结果主要应用于政府内部行政管理或公共服务事项而非市场交易活动等，因此互联网征信公司普遍采集的互联网行为数据不适合公共信用评价工作。二是全面性。即指标体系选择要全面覆盖绝大多数行业和领域的公共行为，除行政处罚、行政许可等行政司法机关产生的信息外，还应考虑信息主体的职业资格、资质等身份信息以及纳税、社保、金融信贷、社会公益等其他信息。三是数据可得性。选择的指标体系所需要的数据可以通过较为便利的渠道获得，数据获取成本较低。

按照上述的标准，考虑选择以下指标体系对企业开展公共信用评价：一是主体特征信息，如企业注册资本、经营范围、雇佣人数、经营规模、年报信息等。二是公共信用行为信息，如行政处罚、行政强制、司法审判处罚信息、司法失信信息、获得表彰奖励情况、其他行政司法机关评定的信用良好信息、行业协会信用信息等。三是信用能力信息，如纳税额度区间、水电气消费信息等。四是金融信贷，如贷款、担保信息等。五是其他社会行为，如捐赠等履行社会责任的情况。

第五节　自然人公共信用评分

一、商业征信机构市场化信用评分

美国征信市场发达、市场化程度非常高，开展个人征信业务主要有FICO、益博睿、环联、艾克飞等公司。其中，FICO公司是个人信用评分模型的代表性机构，1981年FICO公司为征信局打造了第一个评分模型，1989年发布了第一个通用的FICO评分。FICO评分主要包含信用偿还历史、欠款数额、信用历史的长短、使用的信贷产品组合、新开立的信用账户等五项指标，评分区间为300分到850分。FICO评分产品广泛应用于授信机构信贷决策中，据调查，美国90%的信贷决策使用了FICO评分。FICO和益博睿、环联、艾克飞等公司在个人信用评分方面是既合作又竞争的关系：一方面，三大征信公司利用FICO评分模型依托自身数据加工评分后对外销售信用报告和评分结果，FICO 公司每年近 20% 的收入①来源于为三大征信公司提供个人信用评分服务；另一方面，三大征信公司各自开发了信用评分模型并且联合打造 Vantange 评分系统，与 FICO 公司进行竞争。

德国也是较早开展个人信用评价的国家，1955 年舒发（SCHUFA）公司引入信用评分 ASS 服务为金融机构提供信贷决策服务，该公司占有德国个人信用市场 90% 的份额。舒发公司拥有一套完善的信用评分体系，采用 0 到 100 分的评分制度，指标涵盖基本信息、住址、信贷信息、银行账户信息、保险信息、住房信息、公共事业信息、犯罪信息与个人不良记录等方面。

2015 年年初，中国人民银行下发的《关于做好个人征信业务准备工作的通知》中明确点到的八家公司，也先后提出了个人信用评分产品，包括芝麻信用的芝麻信用分、中诚信征信的万象分、鹏元征信的天下分、考拉征信的考拉个人信用分、华道征信的猪猪分、前海征信的好信分、中智诚征信的个人征信评分等。此外，腾讯征信于 2018 年年初曾推广其信用评分服务，但推广时间很短且一段时间后就停止了。芝麻信用分依托庞大的支付宝平台用户规模得到了广泛应用。芝麻信用分所依据的数据包括用户在互联网上的各类消费及行为数据以及互联网金融借贷信息；采用包括云计算及机器学习等技术以及逻辑回归、决策树、随机森林等模型算法；通过用户信用历史、行为偏好、履约能力、身份特质、人脉关系等五个维度展现个人信用状况的综合分值。芝麻信用分范围为 350 分至 950 分，分值越高代表信用越好，违约率相对较低，较高的芝麻信用分可以帮助用户获得更高效、更优质的服务。上述八家公司及以中国互联网金融协会为股东投资设立的百行征信公司，于 2018 年正式获得个人征信业务许可。至此，上述八家公司已无获得个人征信业务许可的可能性，这些公司从事金融或类金融领域的个人征信业务将存在合规障碍。此后，以芝麻信用为代表的互

① 根据公开资料统计，FICO 公司 2013 年、2014 年、2015 年、2016 年四年为三大征信公司提供个人信用评分服务的收入分别占公司收入的 16%、15%、16%、19%。

联网征信公司将逐步退出个人金融业务，专注于租车、租房、租物等商业或生活服务场景的信用服务。

二、自然人公共信用评分主要思路

开展自然人公共信用评分，可以参照商业征信机构的市场化信用评分模式，以公共信用中心、市民卡公司等企事业单位为主体组织开展评分，并将评分结果充分应用到公共服务、市场交易等领域。自然人公共信用评分应当把握好以下几个主要问题。

第一，尽量减少公共信用评分的行政色彩。部分城市组织了个人信用评分并依托评分结果开展公共信用应用，在全社会营造了良好的诚实守信氛围，提升了社会公众的诚信认知水平。但是，广泛推广使用个人信用评分结果也受到社会大众的诟病，出现侵犯个人隐私、评分结果不科学、信用滥用等批评和反对的声音。参照市场化信用评分的做法，推行自然人公共信用评分要想完全可行和可操作，关键是要把握好公共信用评分的公益性定位。要将自然人公共信用评分准确定位为公共信用中心、市民卡公司等公共信用服务机构组织开展的公益性工作。要尽量减少甚至避免行政部门直接参与结果认定等具体行为，主动澄清社会公众对该项工作由政府部门主导的误解。要避免社会公众误认为自然人公共信用评分是行政部门组织的信用评价，淡化行政色彩，突出公益属性。

第二，应用领域要以激励为主。要突出社会公众在自然人公共信用评分机制建设中的获得感、体验度，就应当将评分结果重点应用于激励事项。一是个人信用评分结果基于对数据进行综合整理并依托模型计算得出，是众多行为信息的汇总而非单一具体行为的体现。依据评分结果对自然人实施惩戒和约束缺乏法律法规依据，擅自扩大对自然人合法行为的限制范围，会损害自然人的合法权益。二是社会信用体系建设的最终目的是营造诚实守信的社会氛围，因此，应当多从正面激励角度引导社会公众了解个人评分工作，主动赢得社会公众对社会信用体系建设的支持，提升社会公众对信用体系建设的获得感和体验度，这有助于该项工作的进一步深入推进。

第三，应用重点为公共服务领域。自然人公共信用评分可以推广应用到行政审批、市场监管、公共服务、市场交易等领域。但是基于公共信用评分的公益性属性考虑，评分结果重点还是要应用在公共服务领域，这也是个人公共信用评分结果应用最为广泛的领域。主要应用方式是对评分较高的诚信主体提供便利或优惠，对评分较低的主体提高准入门槛。例如，政务服务事项中对信用评分高的群众提供“绿色通道”或“容缺受理”便利措施；在公用事业服务领域，供水、供电、供气企业根据评价结果对不同服务对象实施差异化价格，或对高信用评分的主体赠送一定用水、用电额度；在公共文化服务领域，对高信用评分的个人，可以免押金办理图书证或免费观看公共文化演出；在公共出行服务领域，对高信用评分的主体给予享受出行费用折扣优惠；等等。诸如此类涉及公共服务领域的事项均可使用个人信用评价结果。

第四，将评分结果拓展应用到市场交易领域。在美国等信用服务行业市场化程度高的国家，个人信用评价产品的市场化应用非常广泛普遍，涉及金融、就业、住房租赁等经济社会生活的方方面面。参照美国的信用应用模式，我国个人信用评价结果的市场化应用空间广阔。除传统金融应用外，芝麻信用公司等新兴信用服务机构已积极推动信用服务产品应用到经济社会生活的各个领域。在金融领域，评分高的主体可享受较低的借贷成本；在住宿、交通出行、物品租赁、共享经济等领域，对高信用等级主体普遍实行免押金优惠。将自然人公共信用评分结果拓展应用到市场交易领域，是该评分结果保持持续生命力的重要措施，并且可以确保评分结果的科学性和准确性。

第七章　信用服务行业

第一节　信用服务行业在社会信用体系建设中的重要作用

社会信用体系建设作为一项战略部署工作，其建成需要依托载体予以支撑，工作的落实需要依托抓手进行推进。信用服务行业是支撑社会信用体系建设的重要载体和核心抓手。纵观信用服务行业初创、发展、成熟等过程，均是市场自发性形成的对信用体系建设部署要求的响应。西方发达国家信用体系建设经验表明，信用服务行业一直是信用体系建设的逻辑主线，社会信用体系建设发展在一定程度上是信用服务行业发展壮大的过程。信用服务行业发展壮大并能够有效支撑信用社会的运转，则意味着建成社会信用体系。西方经验表明，社会信用体系建设的主要内容是推动信用服务行业发展壮大。1830 年世界上第一家征信机构在英国伦敦成立，西方国家信用体系建设正式启航，此后，征信行业或信用服务行业不断发展整合，直至形成以市场化运作为特点的西方信用体系建设管理模式。1932 年我国第一家信用调查机构“中国征信所”组建成立，开启了我国信用体系建设的摸索前行道路。

新中国成立后，我国信用体系建设的探索起源于 20 世纪 80 年代资信评级业的发展，这是中国特色社会信用体系建设模式的逻辑起点。我国在学习西方发达国家信用体系建设经验的基础上，不断探索适合自身实际的社会信用体系建设模式，重点是如何发展符合中国国情的信用服务行业新业态。直到 21 世纪初，我国社会信用体系建设模式仍然沿着如何发展壮大信用服务行业的逻辑主线前行突破。20 世纪末 21 世纪初，我国处于计划经济向社会主义市场经济转轨的重要时期，经济社会各方面急剧变化，经济转轨引致的偷税漏税、逃废债务、制假售假等市场秩序混乱现象普遍存在，凸显了全面开展覆盖全社会的信用体系建设的必要性和紧迫性。与西方国家的市场化建设模式不同，经济社会转轨过程中出现的诚信缺失、信用危机等问题，迫使我们不能仅限于从金融领域征信建设角度推进信用体系建设，而是需要全社会、全覆盖的信用体系建设。因此产生了覆盖政务诚信、商务诚信、社会诚信和司法公信四大领域的信用体系建设模式。与宏大的覆盖全社会信用体系建设模式相比，传统市场化模式下自发形成的信用服务行业尚很难与之匹配，信用服务行业尚未处于我国社会信用建设实践的核心位置。尤其是国家发展改革委、中国人民银行双牵头推进社会信用体系建设后，国家发展改革委强力推动各个方面的信用体系建设，相比较而言，中国人民银行牵头的征信行业建设发展的重要性则有所弱化。

在国务院发布的《社会信用体系建设规划纲要（2014—2020 年）》中确定的“政府推动、社会共建”的原则指引下，社会信用建设取得了重大进展，市场经济秩序、社会秩序显著好转，全社会诚信水平显著提升，诚信建设具备更好的基础条件。在社会信用体系建设新的历史阶段，信用服务行业的重要性更加凸显，主要有以下几个理由。

第一，作为社会信用体系建设的支撑行业，促进信用服务行业发展应是社会信用体系建设题中应有之义。发展信用服务行业是西方国家社会信用体系建设实践的全部内容，在西方国家，信用服务行业发展支撑了信用社会的全面建立。虽然中国特色社会信用体系建设实践有效拓展了建设内容，增加了诸如行政行为信息整合应用、诚信道德宣传教育、政务诚信和司法公信建设等与西方国家传统信用体系建设未涉及的任务，但是促进信用服务行业发展作为已在西方国家得到证明的有益经验，一直是社会信用体系建设实践的核心内容。因此，在信用体系建设快速跃进、信用工作基础充分夯实、信用建设踏入新的历史阶段的背景下，我国社会信用体系建设重点突破方向应当调整到促进发展信用服务行业上来，这是信用体系建设发展至今信用工作回归本源的必然要求。

第二，中国信用服务行业发展滞后，小、散、弱问题突出，与新时代社会信用体系建设的定位要求不相符。西方发达国家经验表明，信用社会的建立必将伴随着信用服务业的发展壮大，建立服务全社会信用需求的信用服务机构和行业市场是成熟信用社会的重要标志。虽然近年来在社会信用体系建设积极推进的背景下，我国信用服务行业取得长足进步，但是整个行业发展仍显滞后，特别是征信、信用评级业集中度不够，小、散、弱问题突出，参与全球竞争的专业能力不足。2020 年中共中央国务院印发的《关于新时代加快完善社会主义市场经济体制的意见》中提出“培育具有全球话语权的征信机构和信用评级机构”的战略部署，正是基于我国征信、信用评级业的痛点问题而有针对性提出的战略方向。在信用体系建设新的历史阶段，我国必须高度重视信用服务行业发展滞后问题，补好短板，才能建立起与社会主义市场经济体制相适应、与新时代中国特色社会主义建设相适应的社会信用体系建设全新模式。

第三，信用服务行业发展是保持社会信用体系建设可持续发展的必然举措。2012 年国家调整社会信用体系建设统筹协调机制后，国家层面不断加压，社会信用体系建设进入了超常规的发展快车道，各项工作全面推进发展，建设成效非常显著。但是我们也要看到，这些超常规的发展更多得益于行政层面上决策者的高度重视，是在特殊时间节点上通过行政资源的大量投入集中全力推进的必然结果。一旦行政资源投入有所减弱，必定减缓该项工作的推进力度，从而不可避免地影响工作的进一步深入。因此，单靠行政资源集中投入推进信用体系建设的模式，可以在短时间内应对诚信缺失的突出问题；而从更长的时间维度看，保持信用体系建设的可持续发展，需要从培育内生动力着手，从重点发挥市场和社会的力量着手，归结到底是全力发展信用服务行业、发挥市场机制、统筹市场资源支撑信用体系建设继续向前发展。促进信用服务行业发展是保持社会信用体系建设可持续发展的必然举措，促进新时代社会信用体系建设行稳致远，需要将信用服务行业发展摆到更为重要的位置上推进。总而言之，在我国社会信用体系建设工作中，信用服务行业规范发展这个命题的重要性再怎么强调都不为过。

第二节 信用服务行业边界界定

一、信用服务行业的内涵

信用是一个古老的概念，信用概念的发展有一个延续的过程。传统的信用概念是从伦理道德层面进行阐述的，一般是指诚实守信或诚信。诚信理念普遍存在于经济社会活动的方方面面，是社会成员交流交往的行为准则。西方资本主义兴起后，货币金融领域的信用活动成为讨论主线，当货币让渡与商品让渡在时间上相分离后，就产生了信用活动。为了规避货币金融领域的信用风险，现代征信行业发展应运而生。

20 世纪 70 年代，随着新制度经济学、信息经济学和博弈论等理论的兴起，西方学术界主要围绕交易成本和信息不对称等理论阐述社会失信问题。阿克洛夫（Akerlof）、斯宾塞（Spence）、斯蒂格利茨（Stiglitz）等[①]美国经济学家提出了信息不对称理论，认为在信息不对称的影响下将会出现逆向选择和道德风险等社会信用问题。纳什（Nash）、塔克（Tucker）提出了纳什均衡、囚徒困境等理论，将博弈论应用到社会信用活动分析中。新制度经济学命名者威廉姆森（Williamson）认为信用问题的起因是人天生具有机会主义倾向，如果失信收益大于失信成本，机会主义倾向决定了人们将选择不守信用，故信用需要可置信的保障措施。西方经济学家认为，由于个人在信息禀赋、知识存量和获取信息能力等方面存在差距，从而产生了信息不对称，并导致失信问题产生，为此可通过信息甄别机制、声誉机制、制度保障等措施解决社会失信问题。信息不对称等理论兴起后，理论界对信用的研究逐渐由金融征信领域扩展到更大范围的社会信用领域。

---

① 阿克洛夫、斯宾塞、斯蒂格利茨等三位经济学家由于其在信息经济学方面做出的重要贡献，共同分享了 2001 年的诺贝尔经济学奖。

信用服务行业是在信用服务需求内生动力驱动下自发形成的商业服务业，该行业解决的核心需求是经济社会领域方方面面的信息不对称问题。在金融领域，信贷征信系统、信用评级业务作为金融基础设施，解决了资金需求方、资金供给方的信息不对称问题，减少了资金融通过程中各方的信用风险。在公共信用领域，公共信用信息平台作为公共信用服务基础设施，解决了公共领域信息不对称问题，构建了社会交往中社会成员之间的基本信任机制。

从解决信息不对称的角度，可将信用服务行业定义为对企业、社会资产、个人信息进行加工处理并对外提供信息产品和服务的行业。信用服务行业的核心对象是信息，因此，该行业本质上是信息处理行业。无论是前端的信息收集、中端的信息加工还是后端的信息产品对外服务等，均离不开信息这个核心对象。如果以信息处理这个核心工作作为衡量标准，那么只有信息处理相关行业如征信、资信评级等业务，才能归属到信用服务行业，而信用保险、商账催收等与信息处理关联度较低的行业可不纳入，这是分析信用服务行业的内涵定义时需要牢牢把握的一个原则。

二、信用服务行业在国民经济行业中的分类

信用服务行业在《国民经济行业分类》（GB/T4754—2017）[①] 中的类别主要体现在两方面：第一，作为金融行业的子行业，为金融运行提供基础支撑。包括其他资本市场服务（行业代码 6790）中的资信评级服务，即资信评级业，以及金融信息服务（行业代码 6940）中的征信机构服务，具体是指为从事金融分析、金融交易、金融决策或其他金融活动的用户提供可能影响金融市场的信息服务。第二，从如何辅助好商务服务的角度形成商务服务行业子行业。包括信用服务子行业（行业代码 7295），是指专门从事信用信息采集、整理和加工，并提供相关信用产品和信用服务的活

① 《国民经济行业分类》国家标准于 1984 年首次发布，分别于 1994 年、2002 年、2011 年、2017 年作了四次修订，该标准广泛应用于国民经济统计、宏观经济管理、税收财政管理、市场主体注册登记等经济社会活动中。

动，即信用评级、商账管理等活动，以及其他商务服务业，如将商业保理行业列入其他未列明的商务服务业（行业代码 7299）。从上述分析中可以看出，在社会信用体系建设工作中提及的信用服务行业并非基于严谨的国民经济行业分类标准，不同行业主管部门对信用服务行业的定义存在差异。例如，中国人民银行监管的信用服务行业一般是指代征信业和资信评级业，因为征信业和资信评级业是作为金融行业运行基础设施而配套存在的。遵循金融行业严监管的思路，对征信业和资信评级业应当采取严格准入措施，如对个人征信机构实施许可、对企业征信机构实施备案等。对于商务服务行业的信用服务子行业，尚没有更为细致的划分，也未见法律法规要求实施严格准入举措的规定。

无论资信评级行业、征信机构服务等支撑金融行业的子行业，抑或信用服务等支撑商务服务的子行业，在 2002 年版《国民经济行业分类》国家标准中完全未体现，直到该标准 2011 年版本中才正式提出信用服务相关行业的提法。从《国民经济行业分类》对信用服务行业分类的表述变化中可以看出，21 世纪初的 10 年间信用服务市场取得的巨大进步，得益于国家大力推进社会信用体系建设。信用服务需求的逐步释放，使得信用服务市场相应发展壮大。可以预料到此后修订的《国民经济行业分类》新版本中，信用服务行业将得到更加充分细致的体现。

三、专家学者对信用服务行业的分类

学界对信用服务行业分类的研究虽然没有统一意见，但普遍共识是信用服务业应包含征信、资信评级、信用保险、商业保理等业态。笔者曾专门梳理过信用服务行业的内涵定义。信用服务行业存在广义和狭义之分：广义的信用服务行业主要包括企业征信、个人征信、市场调查、资信评级、信用保险、商业保理、商账追收、信用管理咨询和信用担保等；狭义的信用服务行业主要包括企业征信、个人征信、资信评级等。信用服务行业也存在核心业务和衍生业务之分，企业征信、个人征信、资信评级等是信用服务的核心业务，主要涉及信用信息的处理加工和服务；而信用保险、信用担保、商业保理、商账追收、信用管理咨询及培训等为衍生业务。除上述传统分类框架外，随着近年来信用需求的逐步创造和拓展，信用服务新业态不断创新发展，因此也有学者将大数据征信、诚信评价、信用修复服务、信用信息共享平台建设等近年新发展的新业态纳入其中。综合上述分析，将信用服务行业划分为三类，如表7－1所示。

表7－1　专家学者对信用服务行业的分类

大类	小类	具体类别
信息类	调查类	企业征信、个人征信、数据供应商、大数据/互联网征信
	非调查类	信用评级、诚信评价、建模算法技术服务
服务类	金融服务类	信用保险、商业保理
	类金融服务类	商账追收、信用担保、信用管理咨询、信用修复
信息系统类		金融信用信息基础数据库、全国信用信息共享平台

吴晶妹认为现阶段学界对信用服务行业分类并不准确，有些业态不属于真正的信用服务业[①]。其提出了一个新的划分办法，将现代信用服务业划分为五大类，包括：①外部约束类，是指从信用主体的外部为社会与市场及监管者了解信用主体而提供信用产品的服务活动，主要业态包括征信、信用评级与评价、信用查询、信用评分、资信调查等；②内生助力类，是指直接为信用主体提供信用咨询与解决方案的服务活动，主要业态包括咨询服务、解决方案制订、信用承诺辅导、信用信息管理与报送、信用修复顾问管理、信用救助辅导、信用与教育培训等；③信用基础设施类，是指市场主体为满足市场需求、社会信用体系建设需要或政府信用监管需求等提供的基本设施建设与软硬件产品的信用服务活动，主要业态是信用平台和数据库建设与运维服务；④信用风险管理类，是指由专业机构提供的，帮助市场需求者降低信用交易风险的服务活动，如为电商平台、银行类金融机构提供内部风险控制服务；⑤信用监管类，是指为更好地对市场各类机构的信用活动进行规范监督与管理，由信用监管机构依据相关

---

① 吴晶妹．我国信用服务体系未来："五大类"构想与展望[J]．征信，2019(8)：7－10.

法律法规而提供的服务。在此分类框架下，吴晶妹提出了要重点关注与支持内生助力类机构、做大做强外部约束类机构、重视基础设施类服务、建立与倡导信用监管类服务、推广与规范信用风险管理类服务等设想。

四、信用服务行业的类别划分

综合《国民经济行业分类》及专家学者关于信用服务行业分类的讨论，本书将信用服务行业类别进行层次划分。

第一层次是围绕解决信息不对称问题而进行的划分。其可以称为信用信息服务业，包括征信、信用评级、大数据征信、公共信用服务等业态。解决信息不对称是社会信用体系建设的核心问题，因此，围绕解决信息不对称问题而培育发展征信、信用评级评分等业态，这些行业发展成熟是社会信用体系建设完善的重要标志。随着新形势、新技术的发展变化，市场需求自发形成的动力促进大数据征信、互联网征信、公共信用服务等服务新业态迅猛发展。阿里巴巴等大型互联网公司利用自身掌握的社交数据、电商平台交易数据开展大数据征信、互联网征信，由于大型互联网公司的用户使用规模、整合数据量、社会影响力远超传统征信企业，俨然成为信用信息服务行业新业态。

第二层次是围绕规避市场信用风险而进行的划分。主要包括信用保险、商业保理、商账催收、企业内部信用管理服务等。这些行业服务的核心痛点是解决市场信用风险。信用保险和商业保理属于信用风险管理的中间环节，其目的是最大限度地规避信用风险。信用保险和商业保理行业均属于金融行业，其中，信用保险由保险监管部门监管，商业保理此前由商务部门实施监管，2018 年新一轮党政机构改革后调整为银行保险监督管理部门监管。商账催收则是信用风险处理的最后手段，信用风险发生后再通过补救措施将风险控制到最小范围。企业内部信用管理服务，是指通过帮助企业建立一套风险控制机制以规避风险或处置已经发生的风险。上述这些行业的发展完善，对建设完善社会信用体系起到了极大的促进作用。

第三层次是围绕满足近年社会信用体系建设新的需求而形成的信用服

务新业态。主要包括信用平台建设运维、信用修复和异议处理服务、信用承诺服务、信用监管支撑服务、社会信用体系建设培训等。近年来，从中央到地方各个层面均高度重视社会信用体系建设，将该项工作作为推进简政放权、放管结合、优化服务的重要抓手，作为优化营商环境的具体举措。各级部门采取各种措施推进信用建设具体工作，相应创造了众多社会信用建设新需求。比如：将公共信用信息平台建设作为核心工作抓手，产生了系统平台建设需求；开展行政处罚信息公示，产生了信用修复培训需求；工作推进过程中，需要加深各级部门及社会公众对政策的理解，产生了社会信用体系建设培训需求等。以上这些需求均是新形势下适应社会信用体系建设需要，市场自发形成的信用服务新业态。这些信用服务新业态必将随着信用体系建设的进一步深入而持续激发创造。

第三节　信用服务行业分类管理

按照解决信息不对称问题、规避市场信用风险、满足信用体系建设新需求等三个层次对信用服务行业进行分类的思路，可将信用服务子行业具体区分为征信、资信评级、公共信用服务、信用保险、商业保理、商账催收、企业内部信用管理服务、信用平台建设运维、信用修复和异议处理服务、信用承诺服务、信用监管支撑服务、社会信用体系建设培训等业态，以下具体剖析几个主要业态的现状及监管部门等。

一、征信业

一直以来，关于征信行业的边界划分在专家学者乃至有关行政管理部门中颇有争议。有的观点将征信业等同于信用服务行业，认为与信用信息征集使用活动相关的均属于征信行业；也有观点将征信行业限制在较小的范围，认为征信行业只是金融行业的子类，只有与金融信息加工处理相关的活动才能划分到征信行业。新形势下征信行业发展面临诸如互联网征信、大数据征信等新变化和新挑战，对该行业的界定存在一定困难，因此需从研究分析的角度对该行业进行概括和总结。

《征信业管理条例》作为征信行业的基本法规，对该行业边界进行了初步划分和限定。征信业务是指对企业、事业单位等组织及个人的信用信息进行采集、整理、保存、加工，并向信息使用者提供的活动。遵循《征信业管理条例》关于征信业务的边界界定，要特别注意以下内容：第一，将中国人民银行确定为征信行业的监督管理部门。中国人民银行作为主要的金融管理部门对征信行业实施监督管理，事实上明确了该行业作为金融领域子行业的定位，征信行业主要服务对象是金融活动有关各方，需重点解决的问题是金融活动中信息不对称行为。这与《国民经济行业分类》将征信行业归类到金融信息服务子行业一致。第二，将国家机关等履行职责而进行的信息采集、整理、保存、加工和公布等活动排除在征信行业范围之外。将国家机关的信息整合、应用活动排除在外，为公共信用服务发展创造法制空间，使公共信用服务机构广泛开发利用公共信用数据成为可能。第三，将中国人民银行征信中心运营的信贷征信系统纳入规范范围。信贷征信系统作为我国金融领域最重要的基础设施之一，将其纳入条例规范范围有利于该系统的规范发展和广泛应用。第四，对征信机构的监管实施分类管理，其中对从事个人征信活动的机构实施许可管理，而对从事企业征信活动的机构实施备案管理。区别对待从事个人征信或企业征信活动的监督管理，遵循严格保护信息主体合法权益的核心逻辑。个人信息涉及财产、人格等众多隐私信息需要严格保护，因此需要对个人信息的征信活动实行严格的行政许可管理；而企业等组织单位作为基本的市场主体，国际通行规则是除涉及商业秘密的信息外，多数企业信息可以广泛征集使用，即公开是常态、不公开是例外。

（一）行业现状

《征信业管理条例》颁布后，征信行业全面快速发展，据不完全调查，

2012 年全国征信机构、资信评级机构约 150 家年收入 20 多亿元①。个人征信方面，虽然中国人民银行未正式对信贷征信系统颁发个人征信许可，但是《征信业管理条例》第五章对金融信用信息基础数据库运行做出明确规定，可以视为对中国人民银行征信中心从事个人征信业务的当然许可。此外，中国互联网金融协会与芝麻信用管理有限公司、北京华道征信有限公司、中诚信征信有限公司、深圳前海征信中心股份有限公司、鹏元征信有限公司、考拉征信服务有限公司、中智诚征信有限公司、腾讯征信有限公司等作为股东组建的百行征信公司，于 2018 年年初获得个人征信业务许可。2020 年 12 月，中国人民银行对外宣布，批准朴道征信有限公司个人征信许可。至此，我国基本形成了中国人民银行征信中心负责传统银行体系的金融征信、百行征信和朴道征信负责互联网金融征信的个人征信业务的基本格局。

企业征信方面，根据中国人民银行官方数据以及检索互联网公开数据，截至 2020 年 5 月底，在人民银行系统备案的企业征信机构共 137 家，从注册登记时间看，最早注册登记的企业为青岛联信商务咨询有限公司，于 1997 年注册；2013 年《征信业管理条例》颁发前注册的企业共有 52 家；条例出台后征信备案热情最高涨的 2013 年、2014 年和 2015 年三年新注册并取得备案的企业共 67 家，占比将近一半，如表 7 – 2 所示。

表 7 – 2　备案的企业征信公司注册登记时间分布　　单位：家

注册登记时间	1997年	2000年	2001年	2002年	2003年	2004年	2005年	2006年	2007年	2008年	2009年
数量	1	3	4	1	3	3	3	5	3	3	6
注册登记时间	2010年	2011年	2012年	2013年	2014年	2015年	2016年	2017年	2018年	2019年	
数量	6	4	7	8	29	30	6	3	4	5	

资料来源：根据互联网公开资料整理。

从注册登记地区看，137 家企业分布在 22 个省份的 39 个城市；其中，北京和上海注册登记企业数量远远领先其他地区，分别为 39 家和 26 家；广东、浙江、江苏、山东等东部发达地区数量也较多，分别为 9 家、7 家、6 家、6

① 参见中国人民银行《中国征信业发展报告》编写组 2013 年 12 月发布的《中国征信业发展报告（2003—2013）》。

家；四川有6家企业征信备案机构，居西部地区第一，如表7-3所示。

表7-3 备案的企业征信公司注册登记地点分布 单位：家

地区	北京	上海	广东	浙江	江苏	山东	四川	辽宁	内蒙古	陕西	重庆
数量	39	26	9	7	6	6	6	5	4	4	4
地区	河北	湖北	湖南	福建	贵州	河南	吉林	安徽	甘肃	江西	天津
数量	3	3	3	2	2	2	2	1	1	1	1

从行业划分看，106家企业登记行业为商务服务业，与《国民经济行业分类》关于信用服务子行业的划分一致。其余31家企业的登记行业包括软件和信息技术服务业、科技推广和应用服务业、其他金融业、专业技术服务业、研究和试验发展等。

从股东背景看，近10家企业由传统的资信评级公司主导设立，如中诚信征信有限公司、东方金诚信用管理（北京）有限公司、益博睿征信（北京）有限公司、远东执信企业征信有限公司、上海资信征信有限公司、上海华夏邓白氏商业信息咨询有限公司、鹏元征信有限公司、联合信用征信股份有限公司。近10家企业由知名互联网公司主导设立，如北京度小满征信有限公司、芝麻信用管理有限公司、云狐天下征信有限公司、江苏苏宁征信服务有限公司，分别由百度、阿里巴巴、搜狐、苏宁等互联网公司投资。其他近120家企业均是社会资本主导投资的普通征信公司。

从出资资本性质看，将近30家企业由国有资本投资，其余100多家企业均为社会资本投资，典型国有资本投资的征信公司如安徽省征信股份有限公司、福建省企业信用信息管理有限公司、江西省中小企业服务有限责任公司、北京金融大数据有限公司、吉林省惠金信用信息服务有限公司、江苏省联合征信有限公司、甘肃征信股份有限公司、苏州企业征信服务有限公司、武汉资信管理有限公司、成都金控征信有限公司、杭州征信有限公司等。部分企业由行业协会或大型国企投资设立，如中电联（北京）征信有限公司、天翼征信有限公司、国网征信有限公司、天元大数据信用管理有限公司，分别由中国电力企业联合会、中国电信公司、国家电网公司、浪潮集团公司出资设立。

（二）监管政策

围绕《征信业管理条例》的贯彻实施，中国人民银行组织制定完善各类征信业监督管理政策，主要包括：《征信机构管理办法》（中国人民银行令〔2013〕第1号）、《征信机构监管指引》（银发〔2015〕336号）、《企业征信机构备案管理办法》（银发〔2016〕253号）、《中国人民银行商务部公告》〔2016〕第1号（设立外商投资征信机构有关事宜）、《关于加强征信合规管理工作的通知》（银发〔2016〕300号）。其中《征信机构管理办法》作为《征信业管理条例》以外最为重要的配套规章制度，以中国人民银行部门规章形式于2013年12月印发，重点规范了机构设立、变更与终止、高级任职人员管理、机构日常监督管理，以及处罚细则等内容。

《征信机构监管指引》和《企业征信机构备案管理办法》是对征信机构监督管理的主要依据，分别于2015年10月和2016年9月以中国人民银行规范性文件形式印发。这两个文件的制定出台有其背景和逻辑：《征信业管理条例》出台后众多机构积极申请个人征信许可和企业征信备案，其中2014年和2015年注册登记并较短时间内通过企业征信备案的公司合计59家。大量社会资本的进入，在促进征信市场发展的同时，也带来了虚假繁荣并产生了规范化监管难题，因此亟须出台规范化监管的政策文件。2015年10月《征信机构监管指引》应运而生，该指引从征信机构的许可和备案、征信机构保证金、非现场监管、现场检查等方面对征信监管行为进行规范。2016年9月出台的《企业征信机构备案管理办法》，主要内容包括备案的受理、审核、管理等，重点关注企业征信规范化备案问题，目的就是整治企业征信备案的虚假繁荣和无序发展。其中，《企业征信机构备案管理办法》第二十四条规定的任何组织不得采用加盟、代理、挂靠等方式从事企业征信业务，第二十五条规定的不再颁发纸质《企业征信机构备案证》等，直击此前企业征信备案的种种乱象。《征信机构监管指引》

和《企业征信机构备案管理办法》对规范征信机构管理、促进征信市场有序健康发展起到了非常重要的作用。

此外，2016年中国人民银行和商务部联合发布设立外商投资征信机构有关事宜的公告，规定了外资进入征信市场的有关程序，至此不管国内资本还是国外资本进入征信市场均有了操作规范依据。

二、资信评级业

资信评级业又称信用评级业，该行业在金融市场运行中发挥着揭示信用风险、辅助市场定价、提高市场效率等作用，是金融市场重要的基础设施，有债券市场“看门人”之称。资信评级行业作为支撑现代金融体系健康运转的基础设施，该行业伴随着现代金融体系发展而逐步建立完善。改革开放以来，我国由计划经济向市场经济转轨过程中逐步建立起现代资本市场。同时也相应推动资信评级业萌芽和发展壮大。随着资信评级行业的发展壮大，催生了社会信用体系建设的萌芽发展，我国社会信用体系建设深深烙下了资信评级业的印迹。

20世纪80年代初期，受国家专业银行体系的限制，与资本业务相关的资信评估工作主要由人民银行或专业银行的下属机构承担，不存在独立于第三方的征信或资信评估行业。直到20世纪80年代末我国直接融资市场取得长足进步，有力地促进了资信评估业务需求，随后中国人民银行开始重视资信评估公司的培育和管理工作。1988年中国第一家社会化专业资信评估公司——上海运东资信评估公司正式成立，此后几年间全国40多家资信评估机构相继挂牌成立。20世纪90年代资信评级行业进入了规范发展阶段，一些有社会影响力的资信评级公司相继成立。1997年人民银行总行确定了中国诚信证券评估有限公司、大公国际资信评估有限责任公司、深圳市资信评估公司、云南资信评估事务所、长城资信评估有限公司、上海远东资信评估公司、上海新世纪投资服务公司、辽宁省资信评估公司、福建省资信评级委员会等机构具有企业债券资信评级资格①，开启了对资信评级行业进行规范管理的新阶段。此后，国家发展改革委、中国证监会、中国保监会等业务主管部门在各自领域建立了信用评级业的认可制度。

（一）原有相对分散的监管政策

对资信评级业进行监督管理的制度依据包括有关法律法规以及全国性行业协会制定的行业管理规定。有关法律法规主要分散在多个财政金融领域，包括《中国人民银行法》《中华人民共和国证券法》《中华人民共和国预算法》《企业债券管理条例》等，主要是中国人民银行、中国证监会、财政部、国家发展改革委等部委着眼于履行业务职责的角度对资信评级业务进行的规定。全国性行业协会制定的行业管理规定，包括中国银行间市场交易商协会、中国证券业协会、中国国债协会等制定出台的行业自律规则。

《中国人民银行法》于1995年实施，2003年中国人民银行和中国银监会分设时进行修订，以法律形式确立了中国人民银行的央行的地位，并以此推动中央银行宏观调控体系的建立和完善，维护金融稳定。中国人民银行的所有职责均源于《中国人民银行法》的法律授权。规定中国人民银行作为资信评级行业主管部门的逻辑是：中国人民银行作为央行，负责拟订金融业重大法律法规和其他有关法律法规草案，承担金融业综合管理的职责；而资信评级业作为金融基础设施，理应由中国人民银行作为行业主管部门对该行业进行综合监督管理；因此《中国人民银行法》是资信评级业监督管理的法理本源和上位法依据。在《中国人民银行法》的规定框架下，2006年中国人民银行依据自身业务职责实际印发了《中国人民银行信用评级管理指导意见》，对信用评级机构在银行间债券市场和信贷市场从事金融产品信用评级、借款企业信用评级和担保机构信用评级业务提出管理规则和指导意见。虽然该指导意见一直作为人民银行各分支机构管理信用评级机构的依据，但是从严谨的法制逻辑看，该指导意见仅是中国人民银行对信用评级

---

① 参见中国人民银行1997年12月16日发布的《关于中国诚信证券评估有限公司等机构从事企业债券信用评级业务资格的通知》（银发〔1997〕547号）。

业务的内部管理依据，甚至不是部门规章，效力层级较低。

《中华人民共和国证券法》于1998年通过实施，2004年、2005年、2013年和2014年多次进行修订。该法将资信评级机构与投资咨询机构、财务顾问机构、资产评估机构、会计师事务所等并列为证券发行交易服务的辅助机构，重点从做好证券发行交易服务的角度对资信评级机构的行业准入审批、从业规则等做出规定。《中华人民共和国证券法》规定的证券范围涉及面广泛，该法将资信评级机构纳入证券业务规范范围成为资信评级行业规范化管理的重要标志。2007年中国证监会以部门规章形式发布《证券市场资信评级业务管理暂行办法》，从内涵外延、管理职责、业务许可、业务规则和监督管理等方面作出全面系统规定，证券市场资信评级业务进入规范化时代。

此外，与资信评级业务有关的国家部委也依据相关法律法规对资信评级业务实施管理要求。财政部依据《中华人民共和国预算法》行使对国债资信评级业务的监管职责。国家发展改革委依据《企业债券管理条例》行使对企业债券资信评级业务的监管职责，该条例第十五条第二款规定“企业发行企业债券，可以向经认可的债券评信机构申请信用评级”。中国保监会于2013年发布《关于加强保险资金投资债券使用外部信用评级监管的通知》，从加强保险资金投资债券的信用评级监管的角度制定信用评级机构监管政策。但是该监管政策不涉及引用新的上位法依据，而是原有相关法律法规框架下的制度安排。

除业务主管部门的监管政策外，中国银行间市场交易商协会、中国证券业协会、中国国债协会等金融行业协会组织从行业自律角度推动做好资信评级行业监督管理工作。中国银行间市场交易商协会是由银行间债券市场、同业拆借市场、外汇市场、票据市场和黄金市场等市场参与者自愿组成的自律组织，该行业协会对资信评级行业的自律管理在业界具有极大的影响力。该行业协会于2010年成立信用评级专业委员会，并先后发布一系列行业自律规则，包括《非金融企业债务融资工具信用评级业务自律指引》《银行间债券市场非金融企业债务融资工具信用评级业务利益冲突管理规则》《银行间债券市场非金融企业债务融资工具信用评级业务信息披露规则》《非金融企业债务融资工具信用评级业务调查访谈工作规程》《非金融企业债务融资工具信用评级机构自律公约》《银行间债券市场信用评级机构注册评价规则》等，构建了相对完备的资信评级机构在银行间市场的业务自律规则。中国证券业协会对资信评级机构从事证券业相关规则开展行业自律管理，于 2015 年制定印发《证券市场资信评级机构评级业务实施细则（试行）》，规定将从事证券市场资信评级业务经营活动的机构予以公示。中国国债协会于 2020 年年初发布了《地方政府债券信用评级业务自律规范指引》。

（二）相对统一的监管新政策

我国资信评级行业在 30 多年发展历程中一直处于分散监管的尴尬局面。一方面，中国人民银行作为金融业主要监管部门，履行信用评级业监管职责责无旁贷，但是囿于法律法规的缺失，人民银行全方位监管信用评级行业的机制一直未顺畅地实施。另一方面，有关业务管理部门从业务需求出发建立的信用评级机构认可制度也存在一定的局限，容易造成部门之间各自为战、监管规则不统一、监管总体成本较高等问题。2009 年 10 月，国务院法制办正式对外征求意见的《征信管理条例（征求意见稿）》试图将信用评级业纳入征信活动中统一管理，规定中国人民银行为征信、信用评级等业务的监督管理部门，在征求意见稿第四章专门规定了信用评级业务规则。但是 2013 年正式施行的《征信业管理条例》并未将信用评级业包含在内，该条例将规范范围仅限定为征信行业。

进入新时代，资信评级行业面临新的发展形势：一方面，经济快速增长推动国内债券市场规模不断扩大，已超 90 万亿元规模①。另一方面，作为金融行业对外开放的重要领域，其他国家要求我国开放信用评级市场的呼声颇高，2020 年 1 月中美两国签署的第一阶段经贸协议确认中国信用评

① 参见金融时报 2019 年 8 月 14 日报道《中国债券市场规模已逾 90 万亿元居世界第二位 对外开放持续扩大》。

级市场将逐步向美国开放。鉴于国内评级机构与美国大型评级机构存在较大的实力差距，逐步对外资开放国内信用评级市场将造成一定程度的冲击。在国内国外新形势的压迫冲击下，积极、主动应对来自国内外的各种挑战，系统地对我国资信评级行业监管政策进行调整完善，显得尤为必要。正是在上述背景下，2019 年 12 月中国人民银行、国家发展改革委、财政部、中国证监会以部门令形式联合印发了《信用评级业管理暂行办法》，界定了信用评级业务及机构的定义、行业主管部门和业务管理部门的职责、信用评级机构和从业人员管理规则、信用评级程序及业务规则、独立性和信息披露要求、监督管理规则和违法行为的法律责任等内容。虽然该办法只是国家部委的部门规章，制度层级与行政法规相比较低，但确是一部体系完整、内容完备充实的信用评级业监管规章。事实上，该办法未突破现有信用评级监管政策，只是对已有政策进行了提升和固化，比如：第九条规定了行业主管部门对信用评级机构进行备案管理的职责；第十三条也规定了业务管理部门对本领域信用评级业务资质进行管理的权限，保留了现有各业务管理部门建立的本行业领域信用评级服务认可制度。《信用评级业管理暂行办法》的出台标志着我国信用评级行业进入了规范管理、统一监管的新发展阶段。

（三）行业现状

中国人民银行依据此前印发的《信用评级管理指导意见》实质上履行对信用评级机构的监督管理职责，正规的信用评级机构均在人民银行省级分支机构进行备案确认，因此，信用评级行业现状基本以人民银行掌握的官方数据为准。中国人民银行 2019 年 3 月披露的官方数据显示，全国共有 97 家信用评级机构①。但是，《信用评级业管理暂行办法》发布后，人民银行正组织信用评级机构进行备案工作，尚难以系统收集该名单进行行业综合分析。

① 参见中国人民银行领导在 2019 年 3 月 10 日第十三届全国人大二次会议新闻发布会上的发言。

信用评级行业作为特殊的信息服务行业，全国范围内头部企业的业务能力代表着我国信用评级行业的最高业务水平，并且业务资源向头部企业倾斜集中，因此，对头部企业总体情况进行分析可以在一定程度上反映信用评级行业现状。根据互联网公开信息整理汇总中国人民银行、国家发展改革委、财政部、中国证监会等业务管理部门以及金融行业全国性社会组织管理的信用评级企业，共梳理出17家信用评级机构头部企业名单。综合整理17家信用评级机构被中国人民银行、国家发展改革委、中国证监会、中国保监会、中国银行间市场交易商协会、中国证券业协会授予的认可资格情况，如表7－4所示。

表7－4 信用评级机构头部企业被授予的认可资格情况

序号	企业名称	认可主体					
		中国人民银行	国家发展改革委	中国证监会	中国保监会	中国银行间市场交易商协会	中国证券业协会
1	大公国际资信评估有限公司	√	√	√	√	√	√
2	联合资信评估有限公司	√	√	√	√	√	√
3	上海新世纪资信评估投资服务有限公司	√	√	√	√	√	√
4	中诚信国际信用评级有限责任公司	√	√	√	√	√	√
5	东方金诚国际信用评估有限公司	√	√	√	√	√	√
6	中债资信评估有限责任公司	√					
7	中证鹏元资信评估股份有限公司		√	√		√	√
8	远东资信评估有限公司			√		√	√
9	北京中北联信用评估有限公司			√			√
10	上海资信有限公司			√			√
11	浙江大普信用评级股份有限公司			√			√
12	中证指数有限公司			√			√
13	中债资信评估有限责任公司					√	
14	安融信用评级有限公司					√	

续表

序号	企业名称	认可主体					
		中国人民银行	国家发展改革委	中国证监会	中国保监会	中国银行间市场交易商协会	中国证券业协会
15	标普信用评级（中国）有限公司					√	
16	穆迪（中国）信用评级有限公司					√	
17	惠誉博华信用评级有限公司					√	

注：以上资料从相关部委和行业协会官方网站获取整理。因部分企业更名或整合调整，本表以整合后的最新主体名称为准。

检索17家信用评级机构工商注册基本信息并作进一步分析。从注册地看，北京11家、上海4家、深圳1家、杭州1家；从企业成立时间看，2000年以前注册企业6家，2000—2010年注册企业5家，2010年之后注册企业6家；从注册资本看，注册资本在5000万以下的3家，5000万至1亿元的7家，1亿元及以上的7家（见表7－5）。

表7－5　有关信用评级机构工商注册基本信息

序号	企业名称	注册地	行业	成立时间	注册资本（万元）
1	大公国际资信评估有限公司	北京	商务服务业	1994	5000
2	联合资信评估有限公司	北京	资本市场服务	2000	5842.36
3	上海新世纪资信评估投资服务有限公司	上海	商务服务业	1992	3000
4	中诚信国际信用评级有限责任公司	北京	资本市场服务	1999	3266.67
5	东方金诚国际信用评估有限公司	北京	商务服务业	2005	12500
6	中债资信评估有限责任公司	北京	商务服务业	2010	15000
7	中证鹏元资信评估股份有限公司	深圳	其他金融业	1993	30000
8	远东资信评估有限公司	上海	商务服务业	1988	30000
9	北京中北联信用评估有限公司	北京	商务服务业	2015	5000
10	上海资信有限公司	上海	商务服务业	1999	5000

续表

序号	企业名称	注册地	行业	成立时间	注册资本（万元）
11	浙江大普信用评级股份有限公司	杭州	商务服务业	2016	2244.44
12	中证指数有限公司	上海	专业技术服务业	2005	100000
13	中债资信评估有限责任公司	北京	商务服务业	2010	15000
14	安融信用评级有限公司	北京	商务服务业	2015	6000
15	标普信用评级（中国）有限公司	北京	商务服务业	2018	1800（万美元）
16	穆迪（中国）信用评级有限公司	北京	商务服务业	2018	5000
17	惠誉博华信用评级有限公司	北京	商务服务业	2018	10000

资料来源：根据检索全国企业信用信息公示系统的权威资料整理。

2019 年 12 月 26 日施行的《信用评级业管理暂行办法》第六十五条规定：本办法实施前已经开展信用评级业务的机构，应当自本办法实施之日起六个月内，依照本办法规定向备案机构办理备案。中国人民银行官方网站陆续汇总公布各地信用评级机构备案情况，这将是全面了解我国信用评级行业概况的官方渠道。

三、信用风险管理行业

信用服务行业因管理信用风险而产生。除征信业、资信评级业等以处理整合信息、解决信息不对称为主要功能的行业外，围绕信用风险管理服务内容，衍生了信用保险和保证保险、商业保理、商账催收、企业内部信用管理服务等以协助服务对象规避信用风险的行业。因为经济活动的复杂性，上述行业的业务多有交叉。原则上这些行业都属于信用风险管理相关行业，但是可否划归到信用服务业需深入研究。简单举几个例子：信用风险和保证保险原则上属于保险业，是否应将其划入信用服务行业值得商榷；商业保理、商账催收部分业务重叠，而且出口信用保险企业必然开展商业保理和商账催收业务；企业内部信用管理服务与企业内部财务经营管理活动性质相近，主要是帮助企业建立一套风险控制机制以规避风险或是处置已经发生的风险。根据上述分析，从业态分类的角度，可以考虑将这些行业归拢为信用风险管理相关行业，但该行业的主管部门难以确定和统一。

（一）商业保理

商业保理（Factoring），是指企业将应收账款转让给提供保理服务的机构，用于获得保理服务机构提供的资金融通、买方资信评估、销售账户管理、信用风险担保、账款催收等的商业服务方式。将商业保理行业列为信用服务行业，缘由是该行业运行过程中需要全面评估交易双方的信用状况，包括事前的资信评估、事中的资金融通、事后的账款催收等方式，全方位帮助服务对象规避商业交往过程中的信用风险。事前资信评估，是指保理商在处理保理业务时，事先对买卖双方尤其是买方进行资信评估，以确定保理标的的风险程度，这属于典型的信用服务行为；基于买卖双方的信用风险程度实施资金融通行为，属于商业保理主要服务内容，也是典型的信用授予行为；实施事前评估、事中授信等行为后，账款催收是商业保理全链条业务的最后服务环节，可作为规避买方风险的最后保障，也是典型的信用服务行为。

保理业的发展历史悠久，与征信业、资信评级业分别产生于商业交往和金融交易活动一样，保理业伴随着国际经济交流合作的深化而发展壮大，是国际贸易中不可或缺的润滑剂。该行业的金融功能属性致使我国对推动促进该行业发展采取了较为谨慎的态度，直到2012年商务部决定在天津滨海新区、上海浦东新区开展商业保理行业试点工作，官方认可的商业保理活动才正式展开。同年年底，为配合内地与香港、澳门更紧密经贸关系的相关工作安排，商务部决定港澳服务提供者以中外合资经营企业、中外合作经营企业或外资企业形式在深圳市、广州市试点设立商业保理企业。因此，从2012年起我国开始在天津、上海、深圳、广州四地开展商业保理试点工作，并确定商务部门为行业主管部门。商务部将商业保理行业的分类确定为国民经济行业分类“租赁及商务服务业”项下的“其他商务服务”。除天津、上海、深圳、广州等试点地区外，2015年商务部制定

《关于支持自由贸易试验区创新发展的意见》，将开展商业保理试点作为自由贸易试验区实施推进的重要工作，各地自由贸易试验区相继开展商业保理试点。据统计，国家批复的上海、广东、天津、福建、辽宁、浙江、河南、湖北、重庆、四川、陕西、黑龙江等地自由贸易试验区中，仅黑龙江的总体方案未提及开展商业保理工作。

2018 年新一轮党政机构改革后，商业保理监管机构相应调整。由于商业保理、典当行等行业具有类金融属性，为防范化解金融风险，国家层面将商业保理、典当行、融资租赁等行业监管职责由商务部移交到中国银保监会，地方层面明确由此次机构改革中新设立的地方金融监管局实施统一监督管理。行业监管职责由商务部门移交到金融监管部门，是我国商业保理行业发展的里程碑，从体制机制上搭建并完善了商业保理行业管理框架，将有力促进该行业健康规范发展。中国银保监会履行商业保理的行业监管职责后，于 2019 年 10 月印发《关于加强商业保理企业监督管理的通知》，此规范性文件提出加强行业监管，要求严控新设商业保理公司，该行业进入规范治理的拐点。此外，中国银保监会还提出制定《商业保理企业监督管理办法》的设想。

社会组织的研究报告显示①，截至 2019 年年底，我国商业保理法人企业及分公司存量约 1 万家，初步测算 2019 年全年商业保理业务量达到 1.38 万亿元，这是我国商业保理行业的基本状况。

（二）信用保险和保证保险

《中华人民共和国保险法》第九十五条规定，信用保险、保证保险属于财产保险业务之一。信用保险和保证保险，是指以履约信用风险为保险标的的保险。信用保险是债权人主动投保债务人不能付款的风险，也就是债权人主动通过保险来转嫁债务人不能按约付款的一种保险；信用保险的信用风险主体为履约义务人，投保人、被保险人为权利人。保证保险是债

---

① 参见商务部国际贸易经济合作研究院、中国服务贸易协会商业保理专业委员会 2020 年 6 月发布的《中国商业保理行业发展报告 2019》。

权人为防范信用风险而要求债务人提供保证，而债务人以保险形式向债权人提供担保的保险；保证保险的投保人为履约义务人即债务人，被保险人为权利人即债权人。从保险关系各方主体来看，信用保险和保证保险的最大差别是投保人性质不同，信用保险的投保人是债权人，而保证保险的投保人是债务人。两者的共同点都是为了防范买卖双方交易过程中的信用风险。

信用保险和保证保险作为具体保险业务，划归为保险行业理所当然，但是将此两类业态划入信用服务行业也有一定的道理，这是因为：一是信用保险和保证保险因解决交易双方的信用风险而产生，核心功能就是解决信用风险问题，这正是信用服务行业的主要作用；二是对交易双方信用状况进行评价评估是信用保险和保证保险业务开展的基础，而征信、保理等信用服务典型业态的主要任务就是开展交易双方信用状况评估，并以此为基础进行信用风险管理，这些信用服务行业的本质特征均在信用保险和保证保险业务中得到了充分体现。虽然保险业的功能也是防范风险，但是并非所有保险业务都是信用服务行业，只是将信用保险和保证保险纳入信用服务业，原因是此两类保险目的是防范交易双方的信用风险，与传统的人身保险及财产损失保险、责任保险等财产险的保险对象存在本质区别。

信用保险业态的典型代表企业是中国出口信用保险公司。中国出口信用保险公司的主要业务是围绕对外贸易、对外投资合作等，提供出口信用保险、信用担保、应收账款管理、商账追收、资信评估和信用风险咨询管理等信用风险管理服务。该企业拥有覆盖7000万家中国企业、超过2亿家海外企业的数据，资信调查业务覆盖全球所有国别、地区及主要行业，是2018年国家发展改革委确定的26家参与综合信用服务机构的试点企业之一。

由于信用保险和保证保险的保险业务属性，理所当然由保险业主管部门实施监管。为规范商业保险公司开展信用保险和保证保险等的经营行为，2017年中国保监会制定了《信用保证保险业务监管暂行办法》。随后2020年中国银保监会印发了《信用保险和保证保险业务监管办法》，从防范风险的角度进一步全面规范和加强对商业保险公司信用保险和保证保险业务行为。但是该办法将中国出口信用保险公司等政策性保险公司经营的中长期出口信用保险和海外投资保险业务排除在外。

（三）融资担保等增信行业

融资性担保行业属于典型的信用服务行业。按照银行类金融机构传统的信用风险评价体系，小微企业、“三农”等借贷风险较高，在正常借贷关系中难以获得合理的信贷服务，或者即使可以获得借贷服务，借贷成本也较高，因此产生了融资性担保的制度安排，目的是增加小微企业和“三农”的信用，以此推动解决传统小微企业和“三农”的融资难、融资贵问题。融资性担保行业的主要业务是提供增信服务，属于典型的信用服务行业。融资性担保行业最早的监管政策依据是2010年制定的《融资性担保公司管理暂行办法》，该办法由中国银监会、国家发展改革委、工业和信息化部、财政部、商务部、中国人民银行、国家工商总局等以部门规章形式联合发布。此后2017年国务院制定的《融资担保公司监督管理条例》，将融资担保公司监督管理的立法层级由部门规章提升到行政法规。另外，2015年国务院还专门印发了《关于促进融资担保行业加快发展的意见》，提出了促进融资担保行业发展的政策。融资性担保公司的监管机制在国家层面由中国银保监会统筹管理，地方层面由各地地方金融监管局实施监管。

四、信用体系建设服务新业态

2012年以来，中央相继出台众多社会信用体系建设文件，发展改革系统以及有关行业主管部门严格落实中央文件重要部署，围绕提高全社会的诚信意识和信用水平的目标，组织推进信用信息的记录、整合和应用等工作。随着全社会信用体系建设的深入推进，市场根据国家部署要求迅速自发形成了服务信用体系建设需求的信用服务新业态。在吴晶妹提出的外部约束类、内生助力类、信用基础设施类、信用风险管理类、信用监管类等五大类信用服务体系中，内生助力类、信用基础设施类、信用监管类等业态正是信用体系建设深入推进后促进发展起来的。此类信用服务新业态至少包括以下层次的服务内容。

（一）信用信息系统平台建设服务

作为社会信用体系建设的基础载体，信用信息系统平台建设在信用体系建设全局工作中起到了举足轻重的作用。国家社会信用体系建设规划纲要将“加快推进信用信息系统建设和应用”作为信用体系建设三大重要举措之一。无论是信用信息的记录归集、共享公开还是信用激励与惩戒的实施，或者信用修复和信用异议等，信用体系建设大部分工作需要依托信用信息系统平台建设和应用予以展现。信用信息系统平台建设包括信用门户网站、信用数据处理平台、信用数据库、信用应用服务系统等软件模块以及支撑软件运行的硬件基础设施等。无论是公共信用还是市场信用，信用信息系统平台就是社会信用体系建设的基础设施。

国家社会信用体系建设规划纲要对信用体系建设工作的部署推动，为相关市场机构创造了巨大的信用信息系统平台建设需求，尤其是源于2017年和2018年国家发展改革委举办全国信用信息共享平台和信用门户网站观摩培训的促进激发，各地竞相在信用信息系统平台建设上投入大量经费，初步估算每年全国相关经费投入以数亿元计。传统软件企业和新兴信用服务机构均将信用信息系统平台建设服务作为企业发展重点和主攻领域，全力瓜分信用平台建设这块大蛋糕。信用信息系统平台建设作为一项软件开发业务，由传统软件企业承担建设，因此行业分类中将其划入信用服务行业是值得商榷的。

（二）社会信用体系建设专业咨询服务

近年来，与行政层面上轰轰烈烈推进信用体系建设形成鲜明对比的是，至少两个方面的工作滞后对信用体系建设产生了影响。一方面，理论层面上对中国特色社会信用体系建设模式的研究深度不够，该模式产生时间短，需要深入研究的问题多，需要政治学、经济学、金融学、信息技术等多学科参与开展全面系统研究。另一方面，发展改革部门作为信用体系建设的牵头单位，由于发展改革部门大部分工作人员主要擅长经济综合管理、战略规划谋划、重大项目协调等宏观层面的工作，而信用体系建设涉及金融、法律、信息技术甚至伦理道德等方面，因此大部分工作人员尤其是基层同志的知识储备和专业能力与该项工作的要求不匹配、不适应，本领恐慌时有出现。此外，国家对该项工作的强力推动与基层单位人手紧缺也形成了突出矛盾。

以上实际情况促使有关部门对社会信用体系建设专业咨询服务产生了巨大的需求，因此催生了大量的信用智库、专业咨询研究机构等提供专业咨询服务，这些专业服务机构可以为相关部门提供信用体系建设规划或方案编制、应用创新项目落地、信用前沿问题研究等服务支撑。检索“全国公共资源交易”微信公众号发现，仅 2020 年 4—6 月三个月，通过政府采购的此类项目就多达 100 个左右。按此初步推算，全国每年用于社会信用体系建设专业咨询服务的经费支出超亿元。因此，除信用信息系统平台建设之外，信用建设专业咨询服务也是信用体系建设深入发展后产生的重要信用服务新业态。与信用信息系统平台建设可以划归软件行业不同的是，从行业分类来看，专业咨询服务难以划分到具体的信用服务业中。

（三）协助信用修复和信用监管等其他信用服务

信用信息公示、失信惩戒等信用体系建设重点工作催生了信用修复、信用异议、信用监管等专业信用服务，为相关信用服务机构创造了市场需求。一是信用修复作为新生的服务需求，信用服务机构主要提供信用培训、出具信用报告、信用修复全程辅导等专业服务。二是信用异议作为传统的信用服务业务，专业机构协助信用主体提出异议申请、完成异议处理，以达到准确公开信用主体信用状况、保护主体权益的效果。三是在信用监管方面，专业服务机构可以协助开展行业和地区信用监测预警、信用大数据挖掘分析以及失信专项治理、信用名单认定、工作评估等实施工作。

由于上述信用信息系统平台建设、信用体系建设专业咨询服务、协助实施信用修复和信用监管服务等信用服务新业态正在逐步发展成型，尚没有规定明确的行业主管部门。国家发展改革委特别重视培育发展信用服务机构，2018年以规范性文件形式印发《关于充分发挥信用服务机构作用加快推进社会信用体系建设的通知》，这是发展改革系统推动信用服务机构发展的纲领性文件之一。依据该文件的规定，国家发展改革委随后确定26家机构开展综合信用服务机构试点工作，其中包括：百融金融信息服务股份有限公司、北京汇法正信科技有限公司、北京数知科技股份有限公司、北京泰德信用管理有限公司、北京宜信致诚信用管理有限公司、成都数联铭品科技有限公司、东方金诚国际信用评估有限公司、国诚信征信有限公司、江苏未至科技股份有限公司、金电联行（北京）信息技术有限公司、考拉征信服务有限公司、联合信用管理有限公司、鹏元征信有限公司、商安信（上海）企业管理咨询股份有限公司、上海三零卫士信息安全有限公司、深圳市信联征信有限公司、深圳微众税银信息服务有限公司、天创信用服务有限公司、厦门市美亚柏科信息股份有限公司、元素征信有限责任公司、中大信信用管理有限公司、中诚信国际信用评级有限责任公司、中国出口信用保险公司、中国经济信息社有限公司、中经网数据有限公司和中证信用增进股份有限公司。上述26家机构被国家发展改革委授予信用服务机构专业资质，被业界公认为并列于人民银行的企业征信备案、个人征信许可资质。可以说，国家发展改革委确定信用服务试点机构是从发展改革业务的角度推动信用服务机构发展的初步探索，对信用服务市场发展壮大有重要意义；从更长远考虑，这也是推动中国特色信用服务行业发展的有益尝试。随着信用体系建设进一步深入推进，将有更多的信用服务需求被激发、被创造。

（四）生活类信用服务

除以服务信用建设行政类工作为主的新业态外，浓烈的信用体系建设热潮推动了全社会对信用信息应用的高度重视，催生了社会生活领域的信用服务。社会生活领域信用服务既不同于金融领域征信，也不同于政府推动的政务信息资源归集管理和使用，属于服务普通大众的完全市场化信用应用场景。社会生活领域信用服务是由市场化专业服务机构基于自身收集的社会成员网络交往、电子商务交易、活动轨迹等数据进行加工处理而提供的信任服务。典型代表如有关市场主体依托芝麻信用分开展的信用住宿、信用租物、信用出行等服务，或是一些专业机构开展的家政服务信用查、求职信用查、租房信用查等生活类信用应用场景等。可以断定，社会生活类信用服务新业态将是信用体系建设中不可或缺的重要参与力量。

第四节　信用服务行业规范发展面临的挑战

推动信用服务行业规范发展是推进新时代社会信用体系建设向纵深发展的重要战略方向。信用服务行业发展滞后是社会信用体系建设进一步发展的突出短板，推动信用服务行业发展可以促进形成政府和市场双轮驱动的社会信用体系建设良好局面，有效弥补我国当前社会信用体系建设中市场机制参与发挥作用不足的问题。虽然战略方向已经清晰，但是发展信用服务行业的艰难险阻也非常突出，前进过程面临的挑战巨大，其中有些挑战是一直存在的，有些挑战则是新形势、新技术发展后产生的。

一、行业监管：分行业监管和集中监管均难以实现

分析信用服务行业分类发现，信用服务各类子行业的具体业态内容差别较大，有些业态以信息加工处理为主要服务内容，如个人征信、资信评级等，这些行业需要非常严格的准入条件；有些业态以规避信用风险为主要服务内容，如信用保险、保证保险，这些行业按照国民经济行业分类应归属为保险等行业，应按保险等相关行业准则实施管理；有些业态因信用体系建设新需求而产生，如公共信用服务、信用监管、信用修复等，这些行业是否严格行业准入需要观察业务深入开展后的具体情况。信用服务各

类业态的差别还体现在行业主管部门上，如征信行业、资信评级业、信用保险、商业保理、融资担保等金融相关业态，由中国人民银行、中国银保监会等金融管理部门实施监管。这些行业准入条件相对严格，其中，征信行业由中国人民银行监管，资信评级业由中国人民银行会同财政部、国家发展改革委、中国证监会等业务管理部门共同监管，信用保险、商业保理、融资担保等由中国银保监会负责监管等。而信用修复、信用监管等服务信用体系建设新业态由于正处于初创阶段尚没有成熟的业态模式，还没有成熟的行业监管机制。

国家社会信用体系建设规划纲要等重要文件反复提及要积极推进信用服务行业发展，但是该行业具体包括哪些业态以及如何系统推进信用服务行业并未全面阐述布置，也未专门出台促进信用服务行业发展的高层级文件。国家规划纲要只将信用服务行业位列信用信息记录整合、信用信息系统平台建设、信用奖惩机制建设、法规制度建设、诚信文化教育宣传等任务之后，没有将其提到特别重要的位置。究其原因，关键还是对信用服务行业发展在社会信用体系建设中的重要定位认识不清，以及没有梳理清晰该行业的内涵外延。国家发展改革委在主导推进全社会信用体系建设过程中，试图从激发信用修复、信用监管、信用管理培训等信用服务需求角度，推动形成具备内生驱动力的信用服务新业态，逐步搭建起社会信用体系建设实践的半边天，但是培育市场化信用服务机构发展的难度远超一般的社会信用体系建设专项工作，并非一朝一夕可以完成。

对现有信用服务行业分类的综合分析发现，实施信用服务行业集中统一监管不具备现实基础，因为各类服务业态形式不同导致其实施监管的重点也不尽相同，因此，应当在坚持现有发展现状和监管格局下分类推动和促进信用服务各类子行业发展。例如，对于征信业、资信评级业等金融行业基础设施应该坚持在中国人民银行主导下完善行业监管规则。而发展改革部门主导推动的信用服务新业态，应该严格定位为发展改革部门对社会信用体系建设服务实施行业监管，监管内容包括公共信用数据的整合使用、数据对外公开，以及由此产生的社会信用主体切身权益保护等。此外，还要特别注意区分人民银行、发展改革部门等在信用服务行业监管的边界问题，金融领域相关信息使用应当严格遵循人民银行实施监管的原则，避免人民银行与地方发展改革部门之间的监管职责冲突。因为部分地方社会信用体系建设牵头部门在推动社会信用建设工作时，具有极力扩张社会信用体系建设职责范围的原始冲动，必然与人民银行产生职责冲突。事实上，发展改革部门作为综合协调部门在社会信用体系建设实践中更多承担着统筹协调作用，而非类似于专业部门的行业监管作用。

二、信用服务需求不足和市场发展基础薄弱交织

信用服务市场发展需要强烈的信用服务需求作为基础，信用服务需求不足严重制约着信用服务市场高质量发展。可以说，信用服务需求是促进信用服务市场发展的推动力，培育信用服务需求就是培育社会信用体系建设实践内生驱动力，也是推动社会信用体系建设实践更上一个台阶的催化剂。

按照信用服务子行业分类分析信用服务需求。就征信业、资信评级业等金融基础设施而言，信用服务需求与社会融资规模相关，社会融资总规模的不断扩大将推动征信业、资信评级业发展壮大。就信用体系建设服务新业态而言，信用服务需求与国家对社会信用体系建设实践推动力度相关，国家推动工作的力度相应激发了信用修复、信用监管、信用信息系统平台建设等服务需求。但是以上因素仅决定了信用服务需求的潜在市场规模，实际市场规模还取决于信用服务需求的培育和深化情况，尤其是在金融行业运行中，将信用风险管理全面应用起来才能真正激发起相关信用服务需求。

根据本章第三节对现阶段我国征信业、资信评级业的初步梳理可知，我国征信、资信评级等行业市场规模小、产业集中度不高、从业主体分散。美国等征信市场发达的国家经过较长时间的市场培育、发展和演化，形成了普尔、惠誉、穆迪等标准资信评级业巨头，以及益博睿、环联、艾克飞等个人征信业巨头和邓白氏等企业征信业巨头，每年营业收入以数十

亿美元计。正是这些行业龙头企业支撑起美国发达的信用服务市场，也正是这些行业巨头先进的服务供给能力激发了庞大而复杂的信用服务需求，奠定了美国以市场化方式推动信用体系建设的扎实基础。

我国信用服务需求不足、信用服务市场发展基础薄弱的问题根源在于信用服务内生驱动力不足。虽然将近十年轰轰烈烈的社会信用体系建设推动营造了浓厚的诚信氛围，也促进了社会公众对征信服务的需求，但是仍没有从根本上解决信用服务市场发展动力不足的问题。近年来，社会信用体系建设工作多为行政部门主导的公共信用信息公开应用、信用监管等公益性服务，由于不属于营利行为，没有惠及更多信用服务市场从业主体。培育信用服务需求、推动信用服务市场发展的根本办法还是要从行政层面加大推动促进的力度，具体来看，就是针对性地制定出台管用务实的顶层设计文件，针对培育信用服务需求和发展信用服务市场的痛点难点问题制定有效的政策措施。另外，信用服务行业的牵头部门应该坚持以人民银行等金融业主管部门为主的原则，发展改革部门更多起到配合的作用。

三、信用数据资源开发利用力度不足和应用水平不高

2020 年出台的《中共中央 国务院关于构建更加完善的要素市场化配置体制机制的意见》将数据与土地、劳动、资本、技术并列为五大生产要素，将数据资源提升到非常重要的位置，这对于数据资源开发具有里程碑式的意义。信用体系建设工作过程其实是开发利用信用数据资源的过程，信用数据资源开发利用和应用程度决定着信用建设水平的高低。

从我国信用体系建设实践看，信用数据资源主要包括金融征信数据、公共信用数据、其他与信用相关的可替代数据等。金融征信数据主要由银行等金融机构掌握，并按照规定要求归集整合到信贷征信系统，主要应用于金融领域。中国人民银行征信中心属于事业单位性质，该机构开展业务的市场推动力不足，因此金融征信数据只是实现了初步应用。就公共信用数据而言，大部分公共信用数据由行政司法机关掌握，并通过信用门户网站依法依规向社会公众公开展示和使用。囿于数据开放的体制机制约束，

数据开放问题成为制约公共信用数据对外开发利用的重要因素，因此，发展数据交易市场迫在眉睫。其他信用相关的可替代数据如第三方平台产生的网络交往、电子商务交易、生活数据等，整合后可在一定程度上展现信用主体信用状况，在激烈市场竞争中第三方平台掌握的数据不可能进行数据交易或供应其他第三方平台使用。

无论是金融征信数据、公共信用数据抑或其他信用可替代数据等的开发利用度和应用水平均显不足，与建设数据要素市场化的发展方向严重不匹配。信用数据资源如果不能有效对外开发利用，导致的最严重后果就是无法从核心资源层面支撑信用服务机构发展；因为信用数据是信用服务机构提供对外服务的基本材料，没有合法的信用数据来源，信用服务机构根本难以提供有价值的信用服务。

四、个人信息安全保护形势严峻

法人和非法人组织基本信息以公开为原则、不公开为例外，而个人信息则以不公开为原则、公开为例外，这是信息安全管理的基本原则。与信息技术快速发展同步，近年来，个人信息安全泄露问题日渐严重，姓名、身份证等个人基本信息被肆意公开或传播，财产、健康等个人隐私信息通过不同渠道被泄露出去。个人信息安全问题成为信用体系建设中必须予以高度关注的问题。虽然在个人数据安全保护工作中，金融征信等领域已做出了很好的示范，但是公共信用层面涉及个人相关数据，仍应慎之又慎，缘由是多数部门个人信息安全防护缺乏严格的制度规定和技术保障。

推动信用服务市场发展，无法绕开个人信息安全保护这个重要问题。虽然《中华人民共和国民法典》《中华人民共和国网络安全法》等法律对防范个人信息安全泄露问题做出规定，但是如何合法获得个人信用信息并依法依规地进行使用仍然是信用服务机构提供服务的难题。一方面要合法审慎使用个人信用信息，另一方面要依靠个人信息的扩大使用以激发信用服务需求和发展信用服务市场，个人信息安全防护与扩大使用之间存在天然的矛盾关系，这是信用服务机构开展个人征信业务面临的最大挑战，也是制约信用服务机构发展壮大的重要因素。因此，个人信息安全保护形势严峻、制度体系滞后将是信用服务市场发展的重要障碍。

第五节　信用服务行业规范发展的基本思路

在公共信用平台建设、信用奖惩机制建设、诚信文化宣传教育等政府层面推动的信用体系建设任务取得了积极进展的基础条件下，谋划下阶段信用体系建设工作必须从市场层面激发信用体系建设内生动力入手，谋划重点是要发展和规范信用服务行业。

一、做好行业发展的顶层设计

全面、系统的顶层设计是推动信用服务行业规范发展最为重要的举措。事实证明，信用体系建设作为改革创新重点任务，全面系统的顶层设计对于推动该项工作的影响巨大。比如：《社会信用体系建设规划纲要(2014—2020年)》的出台搭建了全面推进信用体系建设的总体架构；《关于建立完善守信联合激励和失信联合惩戒制度加快推进社会诚信建设的指导意见》的制定搭建了全面系统推进信用奖惩机制建设的良好局面；《关于加强政务诚信建设的指导意见》则全面部署了政务诚信建设工作等。近年来，信用服务行业发展不如预期，与人民群众期盼存在差距，关键还是缺乏高等级的顶层设计文件。此类顶层设计文件必须由国务院或是国务院办公厅层面印发，相关政策规定必须融合中国人民银行、国家发展改革委、中国银保监会等部门的意见，体现各部门共同参与信用服务工作的意志，形成共同推动信用服务工作的合力。

此顶层设计文件应该围绕解决以下几个问题制定：一是确定信用服务行业的内涵外延，从官方文件层面梳理界定清楚该行业的分类问题，避免虽然一直提及要规范发展信用服务行业但该行业包括哪些内容仍未形成共识的尴尬。二是针对信用服务行业的痛点难点问题制定培育信用服务需求的具体举措，例如，如何通过公共信用数据开放共享支持行业发展、如何激发全社会的信用服务需求等，推动形成信用服务机构制作信用产品、全社会积极用信的良好氛围。三是按照具体问题具体分析的思路分类确定发展信用服务市场的政策举措，促进各类信用服务行业的发展。

二、进一步明确监管主体和监管边界

明确监管主体和监管边界是规范管理信用服务行业的关键。个人征信方面，要进一步加强对个人征信业务的管理，严格个人征信牌照各项准入条件，确保依法保护个人的合法权益。企业征信方面，要改进现有审核性备案的做法，全面放开企业征信备案资格，弱化企业征信备案的牌照审批属性，降低事前准入条件，加强对业务开展情况的事中事后监管。信用保险、信用担保和商业保理等信用风险管理相关行业，要以不发生系统性金融风险为基本原则，由中国银保监会牵头做好行业监管。其他信用服务新业态要以国家发展改革委为主要监管部门，针对信用修复、信用监管等服务信用体系建设的新业态，以及信用租、信用住等生活类信用服务新业态，充分发挥发展改革部门统筹协调的职责和促进行业发展的综合协调作用，从规范行业管理、促进信用经济发展的角度探索做好行业发展的服务工作。待后续行业发展到一定程度并形成相当产业规模后，再从保护人民群众合法权益出发，按照审慎监管的原则做好行业规范发展工作。

三、大力推动公共信用数据对外开放共享

促进公共信用数据有序向信用服务机构开放共享是规范发展信用服务市场和机构的重要支撑条件。一是要按照中央关于数据要素市场化的部署，建立完善公共信用数据向信用服务机构开放的体制机制，推动数据要素按照市场化方式在各类专业机构之间交易流动，支撑信用服务机构的业务开展。二是要坚持安全审慎原则开展数据对外开放共享工作，对涉及个人隐私的公共信用数据要按照《中华人民共和国民法典》《中华人民共和

国网络安全法》等规定做好安全防护，不能交易的数据严格禁止交易，严格保护信用主体合法权益。三是由于国家发展改革委既是信用体系建设牵头部门，也是经济体制改革管理部门，还是电子政务工作协同管理部门，因此发展改革部门具有做好公共信用数据开放共享工作的天然优势；发展改革部门要破除体制机制障碍，主动担负起推动公共信用数据开放共享的重任，全力组织推进好信用数据开放工作，为信用服务行业发展提供生产资料支撑。

第八章　政务诚信建设

加强政务诚信、商务诚信、社会诚信和司法公信等四大领域诚信建设是党中央明确提出的诚信建设重要任务。2011 年党的十七届六中全会首次提出了四大领域诚信建设，之后党的十八大再次做出重要论述。2014 年《社会信用体系建设规划纲要（2014—2020 年）》系统论述了四大领域诚信建设的重要意义并对建设任务做出部署。其中，提出政务诚信是社会信用体系建设的关键，对其他领域诚信建设发挥着重要的表率和导向作用。加强政务诚信建设路径研究对于全面推进社会信用体系建设具有重要现实意义。

第一节　政务诚信建设概述

一、政务诚信概念的提出

政府作为国家行政机关，是根据宪法和法律组建的体现统治阶级的意志、行使行政权力、执行行政职能、推行政务、管理国家公共事务的机关体系，是国家权力的执行机关。社会公众对自身权力的主动让渡，需要推选一个社会公众普遍认可的组织负责管理社会，这个组织就是政府。政府存在的合法合理性的首要基础就是要得到社会公众认可，为此，政府必须公正、无偏、有效地履行管理社会秩序、维护国家与领土安全等职能，同时为保证行政管理职能的执行实施，政府也被合法赋予了暴力属性与强制性。作为社会主义国家，我国各级政府部门在履行行政职能时应当严格遵守国家各项法律法规，一切活动均要彰显“为人民服务”的根本宗旨。

政府的存在基于人民群众的认可，因此与天然公共属性相伴随，政府必然具备高度诚信属性。因为政府只有诚实守信地行使人民群众赋予的权力才能得到社会的认可，这是政府得以存在维系和实施行政权力的先决条件。如若政府未正确履行公共管理职责，即产生了政务诚信问题，进而会产生一系列的后续问题，最终影响政府的公信力。现代治理条件下，政务诚信是社会赖以存在与发展的基础，在推进国家治理体系和治理能力现代化背景下，加强政务诚信建设显得尤为重要，加强政务诚信建设其实就是完善国家治理体系的重要环节。

依据我国现实情况，政务诚信分为广义和狭义两方面。广义方面，中国共产党机关、人民代表大会及其常务委员会机关、人民政府、监察委员会、人民法院、人民检察院、中国人民政治协商会议各级委员会机关、民主党派机关和工商业联合会机关等，以及履行法律法规授权的公共管理职责的机构，均属于普通老百姓俗称的广义政府。因为这些机构做出的决策均可能涉及普通群众切身利益，相关决策可能影响老百姓对其的评价，因此广义政务诚信包括了以上所述机构范畴。广义政务诚信语境下，也将人民法院、人民检察院所实施的司法公信包含其中。狭义政务诚信，专指行政机关的诚信，大部分文件所讨论的政务诚信属于该范畴，这也是本书讨论的政务诚信。狭义政务诚信框架下，按照诚信的本意对政务诚信进行定义，政务诚信是指政府对市场主体承诺的政策措施落实等行为。

党的十九大以来，优化营商环境成为重要的政策选择，《优化营商环境条例》于2019年正式颁布。研究政务诚信的具体建设任务和建设目标均相对比较抽象，因此如何评价政务诚信建设工作质量成为政务诚信建设推进中的重要问题。总的来看，推动政务诚信建设工作落实，理应结合优化营商环境予以考虑。因为无论是对市场主体还是普通公民个人，政务诚信建设的主要目标就是为市场主体提供良好的营商环境、为公民个人提供良好的生活环境。为达到上述目标，政府部门应当认真落实好依法行政、守信践诺、勤政高效、政务公开等工作。

二、政务诚信建设的表率和导向作用

对于政务诚信、商务诚信、社会诚信和司法公信等四大领域诚信建设的定位和重要意义，国家社会信用体系建设规划纲要已做出详细阐述。其中：政务诚信是社会信用体系建设的关键，各类政务行为主体的诚信水平，对其他社会主体诚信建设发挥着重要的表率和导向作用；提高商务诚信水平是社会信用体系建设的重点；社会诚信是社会信用体系建设的基础；司法公信是社会信用体系建设的重要内容，是社会公平正义的底线。政务诚信在信用体系建设中起到表率和导向作用，可以从以下几方面理解。

一是政府部门行使的公共管理职权由人民赋予，无论从伦理道德层面还是宪法法律层面，诚实守信行使职权是政府部门履职的基本要求。古今中外诚实守信一直以来是人类社会所要求的基本伦理道德。而在宪法法律层面，所有法律条文的具体实施均基于诚实守信的基本准则，如诚实守信原则是民法的“帝王条款”。政府部门的行政权力是由人民群众赋予的，人民群众是行政权力的委托人，政府部门受人民所托作为代理人行使行政权力，其诚信状况尤为重要。人民群众作为委托人则非常看重代理人的诚信状况，假如代理人诚信状况不甚理想，其行使行政权力的效果则大受影响，情况严重的甚至可能引起信任危机。

二是政府部门作为信用体系建设的主导力量，在信用体系建设工作中理应起到带头和示范作用。政府部门是公共事务管理者、社会规则制定者，按照“政府推动”的信用体系建设基本原则，政府部门尤其是发展改革部门、人民银行等在信用体系建设中起着主导作用。政府部门作为信用体系建设的主导力量，要取得管理对象的信任就必须身体力行，率先践行诚实守信理念，率先建立诚信管理体系。

三是政务失信行为频发等现实情况迫切要求加快推进政务诚信建设。诚信问题突出是加快推进信用体系建设的出发点和立足点，政务失信是整个社会诚信缺失问题的重要表现。政务失信将严重降低法律的权威性，降低政治主张与政策执行的神圣性和不可抗拒性，严重削弱人民群众对政府施政行为的认可和对法律规定的认同感。一旦政务失信行为积累到一定程度，社会和谐的基础也就不复存在，社会治理成本不堪重负。坚决遏制发生政务失信行为，将对全社会的信用体系建设起到重要促进作用。因此，信用体系建设的首要任务就是做好政务诚信建设，这是国家社会信用体系建设规划纲要将加强政务诚信建设定位为“社会信用体系建设的关键”的缘由所在。

党的十七届六中全会提出政务诚信建设以来，加强政务诚信建设成为政府部门加强自身建设的重要工作，相关建设任务包含在原有工作要求中，属于行政机关一直持续开展的工作内容。如果严格按照上级部署要求加强党的建设、加强机关文化建设、落实各项工作部署，那么政务诚信大部分建设任务要求即可完成。话虽如此，但是仍然要强调政务诚信建设的极端重要性，要突出强调该项工作的重要位置，原因包括：一是政府部门失信现象频发、多发；二是加强政务诚信建设在信用体系建设中的关键地位；三是推动政府部门及其工作人员以及全社会高度关注政务诚信建设工作，可以加速解决政务失信的突出问题。尤其是在中国特色社会主义进入新时代的背景下，满足人民群众日益增长的美好生活需要，建立良好的行政管理秩序，更加迫切要求加强政务诚信建设。通过加强政务诚信建设，一方面进一步提升政府公信力，以此引领带动其他领域信用体系建设，弘扬诚信文化、培育诚信社会；另一方面推动建立一支守法守信、高效廉洁的公务员队伍，树立政府公开、公正、诚信、清廉的良好形象，这些都是新时代对行政机关及其工作人员的必然要求。

三、政务失信行为的主要表现形式

政务失信行为主要表现为造假、未履行政策承诺、乱作为或不作为等方面。

一是各种形式的造假行为。这主要包括政府部门有组织的造假和公职人员个人行为造假。政府部门有组织的造假，源于政府部门相关负责人为达到某种目的而有意识成体系、成规模组织造假。政府部门有组织造假是政务失信行为中最为恶劣的，统计数据造假、扶贫造假等均为典型造假行为。公职人员个人行为的造假主要是学历造假、年龄造假、资历造假等。为解决统计数据造假问题，中央 2018 年印发《防范和惩治统计造假、弄虚作假督察工作规定》，推动构建防范和惩治统计造假、弄虚作假督察机制。

二是未履行政策承诺。政府部门未履行政策承诺是被市场主体诟病最多的政府部门失信行为，对营商环境的进一步优化产生恶劣影响。《优化营商环境条例》对此专门规定“各级人民政府及其有关部门向市场主体作出政策承诺应当严格依法依规，不得违法违规承诺优惠条件；作为民事主体参与民事活动时，应当平等行使权利、履行义务、承担责任”。依据承诺主体性质划分，未履行政策承诺体现为新官不理旧账、在任官员赖账等情况。新官不理旧账源于继任官员与前任官员在施政理念和施政成效进行切割，继任官员与前任官员希望在政绩上作出区分，缘由是对前任官员制定政策的不认可。在任官员赖账主要源于政策实施条件变化，继续落实影响在任官员利益，因此在任官员赖账不再继续落实。未履行政策承诺的典型案例是，政府部门在招商引资中对企业做出用地、税收、财政补贴承诺，但是具体实施时承诺事项变样、打折甚至完全没有落实，极大地影响了市场主体经营管理活动，甚至动摇了市场主体对政府部门的信任和信心。

三是乱作为或不作为。政府部门乱作为或不作为，本质上是对市场主体正常生产经营活动或公民个人正常生活的干扰。政府部门乱作为主要表现为政府决策朝令夕改、一些政府官员暗箱操作、以权谋私、贪污腐败或是拍脑袋决策，以及政出多门、政策相互冲突等。政府部门不作为主要表现为政府部门及其工作人员庸政懒政、未积极履行法定职责等。虽然政府部门不作为的显性破坏力较乱作为低，但是此类行为可能涵盖范围更广、隐性破坏力度更大，需要引起高度重视。

第二节　政务诚信的主要内涵

根据我国各级政府部门职责履行情况归纳总结政务诚信主要内涵，主要包括：依法行政、及时政务公开、勤政高效、守信践诺、诚实履职、清正廉洁等。其中，依法行政、及时政务公开、勤政高效是政务诚信的基本要求，也是政府部门及其工作人员职责范围内的工作，做不到依法行政、及时政务公开、勤政高效将是政府部门及其工作人员的失职。守信践诺、诚实履职、清正廉洁属于诚信理念内在要求在政务领域的延伸，适用于任何社会成员主体，是政府部门及其工作人员诚实守信行为的具体体现。

一、依据法定职责施政行政

法定职责必须为、法无授权不可为，严格落实依法行政要求是各级政府部门及其工作人员履职的基本要求。各级政府及其部门的行政权力均源于宪法法律赋予，我国宪法第三章第三节和第五节分别对国务院以及地方各级人民代表大会和地方各级人民政府有关职责做出规定。此外，《国务院组织法》《地方各级人民代表大会和地方各级人民政府组织法》等法律具体规定了政府及其部门的组织形式和职责要求。各级政府部门依法履职、依法行政既是宪法法律授予的权利，更是完成人民群众重托的义务。依法行政是践行政务诚信理念的最主要体现。

依法行政具体体现在以下几方面：一是依法全面履行部门职责。按照机构编制文件规定，全面组织落实本单位各项职责，具体体现在：建立行政部门权责清单制度，推进行政审批标准化，清理规范行政审批中介服务，下放、取消和调整许可事项，建立健全依法行政制度规定等。二是进行科学、民主、依法决策。例如，制定重大行政决策程序规定，落实重大行政决策的公众参与、专家论证、风险评估、合法性审查、集体讨论决定等程序，落实重大行政决策合法性审查制度。三是严格规范公正文明执法。比如：建立健全行政裁量权基准制度，细化量化裁量标准，规范裁量范围、种类、幅度并及时向社会公开；严格规范行政执法程序，确保行政执法程序和决定不存在违反法律、法规、规章的规定。四是自觉接受各类监督。主动接受人大的监督和政协的建议，认真办理人大代表建议、政协委员提案；主动接受法院、检察院的司法监督，严格执行法院生效裁判决定；配合做好各项审计工作等。

二、做好政务信息公开工作

政务公开是建设阳光政府的重要举措，推行政务公开是回应群众关切、保障人民群众知情权的必然要求。坚持“以公开为常态，不公开为例外”的原则，在保护国家信息安全、国家秘密、商业秘密和个人隐私的前提下，严格落实《政府信息公开条例》以及中央《关于全面推进政务公开工作的意见》等要求。

一是认真推进决策、执行、管理、服务、结果“五公开”。决策公开方面，对于涉及群众切身利益、需要社会广泛知晓的重要改革方案、重大政策措施、重点工程项目，在决策前应向社会公布决策草案、决策依据，并通过听证座谈、调查研究、咨询协商、媒体沟通等方式广泛听取公众意见，以适当方式公布意见收集和采纳情况。执行公开方面，主动公开重点改革任务、重要政策、重大工程项目的执行措施、实施步骤、责任分工、监督方式，根据工作进展公布取得成效、后续举措并听取公众意见建议，确保执行到位。管理公开方面，推行行政执法公示制度，各级政府要根据各自的事权和职能，按照突出重点、依法有序、准确便民的原则，推动执法部门公开职责权限、执法依据、裁量基准、执法流程、执法结果、救济途径等，规范行政裁量，促进执法公平公正。服务公开方面，各级政府部门全面公开服务事项，编制发布办事指南，简化优化办事流程，让群众不跑冤枉路，办事更明白、更舒心；公布行政审批中介服务事项清单，公开项目名称、设置依据、服务时限。结果公开方面，推进发展规划、政府工作报告、政府决定事项落实情况的公开，重点公开发展目标、改革任务、民生举措等事项。

二是推进重点领域信息公开。对人民群众关心、与人民群众切身利益相关的财政预算决算、公共资源配置、重大建设项目批准和实施、社会公益事业建设等领域，以及突发事件、公共安全、重大疫情等，及时进行信息公开。

三是加强政策解读和回应社会关切。政府部门政策文件对很多群众来讲晦涩难懂，此类文件的重要意义以及政策意图普通群众难以理解，因此要按照“谁起草、谁解读”的原则，落实起草部门的政策解读责任。起草部门可通过政策吹风会、新闻发布会、撰写解读文章、接受媒体采访和在线访谈等方式，全面深入介绍政策背景、主要内容、落实措施及工作进展，及时回应社会关切，答疑解惑。

四是加强政务公开能力建设。重点是完善政府网站的建设和运维，大力推进政府网站集约化建设，严格避免出现僵尸网站。同时要依托政务新媒体开展信息公开工作，加强微博、微信公众号、客户端 App 等新媒体的建设，打造政务公开新阵地。

三、提升行政效率和政务服务水平

勤政高效本质上要求政府推动自身能力变革和效率提升，不断提升政务服务水平和质量，适应新形势、新技术要求，提供更高水平、更高质量的政务服务。促进勤政高效要从精简政府权力、优化政务服务流程并提升服务效率两方面入手。

关于精简政府权力。改革开放以来，我国在从计划经济向市场经济的转轨过程中，持续不断对政府权力进行精简；尤其是党的十八大以来中央将“简政放权、放管结合、优化服务”作为深化改革重要任务，简政放权工作取得非凡成就。2013—2018 年，国务院部门行政审批事项削减 44%，非行政许可审批彻底终结，中央政府层面核准的企业投资项目减少 90%，行政审批中介服务事项压减 74%，职业资格许可和认定大幅减少①，这些就是政府勤政高效的具体体现。

关于优化政务服务流程并提升服务效率。政务服务流程的优化调整直接影响到政府部门的勤政高效水平。高度优化的政务服务流程将为企业和个人办事提供极大便利，在一定程度上降低政府部门工作量，直接提升政府部门日常工作效率，推动政府部门将更多人力物力转移到事中事后监管等重要工作上。要充分依托现代信息技术手段提升政务服务水平。快速发展的信息技术为互联网、电子商务、电子政务发展提供良好基础，利用信息化手段提升政务服务效率和水平成为各级部门推进勤政高效的重要措施，浙江“最多跑一次”改革、广东“数字政府”改革等均是充分利用信息技术手段提升政务服务水平的典型案例。

四、严格守信践诺和诚实履职

守信践诺主要是指政府部门严格兑现各项规划计划设定的目标、提出的政策以及招商引资、合同履行承诺，是政务诚信的显性体现。履行完成好上述承诺目标，有利于社会公众对政务诚信感知度和认可度的提升。政府部门的守信践诺体现在三个方面：一是严格落实经济社会发展规划和政府工作报告确定的经济社会发展各项目标，践行为老百姓办实事的承诺。经济社会发展规划和政府工作报告经过人民代表大会审议确定，具有严肃的法律效力。发展规划和政府工作报告确定的经济社会发展目标是政府对人民群众的庄严承诺，如未按期完成将影响政府公信力，导致人民群众对政务诚信的负面评价。二是认真履行制定出台的各项政策和招商引资承诺。制定政策是政府部门履行职责的主要手段，政策的延续性关乎政府公信力。“新官不理旧账”就意味着政府部门政策落实延续性存在问题，社会公众对此颇有微词，容易造成对政府公信力的负面评价。三是依约履行政府部门与其他民事主体签订的各类合同情况。按照市场化原则依据契约

① 参见 2018 年 3 月李克强在第十三届全国人大一次会议上的政府工作报告。

约定履行各项合同，体现民事主体之间诚实守信的市场经济活动准则。

与政府部门守信践诺类同，诚实履职是政府部门工作人员的个人行为，是对政府部门工作人员伦理道德和职业道德的最基本要求。任何政府部门工作人员开展行政管理或提供公共服务时均不得弄虚作假、虚报瞒报、伪造等。政府部门工作人员诚实履职不仅是基本伦理道德和职业道德要求，更是确保经济社会正常运行及发展进步的重要保障。因为政府部门工作人员的职业行为代表着政府部门意志，如果不诚实履行职业行为，其影响将超越具体职业行为本身，甚至影响到经济社会正常运行。比如：统计数据造假行为影响上级机关和领导对经济社会形势的判断和决策；扶贫造假行为影响扶贫工作的整体部署安排，乃至影响全面建成小康社会的实现；干部职工履历造假行为影响干部选拔任用决定，会对干部队伍建设产生不良影响。

五、落实清正廉洁的纪律要求

清正廉洁是政务诚信的具体体现。落实清正廉洁的纪律要求，目前已有涵盖党纪、政纪、法律、法规等各个层级的制度体系。尤其是党的十八大以来，在全面从严治党的重要部署安排下，我国先后出台《中央政治局关于改进工作作风、密切联系群众的八项规定》《中国共产党廉洁自律准则》《中国共产党纪律处分条例》《中华人民共和国监察法》等党纪党规和法律制度，扎牢了清正廉洁的制度藩篱。因此，清正廉洁虽然是政务诚信建设的重要内容，但是在政务诚信建设过程中只需按照纪检监察机关的各项既定工作部署组织推进即可，政府部门无须重新或单独部署其他额外工作。

第三节　政务诚信建设的关键问题

较之信用体系建设其他重点任务，政务诚信建设工作推进落实难度最大，原因在于，政务诚信建设是政府部门刀刃向内的自我改革，存在工作推进落实机制原动力不足的天然限制。由于政务诚信建设工作对信用体系建设起着非常关键的引领导向作用，是其他建设任务的表率，政务诚信建设工作非常重要。可以说，政务诚信建设任务完成不好，就不能说社会信用体系框架已经基本搭建完成，基本建立起中国特色社会信用体系建设模式的论断也不成立。稳妥、有序、高效地推进政务诚信建设，至少需要把握好以下几个关键问题。

一、政务诚信建设牵头抓总部门

政务诚信所要求的依法行政、政务信息公开、提升行政效率和政务服务水平、守信践诺、诚实履职等建设任务，大部分属于原有工作范围，本质上是对政府部门已有工作要求的再提升，因此，牵头抓总部门的主要任务是对工作推进机制的梳理组织和落实情况进行督促。政务诚信建设牵头抓总部门应超脱于其他政府部门，并且具有强大的协调督促能力。按照这个标准来看，牵头抓总部门有几个备选方案，如纪委监察委、政府办公厅（室）、发展改革部门等。就纪委监察委而言，党的十八大之后纪委监察委机关聚焦纪检监察主业，不再参与各项政府业务工作的议事协调机制，由其牵头政务诚信建设不现实。就发展改革部门而言，发展改革部门是党委和政府的重要参谋助手，在政府组成部门中排名第一，统筹协调能力较强，并且是社会信用体系建设牵头部门，具备牵头推进政务诚信建设的协调能力、合理性和工作基础；但是发展改革部门仍仅为政府组成部门之一，对其他部门的督促协调存在短板。就政府办公厅（室）而言，由其牵头推进政务诚信建设，较之发展改革部门具有一定的优势，工作推进落实力度更大。理由如下：第一，政务诚信建设作为一项刀刃向内的自我改革工作，需要权威性很强的部门单位来牵头推进，政府办公厅（室）作为政府的日常工作机关，超脱于其他政府部门，具有协调和督促政府部门落实工作的天然优势；第二，依法行政、政务公开、提升政务服务效率和水平等政务诚信建设具体任务原本由政府办公厅（室）牵头负责，因此政府办公厅（室）牵头抓总政务诚信建设工作符合建立高效协调工作机制的目标。综合来看，应由党委政府层面以某种正式形式将政府办公厅（室）牵头抓总政务诚信建设工作的机制确立下来，其他政府部门做好配合协同工作。

二、政务诚信信息记录、整合和应用

信用信息的记录、整合和应用是信用体系建设的重要核心工作。政务诚信建设作为四大领域诚信建设之一，国家社会信用体系建设规划纲要确定了坚持依法行政、发挥政府诚信建设示范作用、政府守信践诺机制建设、公务员诚信管理和教育等专门建设任务。国家社会信用体系建设规划纲要将政务诚信建设作为专门的行业领域信用体系予以推进，因此从信用管理体系角度来看，政务诚信建设重点工作包括做好政务领域信用信息的记录、整合和应用，并对政务信用主体权益加以保护。

一是政务信用信息记录。纳入政务信用信息记录的对象包括政府部门及其工作人员。信息范围包括相关主体因违法违规、失信违约、未履行政策、承诺等行为被予以司法判决、行政处罚、纪律处分、问责处理等信息。信息记录需要注意数据标准化、记录规范化、存储电子化，这些是信息整合共享和应用的基础。只有统一标准并利用信息技术手段对信息进行记录，政务信用信息才能得到充分共享利用。

二是政务信用信息整合共享。信用信息整合共享是开展信用应用的前提，参照市场主体信用信息的相关做法，政务信用信息应当坚持必要、审慎、安全的原则，按照相关规定要求规范与其他部门和单位共享。其中共享依托的基础设施就是政务信息资源共享平台或公共信用信息平台；共享要求除遵照政务数据共享一般规定外，还要特别注意政务信用信息的高度敏感性，重点做好数据安全防护和保密工作。

三是政务信用信息共享使用。与市场主体或普通公民个人等信息主体不同，涉及政府部门及其工作人员的政务失信或守信信息较为敏感，处理不慎可能形成社会公众对行政机关的巨大舆论压力甚至信任危机。因此应当严格秉持审慎、稳妥的原则推进政务失信或是守信信息的具体应用。对于政务失信信息，应当根据信息性质进行分类分层次应用。对因违法违规或失信违约等行为而被行政司法机关列入失信联合惩戒对象的，应主要集中应用在内部管理有关领域或场景，比如限制相关失信主体提拔，或者限制年终评优评先或扣减奖金绩效等；也可尝试进行市场化应用，如将信息纳入信贷征信系统等。对因违反党纪党规或是其他管理规定而受到处罚、问责，但是未列入失信联合惩戒对象的，可以按照现有规定依法进行共享或公开传播等。关于政务诚信信息尚未见权威的划分标准，本书初步考虑是将政府部门年度绩效评价、公职人员年度考核等级认定以及其他官方颁发的表彰奖励信息认定为政务诚信信息。政务诚信信息的具体应用领域包括：在内部管理方面，适当提升年度考核绩效奖励或是在一定范围内进行公开褒扬；同时可探索开展市场化应用，如将相关诚信信息纳入信贷征信系统，推动银行等金融机构对诚信主体实施贷款利率或是保险费率优惠等。

四是建立政务信用主体权益保护机制。借鉴其他领域信用修复机制建设经验，建立政务失信信息异议处理规定，依法依规保护政务领域信用主体的合法权益。要特别注意政务失信信息共享使用时的信息安全保护问题，规范政务失信信息共享使用流程，注重平衡信息公开、隐私保护、社会舆论反应之间的关系，依法依规并有序稳妥向社会公开共享政务失信信息。

三、政务诚信重点建设领域

政务诚信建设除依法行政、政务信息公开、守信践诺等所有政府部门均需落实的综合性工作外，还应当针对各行业部门具体业务特征性质筛选确定政务诚信重点建设行业领域，以便形成以点带面的示范创新效果。政务诚信重点建设行业领域筛选标准包括：第一，在政府部门直接参与的经济活动中，因其不诚信行为而影响其他市场主体经济利益；第二，政府部门在履职过程中不诚信的施政行为对政府公信力产生极大负面影响。以上述标准划分确定了政务诚信重点建设行业领域，包括公共资源交易领域、招商引资领域、政务服务领域、政府债务领域等。

一是公共资源交易领域。公共资源交易包括使用政府财政资金的工程建设招标、土地矿业权交易、政府采购以及其他国有产权交易等活动。公共资源交易是政府部门作为民事主体直接参与市场经济活动的领域，其中典型代表是政府采购行为。在政府采购中，政府部门作为公共权力行使主体向其他市场主体采购产品和服务时，除具备《中华人民共和国民法典》要求的诚信守信的民事活动基本原则外，还应当具备更高的诚信道德要求。因此，公共资源领域政务诚信建设在整个政务诚信建设中处于非常重要的位置，需要给予高度重视并推进落实。做好公共资源领域政务诚信建设的工作重点包括：督促政府部门严格遵循《中华人民共和国政府采购法》等有关法律法规，并加强政府部门等公共资源交易主体在交易环节信用情况的监督，督促相关公共资源交易活动依法规范、公开透明进行，依法处理有关责任人在公共资源交易活动中的违法违规失信行为等。

二是招商引资领域。源于经济增长对政府其他工作的巨大牵引作用，改革开放以来，招商引资作为地方政府推动经济增长的主要举措，其成效代表着政府部门的施政成绩。在巨大的政绩压力驱动下，政府部门为达到招商引资目的，甚至不惜一切代价对投资主体施以土地、税收、补贴等各项优惠政策承诺。但是在实际政策落实过程中，由于原有承诺政策存在不合理因素或是继任者不认可前任的政策承诺等原因，此前对投资主体承诺的各项优惠政策未执行到位，影响了投资主体的商业决策，导致其对政府部门产生不信任，因此产生了政务诚信问题。招商引资领域政务诚信问题需要予以特别关注，尤其是在优化营商环境的背景下，建立稳定可预期的招商引资环境将为市场主体创造良好的营商环境。招商引资领域政务诚信建设的重点任务包括：严格依法依规制定招商引资优惠政策，避免乱承诺而无法落实进而影响政务诚信评价；建立招商引资政策审查机制，对政府部门的招商引资行为予以规范；对招商引资做出的政策承诺和签订的各类合同、协议实行跟踪制度等。

三是政务服务领域。政府提供的公共服务主要以政务服务形式对外展现。政务服务直接面对普通社会公众，是人民群众体验度最深、获得感最强的政府公共服务内容。政务服务效率和水平是政务诚信建设发展的重要展现要素，因此政务服务领域是政务诚信的重点建设领域，需要予以高度重视。政务服务领域政务诚信建设重点任务包括：简政放权，对行政审批事项进行清理、削减和调整；进一步优化行政流程，提升政府部门办事效率和群众办事便利度；依托互联网手段提升政务服务水平；建立健全对政府部门及其工作人员的投诉举报反馈机制等。

四是政府债务领域。政府债务是政府作为债务人凭借其自身信誉，按照有偿原则与债权人产生信用关系以筹集财政资金的一种信用方式。在政府债务关系中，政府作为债务人是典型的信用主体，存在着显著的诚信关系问题。政府如若未按期履行债务人义务而产生失信问题，其社会影响力将是非常巨大的，因此政府失信情况极少发生，一旦发生，后果将不堪设想。在政府债务领域政务诚信建设中，重点还是做好政府债务的监测预警等事前行为，处理好苗头性、倾向性问题，切断发生政府债务违约的可能性。政府债务领域政务诚信建设的重点任务主要是：按照上级统一部署落实政府债务风险评估和预警机制，强化地方政府债务预算约束，做好政府性债务统计和存量债务清偿工作等。

四、政务诚信建设的考核和评估机制

政务诚信建设作为一项刀刃向内的自我改革，建立严密的工作考核和评估机制对推动各级政府部门积极落实工作尤为重要。考核和评估机制包括两部分：一是政府内部组织对所有部门工作开展情况的考核，此类机制主要侧重于考核建设任务的推动落实情况。其中，对于依法行政、政务公开、政务服务等已开展考核的政务诚信建设工作，考评结果可直接采纳，不需要进行重复考核；对于守信践诺、诚实履职、清正廉洁等任务可安排工作负责或牵头部门组织开展考核评价。上述各项工作落实情况考核结果由政务诚信建设牵头抓总部门，如政府办公厅（室）负责汇总，并将考核结果应用到政府部门绩效考核和党政领导干部政绩考核体系中。二是媒体、研究机构、智库等社会力量组织的政务诚信水平第三方监测评估，此类机制主要侧重于评估地方整体或个别部门的政务诚信水平，属于水平评价。与政府部门内部的工作落实情况考核不同，组织社会力量开展政务诚信水平第三方评估，重点是从人民群众直接感受层面对政务诚信建设成效进行评估，突出人民群众对政务诚信建设的改革获得感和体验度。评估主要采用问卷抽样调查、重点访谈等方式，并充分利用大数据等手段评价分析地方整体或个别部门的政务诚信水平。该项工作由政务诚信建设牵头抓总部门组织开展，由第三方机构具体承担。评估得出的政务诚信水平结果可作为具体指标之一用于评价地方营商环境情况，因此，做好政务诚信水平第三方评估，对于优化营商环境工作具有重要现实意义。具体表现在以下三方面。

第一，政务诚信水平第三方监测评估的必要性。首先，有利于从人民群众角度考察重点任务改革成效。按照原有工作模式，大部分深化改革任务实施成效主要以政府内部考核为主，考察重点是政府部门工作推进情况，评价标准多以是否制定文件、召开会议等予以衡量。在此类考核框架下，往往忽略了人民群众作为改革成效体验者的主体地位，忽略了人民群众对于改革落实情况的体验度和获得感。因此，除进行政府部门内部政务诚信建设工作落实情况考核外，组织开展政务诚信水平第三方监测评估尤为重要，重点从人民群众获得感、体验度角度考察改革成效，这也是坚持以人民为中心的发展思想的重要体现。其次，有利于促进营商环境优化。世界银行营商环境评价体系虽然未明确政务诚信为评价指标，但是“办理施工许可证”其实就是衡量政府服务水平的具体指标。在中国营商环境评价体系中，结合社会信用体系建设的部署要求，将政务诚信水平评价纳入评价体系中，可以为建立具有中国特色的营商环境评价体系提供支持。再次，开展政务诚信水平评估也是政务诚信建设的重要工作抓手。虽然政务诚信建设很多任务是原有工作要求的延续，但是对很多政府部门来讲该项工作仍然属于新工作，工作如何推进开展缺少具体抓手。建立第三方评估机制，并将第三方评估结果及时公开，将对地方和部门加强政务诚信建设起到重要促进作用。

第二，政务诚信水平第三方监测评估的组织形式。组织主体方面，一般由高校、研究机构、智库或是有关行业协会、商会组织开展；此外政府办公厅（室）、发展改革部门等与政务诚信建设密切相关的部门应当深度参与，为智库、研究机构等社会力量开展监测评估提供资料和数据支持以及做好协调帮助。开展频次方面，一般应每年至少组织一次，时间不允许的可考虑每两年组织一次。方式方法方面，应采用问卷调查或利用大数据手段舆情监测等方式进行监测评估，以体现第三方评估的科学客观性，也体现与政务部门内部工作考核的区别。政务诚信水平的展现方面，一般以无量纲的指数化形式对评估结果进行展现，采用无量纲指数化形成的优势是可以对各地区的政务诚信水平差距进行直观的横向比较。成果应用方面，初期第三方评估结果主要用于内部工作参考，持续开展并待评估结果较为成熟后可对外公开结果并应用到营商环境评价体系中。

第三，政务诚信水平指数的主要内容。政务诚信水平指数可由依法行政度、政务公开度、勤政高效度、守信践诺度、清正廉洁度等二级指数构成。采取方法包括问卷调查、实地查看、大数据舆情分析、重点人物访谈、内部资料提供等。

五、政务诚信建设的监督推动机制

加强政务诚信建设涉及政府部门的自我改革，建设推进过程中必定遇到来自政府部门内部的阻力，因此，建立完善监督推动机制对改革建设工作非常重要，可以通过引入外部强制约束力量推动改革建设工作的自我循环和自我促进，以此形成政务诚信建设的内生动力机制。监督推动机制包括：一是上级政府对下级政府的督导，每年组织政务诚信监督检查，实施政务诚信考核评价，将评价结果纳入党政领导班子政绩考核。二是同级人大及其常委会和政协对政府的监督。人大是国家权力机关，可以对同级政府及其部门的诚信状况和依法行政情况进行监督检查。政治协商会议作为参政议政机关，在经济社会发展重大问题和涉及群众利益切身问题上对政府部门进行民主监督。三是人民法院、人民检察院的司法监督。人民法院依法受理行政案件，提出司法建议，形成对政府及其部门的司法监督。人民检察院对履职中发现的行政机关违法行使职权或者不行使职权的行为进行监督。四是纪委监察委机关的纪律检查和监察，主要是依职权对政府部门的清正廉洁情况进行检查和监察。五是社会公众对政府部门方方面面工作开展落实情况的社会监督，包括新闻媒体的舆论监督和普通群众的投诉举报监督等。

第九章　社会信用立法

第一节　我国信用立法的历史发展沿革

一、起步阶段：以征信管理为切入点

我国信用体系建设模式，起源于西方发达国家的市场化征信体系建设模式。主要从三个方面起步：一是组建信用评级公司，建立资信评级市场；二是设立企业和个人征信公司，开展市场化征信服务；三是建立信贷征信系统，完善金融领域公共征信机制。20 世纪末，上海、深圳两个城市由于对外开放程度较高且金融业比较发达，因此率先启动征信体系建设。其中 1999 年 7 月成立了上海资信有限公司，这是我国征信体系建设的重要标志性事件。2000 年前后，上海、深圳基于较为深入的企业和个人征信建设实践经验，逐步产生了信用立法需求，并相继出台个人和企业信用征信管理制度。

（一）深圳市信用管理制度建设

深圳市是最早发布信用相关规章制度的地方政府。2001 年 12 月深圳市以政府令形式发布《深圳市个人信用征信及信用评级管理办法》，2002 年 10 月又颁布《深圳市企业信用征信和评估管理办法》，两个规章分别规范了个人、企业的信用征信活动。

《深圳市个人信用征信及信用评级管理办法》的主要内容包括：一是规定从事个人信用征信及评级业务需要经市人民政府和人民银行深圳市中

心支行批准。二是规定个人征信机构征集信息的范围，包括个人身份情况、商业信用记录和社会公共信息记录等。三是规定征信业务规则，包括征信机构应征得本人同意后征集信息、个人信息的保存期限、个人可以向征信机构查询本人信息、异议信息处理规定等。该办法作为我国征信管理立法的有益尝试，率先确立了此后征信管理立法模式的雏形，后续各类征信管理规章制度基本在此框架下开展。该办法最具典型意义的是，借鉴美国对益博睿、环联、艾克飞等三大个人征信公司的资质认可制度，率先在国内建立了市人民政府和人民银行深圳中心支行共同审批个人征信机构资质的制度，该项制度相当于此后《征信业管理条例》确定的个人征信机构许可制度。该办法于2001年年底出台后，深圳市人民政府即于2002年1月批准深圳市鹏元资信有限公司从事个人信用征信及评级业务的资格，并承建“深圳市个人信用征信系统”。2003年10月深圳市个人信用征信系统对外开放服务。

《深圳市企业信用征信和评估管理办法》的主要内容包括：一是建立以政府设立的企业信用信息中心和市场化的评估机构为主体的征信机构体系。二是对企业信用信息中心和市场化评估机构的信息征集和披露职责作出划分，其中确立企业信用信息中心的信息征集披露主导地位。三是规范了市场化评估机构的企业资信评估活动。该办法的核心点是建立以政府设立的企业信用信息中心，并明确该中心可以以有偿原则为市场提供信用信息服务。按照该办法的设想，事业单位性质的“深圳市企业信用信息中心”正式由机构编制部门批准设立。由于市政府的强力推动，深圳市企业信用信息中心从事企业信息征集披露工作成效显著，发展成为规范企业经营管理活动的重要力量。但是从另一个角度看，政府的强力参与在一定程度上挤占了市场化评估机构的生存空间，该办法出台后，原先设想的由信用评估机构提供市场化信用评估业务并没有得到快速发展。

（二）上海市信用管理制度建设

《上海市个人信用征信管理试行办法》《上海市企业信用征信管理试行办法》均以市政府规章形式对外发布，施行时间分别为2004年2月1日和

2005 年 5 月 1 日。两部办法分别对个人和企业的信用信息征集、公开、征信产品制作、异议信息处理等征信业务规则作出规定。与深圳市确定了个人征信机构资质审批、企业征信由企业信用信息中心主导实施等制度安排不同，上海市明确规定由市征信管理办公室负责监督管理个人和企业信用征信活动，并要求市征信管理办公室对相关征信机构的征信业务规则以及机构人员和股权结构等进行备案。

二、深化第一阶段：征信管理和公共信用信息管理的逐渐分化

2005 年前后，随着地方对征信体系建设探索的深入，一些情况逐渐出现变化：第一，2003 年中国人民银行三定方案明确该行信贷征信管理的职责，并设立征信管理局作为内设机构。中国人民银行被确定为征信业管理部门之后，地方政府和人民银行地方分支机构关于征信管理的职责存在冲突，原则上地方政府不具备征信业监管的法理溯源和现实基础，深圳市 2001 年出台的个人征信机构审批管理规定应当废止。第二，随着工作的深入推进，我国信用体系建设由参照西方国家建立市场化征信模式逐步向建设全社会的信用体系转变，信用体系建设的目的从解决金融信贷征信问题逐步扩大到解决全社会诚信缺失的问题。战略思路的转变直接体现到工作层面，就是信息管理的范围、承担工作的部门等均发生变化。在上述背景影响下，信用立法逐渐出现征信管理和公共信用信息管理的分化，这些变化也体现在 2004—2008 年出台的省部级信用法规制度中，如表 9－1 所示。该时期出台的 6 部信用管理制度主要分为两类：一类是兼具规范征信活动和公共信用信息管理活动，如《湖南省信用信息管理办法》《内蒙古自治区信用信息管理办法》；另一类仅规范公共信用信息管理活动，如《江苏省公共信用信息归集和使用暂行办法》《商务领域信用信息管理办法》《江西省公共信用信息归集和使用暂行办法》《广东省企业信用信息公开条例》。

表 9-1　2004—2008 年出台的省部级信用法规制度

序号	名称	发布时间或文号	备注
1	《江苏省公共信用信息归集和使用暂行办法》	苏政办发〔2004〕114 号	规范公共信用信息管理活动
2	《湖南省信用信息管理办法》	省政府令第 202 号，2006 年 1 月 1 日起施行	规范征信活动、公共信用信息管理活动兼具
3	《内蒙古自治区信用信息管理办法》	自治区政府令第 146 号，2006 年 9 月 1 日起施行	规范征信活动、公共信用信息管理活动兼具
4	《商务领域信用信息管理办法》	商信用发〔2007〕254 号	规范商务领域市场主体信用信息管理活动
5	《江西省公共信用信息归集和使用暂行办法》	赣府厅发〔2008〕28 号	规范公共信用信息管理活动
6	《广东省企业信用信息公开条例》	2007 年 10 月 1 日起施行	规范企业信用信息公开活动

（一）兼具规范征信活动和公共信用信息管理活动的制度

《湖南省信用信息管理办法》除规定了信用信息的征集、披露、使用、异议处理等信用信息管理业务规则外，主要亮点包括以下 4 个方面：一是规定了信用信息的定义，信用信息是用于识别企业、个人身份，反映企业、个人经济状况、履约能力、商业信誉等信用状况的数据和资料。二是规定了征信机构的范围，包括公共征信机构和商业征信机构。公共征信机构是指依法设立的负责建设信用信息数据库并提供信用信息查询的事业单位。商业征信机构是指依法设立的从事征集、披露、使用信用信息和从事资信调查、信用评估、信用担保、信用保险、信用咨询、保理等业务活动的企业法人。三是明确了信用信息监督管理部门职责。负责对征信机构及其信用信息服务活动实施监督管理，对征信行业协会进行指导。四是明确了征信机构向信用信息监督管理部门备案信息征集加工操作规程、信息系统安全运行规章制度等义务。另外，该办法并没有对征信机构开展业务的资质进行审批或是备案的规定，只是要求对相关业务内容予以备案。

《内蒙古自治区信用信息管理办法》与《湖南省信用信息管理办法》

对信用信息管理业务规则的相关规定的框架基本一致，两者的主要区别体现在管理体制设定上。一是《内蒙古自治区信用信息管理办法》（以下简称《内蒙古办法》）将征信机构定义为“依法设立的专门从事征集、披露、使用信用信息和从事资信调查、信用评估、信用担保、信用保险、信用咨询、保理等业务活动的单位”，而湖南省明确将从事此类工作的机构界定为商业征信机构，突出此类机构的商业化色彩。二是《内蒙古办法》确定自治区金融工作部门是信用信息监督管理部门，并明确规定人民银行地方分支机构按照国家规定负责有关工作的监督管理。三是《内蒙古办法》未要求对征信机构相关业务活动予以备案管理。

综合上述分析，《湖南省信用信息管理办法》试图将公共征信、商业征信归拢一起由地方政府进行管理，该办法所称的公共征信即为后续所讲到的公共信用信息管理。而《内蒙古自治区信用信息管理办法》延续着深圳、上海对商业征信活动进行管理的思路，主要聚焦商业征信活动的规范管理，这一点从该办法明确将地方金融工作部门确定为信用信息监管部门可以看出。

（二）聚焦规范公共信用信息管理活动的制度

2004 年印发的《江苏省公共信用信息归集和使用暂行办法》，是我国首个以公共信用信息的归集和使用为规范对象的规范性文件。该办法确立的信用体系建设工作思路与此前出台的深圳、上海相关规定存在较大区别。该办法出台之后，其他地区公共信息管理办法基本未超越该办法确定的思路框架。该办法有以下几个条款需要重点说明：一是首次提出和界定公共信用信息概念。公共信用信息是指行政机关、具有社会公共管理职能的事业单位、社会团体掌握的各类与企业、个人信用有关的记录。直至 2020 年，各地出台的社会信用条例、社会信用信息管理条例、公共信用信息管理条例仍基本沿用该定义架构。二是规范对象除企业外还列入个人，但是该办法界定的个人尚未涉及所有公民，而是“企业法定代表人、企业主要负责人以及从事提供公众服务并且直接关系公共利益的职业、行业，并被行政机关赋予特定资格（资质）的公民”，即重点人群。三是明确规定要设立江苏省公共信用信息中心，以及建设公益性的数据库和网站，规定该中心的任务是：归集和有序发布公共信用信息，实现行政机关信息的交换和共享，为行政管理提供基础信息服务，为社会提供公共信息查询服务。江苏省公共信用信息中心是继浙江省信用中心之后设立的第二个省级信用中心。四是将公共信用信息构成区分为基本信息、良好信息、一般失信信息和严重失信信息，并按信息类别规定不同的记录期限。如：一般失信信息记录期限为三年，严重失信信息记录期限为七年等。五是建立不同信用等级主体实施分类管理措施的机制。如：对存在良好信息记录的企业或个人，实施减少或免除日常监督检查、授予相关荣誉、作为企业履行行政合同能力的重要参考等；对于存在一般失信记录和严重失信记录的企业或个人，采取重点检查或抽查、不授予有关荣誉或称号、在政府采购时不予纳入或取消其资格等管理措施。上述规定一直被沿用在各地信用法规规章规范性文件中。

2007 年 10 月 1 日施行的《广东省企业信用信息公开条例》是国内首部分信用相关地方性法规。该条例的立法思路与江苏、江西等地相关规章制度差别较大，主要聚焦于企业信用信息的公开使用。主要有以下几点需要注意：一是将企业信用信息定义为“各级人民政府行政管理部门和依法授权行使行政管理职能的组织依法履行职责中掌握的可用以了解、分析企业信用状况的信息”，此定义基本类同于江苏、江西等地规范性文件所称的公共信用信息规定。二是以列举方式明确了企业信用信息公开内容及其公开期限。可公开的企业信用信息内容包括：基本登记事项、组织机构代码；取得行政许可的情况；产品、服务、管理体系的认证情况和商标认定情况；产品质量的抽查、检验、检疫、检测情况；年度审计、审核情况和企业社会保险登记证年检情况；拖欠社会保险费和行政事业性费用的情况；拖欠、骗取、偷逃税款的情况；违法用工、拖欠员工工资等重大劳动保障违法行为的查处情况；重大质量、安全生产、环境污染等事故的责任追究情况；生效的行政处罚记录等。企业信用信息公开期限一般不超过三年。三是规定省市有关政府部门或单位可以建立企业信用信息发布系统，负责收集、整合并统一公开行政部门掌握的企业信用信息。此处所称的企业信用信息发布系统即其他规章规范性文件所称的信用门户网站。

随着我国信用体系建设的深入发展，信用体系建设内涵已从起步之初的重点推进商业征信和金融征信体系建设，逐步发展到商业征信、金融征信、公共信用信息管理三个领域并驾齐驱的局面。2007 年国务院社会信用体系建设部际联席会议制度正式建立，进一步确定了将社会信用体系建设范畴扩大到全社会诚信建设的战略意图。

三、深化第二阶段：征信管理法规逐步完善

在地方层面征信管理、公共信用信息管理立法齐头并进的同时，国家层面的征信管理立法也紧锣密鼓地开展。最重要的标志性事件是 2009 年国务院法制办对《征信管理条例（征求意见稿）》进行公开征求意见。该征求意见稿有以下几点值得注意：一是将征信业务界定为信用报告、信用评分、信用评级等业务活动，以专门一章对信用评级业务管理规则进行规定。二是明确提出设立中国征信中心，提出该中心由国务院征信业监督管理部门设立，作为不以营利为目的的独立法人，依法对外提供有偿服务，负责全国统一信用信息基础数据库的建设、运行和管理。

2013 年国务院正式通过并施行《征信业管理条例》。正式施行的条例强调对“征信业”的行业管理而非对“征信”活动进行业务管理，与此前征求意见稿存在以下变化：一是将征信业限定在传统的信用信息采集、整理、保存、加工、使用等活动，信用评级不纳入其中。二是规避了设立中国征信中心的提法，将金融信用信息基础数据库纳入征信业管理的范畴，回应了社会舆论关于征信管理中政府和市场划分不清、征信业监管机构既当裁判员又当运动员的质疑。该条例解决了征信业管理无法可依的问题，明确规定征信业监督管理部门的职责及其管理对象、措施和手段，确立征信业务及相关活动所遵循的规章制度，在我国社会信用体系建设历程中有标志性意义。

在《征信业管理条例》起草制定这段时期，全国第二部信用信息管理地

方性法规——《陕西省公共信用信息条例》于2012年1月1日起施行，该条例是地方探索公共信用信息管理立法的重要里程碑，是首个公共信用信息管理地方性法规。《陕西省公共信用信息条例》《征信业管理条例》相继施行，再次印证了我国社会信用体系立法由征信管理、公共信用信息管理双轮驱动的格局。

四、最新发展阶段：从信息管理立法到社会信用管理立法

2012年国务院将社会信用体系建设部际联席会议的牵头单位由中国人民银行单一牵头调整为国家发展改革委和中国人民银行双牵头，社会信用体系建设进入了新的发展阶段。国家发展改革委主导推动后，极大地扩展了整个信用体系建设工作格局，全国信用体系建设工作全面铺开，公共信用信息的归集和公开使用、联合奖惩机制建设、信用服务市场发展等工作进展巨大、成效明显。在此背景下，社会信用立法面临重大发展机遇，社会信用立法所要规范的外延和内涵较之前有极大的扩展。

2014年国家社会信用体系建设规划纲要印发后，各省份信用立法呈井喷式发展。据不完全统计，2015—2018年十几个省份以政府规章、规范性文件乃至地方性法规的形式印发信用相关制度，如表9-2所示。

表9-2　2015—2018年省份相关信用法规制度出台情况

序号	名称	文号或施行时间	备注
1	《安徽省公共信用信息征集共享使用暂行办法》	皖政办〔2015〕47号	
2	《上海市公共信用信息归集和使用管理办法》	上海市人民政府令第38号	2015年12月30日印发
3	《辽宁省公共信用信息管理办法》	辽宁省人民政府令第299号	2015年12月12日印发
4	《福建省公共信用信息管理暂行办法》	福建省人民政府令第165号	2015年6月24日印发
5	《山西省公共信用信息管理办法（试行）》	晋政发〔2015〕21号	

续表

序号	名称	文号或施行时间	备注
6	《江苏省公共信用信息管理办法（试行）》	苏政发〔2018〕23号	
7	《山东省公共信用信息管理办法》	山东省人民政府令第314号	2018年3月9日印发
8	《北京市公共信用信息管理办法》	北京市人民政府令第280号	2018年3月8日印发
9	《内蒙古自治区公共信用信息管理办法》	内蒙古自治区人民政府令第234号	2018年6月13日印发
10	《浙江省公共信用信息管理条例》	2018年1月1日起施行	
11	《湖北省社会信用信息管理条例》	2017年7月1日起施行	
12	《河北省社会信用信息条例》	2018年1月1日起施行	
13	《上海市社会信用条例》	2017年10月1日起施行	
14	《厦门经济特区社会信用条例》	2019年6月1日起施行	

上述省份信用立法主要聚焦公共信用信息管理，重点在规范政府部门的公共信用信息管理职责分工、信息归集整合共享的业务规则、信息公开和使用、信息主体权益保护规定等。发展改革部门在信用体系建设的话语权、主导权逐渐扩大后，地方政府一直在试图拓展信用相关法规规章的规范范围，主要表现是将原来对公共信用信息的规范扩展到对社会信用信息的规范，将市场信用信息也纳入地方政府规章或地方性法规的规范范围。《湖北省社会信用信息管理条例》《河北省社会信用信息条例》即该思路的具体体现。2017年10月1日正式施行的《上海市社会信用条例》，将规范范围由信息管理扩展到社会信用管理，体现了社会信用立法的最新发展方向。此前，工作层面或理论层面上均存在制定社会信用法的强烈呼吁，《上海市社会信用条例》的出台正是此类呼吁的最新体现成果。

《上海市社会信用条例》的颁布实施在我国信用立法领域具有里程碑式的意义，我国信用立法进入新的历史起点。此后，《厦门经济特区社会信用条例》2019年6月1日起施行，多地社会信用条例相继对外公开征求意见、通过人大审议或正式施行。从社会信用体系建设发展历程来看，

《上海市社会信用条例》的出台标志着我国社会信用体系建设已经从逐步探索的起步阶段进入完成框架搭建的全新发展阶段，全社会的信用体系建设进入发展快车道。本章第二至第七节提出了社会信用立法工作中需要解决的几个关键问题，主要包括：调整对象的范围、公共信用信息管理、市场信用信息管理及信用服务市场培育、守信激励与失信惩戒、社会信用主体权益保护、政务诚信和司法公信。

第二节　调整对象和范围

将实践成果固化为规章制度再用于指导具体实践，这是社会信用体系建设一直以来遵循的基本规律。随着国家社会信用体系建设规划纲要的深入实施，社会信用立法需求越发迫切。首先，经过过去二十年全国社会信用实践经验的积累，我国社会信用体系的建设模式、建设框架已基本成型，国家和地方形成的很多切实可行的建设经验需要通过立法予以明确和提升。其次，我国的社会信用体系建设模式具有中国特色、体现中国智慧，与西方的市场化模式和日本、韩国的行业协会模式存在较大区别。开展社会信用立法是完善我国社会信用体系建设机制的重要一环，也是构建信用体系建设“中国模式”和“中国方案”的最后一块拼图。最后，近年来社会信用体系建设实践中出现的信用信息管理、信用激励惩戒、信用主体权益保护等问题，如果没有高层级的法规制度予以规范，这些工作深入推进后将出现法规依据不足、工作推进困难等困境，不符合依法治国的总体布局。以上种种因素都迫切要求国家和地方加快推进社会信用立法工作，总结社会信用体系建设实践经验，确定社会信用立法的调整对象和范围。

一、调整对象：社会信用

确定调整对象是法律法规的核心问题。《浙江省公共信用信息管理条例》《湖北省社会信用信息管理条例》《河北省社会信用信息条例》等地方性法规，将调整对象主要界定为公共信用信息或社会信用信息的管理。《上海市社会信用条例》是首个将调整对象界定为社会信用的地方性法规，这对于社会信用立法具有开创性意义。虽然《上海市社会信用条例》将调整对象界定为社会信用，但地方性法规的立法权限较为有限，因此上海市最终选择“中切入口”的方式开展社会信用立法①。本书认为，该条例采用“中切入口”方式对社会信用进行定义可以适用于国家层面社会信用法律的制定。

上海将社会信用界定为“具有完全民事行为能力的自然人、法人和非法人组织，在社会和经济活动中遵守法定义务或者履行约定义务的状态”。理解该定义应该包括以下三个层面：一是具有完全民事行为能力的自然人、法人和非法人组织，确定了该条例规范的主体范围。其中：具有完全民事行为能力的自然人，即不具备完全行为能力的自然人不纳入规范范围；法人和非法人组织则基本覆盖了所有的社会成员，如《中华人民共和国民法典》所界定的营利法人、非营利法人、特别法人、非法人组织等。二是社会和经济活动，社会信用体系是社会主义市场经济体制和社会治理体制的重要组成部分，我国社会信用体系建设包含经济层面和社会层面，不管是经济交易活动还是社会管理活动，均纳入社会信用的范畴。三是遵守法定义务或者履行约定义务，一方面社会信用主体必须遵守相关法律规定，不遵守这些规定即属于未达到社会信用的状态；另一方面社会信用主体也必须履行与其他民事主体之间的约定事项，不履行这些约定也属于未达到社会信用的状态。对该概念进行延伸，未遵守法定义务的状态即形成公共信用信息；未履行约定义务的状态即形成市场信用信息。

二、社会信用法律的规范范围

社会信用的调整范围一般包括社会信用信息管理、守信激励和失信惩戒、社会信用主体权益保护、信用服务市场发展促进、社会信用环境建设

① 崔凯．上海社会信用立法：促进与路径[J]．地方立法研究，2019(2)：36－49.

等。制定国家层面的社会信用法律还可扩展到政务诚信建设、司法公信建设、行业组织信用建设、信用服务市场管理体制等内容。

（一）政务诚信建设和司法公信建设

社会信用体系建设包括政务诚信、社会诚信、商务诚信和司法公信四大领域诚信建设。一般而言，社会信用立法的规范内容主要集中在商务、社会领域诚信建设，涉及政务诚信领域的规范内容较少，而司法公信领域则完全没有涉及。究其原因，政务诚信、司法公信主要是行政机关、司法机关对自身业务工作诚信建设的提升，是刀刃向内的改革，因此缺乏做好此类工作的内生动力。此外，司法公信领域诚信建设涉及中央事权，地方可以拓展的空间非常有限。以上原因导致地方制定的社会信用地方性法规存在一定局限性，均尽量规避对政务诚信和司法公信相关内容进行限定。

将政务诚信和司法公信纳入社会信用法律的规范范围具有必要性和合理性。一是按照"社会信用"的概念界定，社会信用包括所有的社会成员，即普通自然人、企业、社会组织、事业单位以及机关法人等。二是行政机关、司法机关既是社会信用体系建设的推动者也是社会信用体系建设的对象，做好行政司法机关自身诚信建设是全社会信用体系建设的题中应有之义，作为四大领域诚信建设的两项重要内容，如果政务诚信、司法公信建设缺漏，则全社会信用体系建设不完整。此外，社会公众尤其关注政务诚信和司法公信，不全力加强行政司法机关自身的诚信建设，会影响社会信用体系建设工作开展的说服力和公信力。三是《中华人民共和国宪法》《中华人民共和国国务院组织法》《中华人民共和国地方各级人民代表大会和地方各级人民政府组织法》《中华人民共和国人民法院组织法》《中华人民共和国人民检察院组织法》等均对行政司法机关权责做出明确规定，因此，推进政务诚信、司法公信建设也是行政司法机关遵守法定义务、依法开展工作的具体体现。

将政务诚信和司法公信建设内容纳入社会信用法律中，具体操作路径是分别将政务诚信和司法公信单独作为一章，将相关规划政策文件所设想的内容上升为法律规定，赋予其法律约束力，重点规范行政司法机关在政务诚信和司法公信建设中的权利和义务。例如，可将政府部门在招商引资领域的失信行为上升为法律明确禁止的事项，如规定“地方人民政府及其部门应当履行依法作出的政策承诺和签订的各类合同、协议，不得以政府换届、相关责任人更替等理由毁约”。

上海和厦门的社会信用条例将政务诚信建设作为完善信用环境的具体举措写进社会信用环境建设一章。我们认为，对社会信用环境相关规定条文多是以鼓励、支持等软性写法为主，此类写法弱化了社会信用立法的刚性约束作用。因此，还是应当将政务诚信建设、司法公信建设各自单独作为一章体现在社会信用相关法律中，相关条文应当以具有刚性约束力的规定条款为主。

（二）行业组织信用建设

上述分析认为，遵守法定义务的信息对应称为公共信用信息，而履行约定义务的信息对应称为市场信用信息。社会组织作为区别于公权机关、市场主体之外的重要社会治理力量，社会信用立法中应该梳理清楚并明确界定社会组织尤其是行业协会、商会在社会信用管理中的职责和义务，至少在信息管理、信息应用等层面上应该予以体现。

行业协会对会员进行惩戒和约束具有两类性质：第一，来源于法律法规授权或行政机关委托，比如：《中华人民共和国证券法》《中华人民共和国律师法》分别授权证券业协会、律师协会实施的惩戒、纪律处分等，此类惩戒具有行政处罚性质，其形成的信息理应称为公共信用信息；第二，行业协会作为行业自律组织依据组织章程对会员实施的惩戒和约束，此类惩戒约束的最终目的是维护社会公共利益而不是维护普通私权利，因此，此类产生的信息既非公共信用信息也非市场信用信息，为与上述两类信息进行区分，可以称之为行业信用信息。

将行业协会依据章程行使职权而产生的信用信息界定为行业信用信息

后，由此建立起行业信用信息管理、对会员主体实施行业性奖惩等一系列信用管理框架。该架构是独立于原公共信用信息、市场信用信息之外的新管理架构。本书认为，完整的社会信用法律制度框架下应当包括公共、市场、行业等信用信息。这是区别现有社会信用地方性法规的重要方面，也是对现有社会信用立法框架的重要提升。

（三）信用服务市场的管理体制

关于信用服务行业，一般按照广义和狭义、核心和衍生等方式进行分类。广义信用服务行业分类包括企业征信、个人征信、资信评级、信用保险、信用担保、商业保理、商账追收、信用管理咨询及培训等；狭义分类包括企业征信、个人征信、资信评级等。

不同行业领域对应不同主管部门，比如征信业由中国人民银行负责监管，资信评级业分别由中国证监会、财政部、国家发展改革委等部门根据业务职责分工进行管理，商业保理行业在地方层面由商务部门调整到地方金融监管部门，信用保险作为保险具体业务由保险监管部门管理等。信用服务行业监督管理普遍缺乏高层级法律法规依据，比如 2009 年《征信管理条例（征求意见稿）》试图将资信评级业纳入征信业管理，但此后正式施行的《征信业管理条例》并未做出这一规定；直至 2019 年中国人民银行、国家发展改革委、财政部、中国银保监会联合制定出台《信用评级业管理暂行办法》，才结束了资信评级行业没有明确监管依据的尴尬局面，而该暂行办法制度层级也仅仅为部门规章。

社会信用法律作为国家层面上的信用立法，统一明确了信用服务行业的管理体制、管理规定，将对我国信用服务行业的发展壮大产生重要促进作用，这也是构建社会信用体系建设政府和市场双轮驱动的重要一环，如果信用服务行业没有发展起来，中国建成社会信用体系也无从谈起。

第三节 公共信用信息管理

社会信用体系建设领域和范畴扩展到全社会后，公共信用信息管理成为信用体系建设的核心问题之一。2011 年 10 月 19 日国务院常务会议部署社会信用体系建设，其中要求“十二五”期间应以社会成员信用信息的记录、整合和应用为重点，其中信用信息所指即公共信用信息。在《上海市社会信用条例》出台之前，各省份的信用规章制度均以信用信息尤其是公共信用信息的管理作为规范对象。国务院 2016 年立法工作计划将《公共信用信息管理条例》列入研究项目，这是国家立法层面首次提出开展公共信用信息管理立法。公共信用信息管理是社会信用立法中实务性最强、立法需求最迫切的关键问题，解决公共信用信息管理存在的问题，就已经解决了社会信用管理的很大一部分问题。公共信用信息管理应当作为专门一章内容在社会信用立法中予以明确。

一、公共信用信息定义

社会成员社会信用状况的展现载体主要是信用信息，因此信用信息、公共信用信息等概念界定直接关系到社会信用建设管理的范围。公共信用信息的定义是社会信用建设管理的基本出发点，也是社会信用立法核心要素之一。所有的社会信用立法，无论是公共信用信息管理专门办法还是社会信用综合立法，均将公共信用信息的概念作为核心要素进行界定。所有社会信用立法文本均安排专门条款对公共信用信息进行界定。

延续第二章的讨论，公共信用信息可定义为：行政机关、司法机关、依据法律法规行使公共事务管理职能的机构，以及提供公共交通、供水、供电、煤气、电信等公共服务的企事业单位，在履行职责和提供服务中产生的可用于识别公民、法人和其他组织等信用主体信用状况的数据和资料。该定义的关键点是明确了信息记录产生主体，其中包括：一是行政司法机关记录产生的行政许可和行政处罚信息、表彰奖励信息或司法裁决信息等均属于公共信用信息；二是依据法律法规规定行使公共事务管理职能的机构如工会、社科联、工商联、共青团、红十字会等，记录的违规行为信息、表彰奖励信息等属于公共信用信息；三是水电煤气等公用事业单位如电信、煤气、水务公司，记录的欠费信息经司法机关或权威仲裁机构认定后属于公共信用信息。

二、公共信用信息记录

从社会信用建设管理角度来看，信用信息管理主要包括信息记录、整合和应用等环节，但一直以来社会信用建设工作重点聚焦于信息整合和应用环节。主要原因有：一方面开展信用应用体现了信息的使用价值，没有应用场景或没有使用价值的信息实际上是无效信息，因此地方和部门均以应用为导向开展社会信用体系建设；另一方面信息整合作为信用应用的工作基础，得益于发展改革部门的统筹协调作用，以及工作成果展现的直观性，如以归集数据量衡量信用体系建设成效，很多地方和部门热衷于归集整合数据。事实上，在信息记录、整合、应用等环节中，信息的记录是所有工作的基础，信息记录的质量和水平影响后续的数据整合和应用。

已出台的公共信用信息管理规章制度，多数忽视对信用信息记录这一重点环节进行规定，没有安排专门条款将相关内容予以明确。如何做好信息记录工作应当聚焦以下两个问题：一是标准规范。信息记录质量不高的主要原因是标准规范不统一，因此法规条文中应当明确信用体系建设牵头部门会同相关行业主管部门制定统一标准规范的责任。二是信息记录责任主体。产生信息的单位作为信息记录责任主体，在法规条文中应当明确此类单位做好信息记录的责任，主要包括：要建立信息系统平台以实现电子化记录；要按照统一标准规范进行标准化、规范化记录等。总之，在法规条文中要压实信息产生单位作为信息记录主体的责任，以此推动信息记录质量提升。

三、公共信用信息目录管理

除界定公共信用信息的概念之外，还要进一步确定公共信用信息的外延即公共信用信息具体包含的内容，这也是社会信用立法的必然要求。确定公共信用信息具体内容的主要作用在于指导具体实践工作中的信息归集和整合。对信息实行目录管理是已被实践反复证明的做好信息归集和整合的成熟工作方法，公共信用信息整合和共享应当完全基于目录开展。

公共信用信息目录管理，应当具体规定以下内容：一是信息纳入目录管理的基本原则，这是必须明确规定的重要内容。公共信用信息天然具有公共产品属性，信用主体失信情形一旦纳入公共信用信息将产生广泛社会影响，因此对信息是否纳入公共信用信息目录应当秉持客观、审慎、必要等原则。二是目录制定的程序。严格的制定程序可以确保公共信用信息及其目录管理的严肃性，因此目录制定程序是目录管理中必须确定的重要内容。三是信源部门依据目录进行数据共享的责任。有关单位应当依据目录确定的信息类别开展数据归集整合，及时共享传输信息。此外，为提升立法的可操作性，可以考虑在法规条文中具体列明纳入公共信用信息目录的信息内容，如行政处罚、行政强制等行政执法信息，以及未履行生效判决信息等。

四、公共信用信息管理支撑机构

设立公共信用信息管理支撑机构为公共信用信息管理、公共信用服务等工作开展提供必要支持，是信用体系建设持续推进尤其是公共信用服务常态化开展的重要组织保障。2017 年组建国家公共信用信息中心是国家发展改革委推动信用体系建设的最重要成效之一。该机构主要负责全国信用信息共享平台和“信用中国”网站运行维护，以及信用信息的应用和联合奖惩实施工作。组建国家公共信用信息中心是社会信用体系建设在组织机构建设层面的最重要举措。在省级层面，已制定出台社会信用地方性法规的省区市均在社会信用立法中明确规定支撑机构的存在，如《上海市社会信用条例》规定的市公共信用信息服务中心、《浙江省公共信用信息管理条例》规定的省公共信用工作机构、《湖北省社会信用信息管理条例》规定的省信用信息中心等。

作为组织机构保障的具体举措，设立公共信用信息管理支撑机构对工作的促进作用巨大且切实可行。此类机构也可称为公共信用工作机构或公共信用服务机构，其主要职责是建设维护公共信用信息平台和信用门户网站，为社会公众和相关部门单位提供公共信用服务。公共信用工作机构或公共信用服务机构多为事业单位性质，也可结合法定机构改革要求通过立法将其性质确定为法定机构。

五、公共信用信息公开和应用

一是信息的记录和公开期限。这是信息管理的核心环节之一，所有社会信用立法均应规定信息的记录和公开期限。比如《征信业管理条例》规定：征信机构对个人不良信息的保存期限，自不良行为或者事件终止之日起为五年；超过五年的，应当予以删除。《上海市社会信用条例》规定：向市公共信用信息服务中心、信用服务机构等申请查询信息主体失信信息的期限为五年，法律、法规和国家另有规定的除外。

二是信息公开的途径。通过立法明确公共信用信息公开的权威途径，固化公共信用信息平台、企业信用信息公示系统等在信用体系建设中的权威地位，将包括“信用中国”网站在内的各级信用门户网站确定为信用体系建设官方网站。

三是信用信息应用的具体形式。其包括信息的公开、公共信用报告的查询使用、公共信用产品的增值加工等，这些均需要通过社会信用立法予以明确。

第四节 市场信用信息管理及信用服务市场培育

一、地方性法规在市场信用信息管理方面的局限性

关于社会信用信息分类的普遍做法是，按照两分法划分为公共信用信息和市场信用信息两类。暂且不论此类方法是否科学或符合实际，实际上市场信用信息管理问题确实是社会信用立法中关于信息管理的重要组成部分。上海、湖北、河北、厦门等地的社会信用地方性法规均涉猎了此类内容。《征信业管理条例》作为国家层面的行政法规已明确规定征信业务规则，而各地地方性法规中所称的市场信用信息与《征信业管理条例》对信用信息的界定基本一致，因此就产生了一些问题。一方面，各地的地方性法规关于市场信用信息管理的立法空间非常有限，难以突破《征信业管理条例》设定的框架。另一方面，地方性法规对市场信用信息管理规定的过多描述，造成与现有征信业主管部门即人民银行争权的误解。

已出台的社会信用地方性法规均将相关条文规定予以技术处理，避免与《征信业管理条例》产生冲突。比如，《上海市社会信用条例》第十三条第三款规定“采集市场信用信息，应当按照真实、客观、必要的原则依法进行，涉及征信业务的，还应当遵守征信管理等相关法律、法规的规定”；第十四条规定的“禁止采集自然人的宗教信仰、基因、指纹、血型、疾病和病史信息”甚至基本与《征信业管理条例》第十四条相关规定相一致。此外，湖北、河北等地方的社会信用地方性法规虽然将社会信用信息管理范围界定为公共信用信息和市场信用信息，但是多数规定集中在公共信用信息的管理上。例如，《河北省社会信用信息条例》涉及市场信用信息的采集只有第十六条、第十七条两条原则性规定，对市场信用信息具体如何管理基本没有涉及。总体来看，由于地方性法规受到立法层级的限制，对市场信用信息的管理规定存在局限性，难以突破《征信业管理条例》设定的框架。

二、市场信用信息的分类管理

社会信用地方性法规较少描述市场信用信息管理规定，除受限于地方立法空间外还有一个很重要的原因，即对市场信用信息或征信信息内涵外延的研究不够深入，没有抓住信用服务市场发展的新问题、新现象提出针对性的管理规定。比如，《上海市社会信用条例》界定市场信用信息为“信用服务机构及其他企业事业单位等市场信用信息提供单位，在生产经营活动中产生、采集或者获取的社会信用信息”。将除行政司法机关外的其他社会主体产生获取的与信用相关的信息统称为市场信用信息，由于此概念定义较为宽泛，因此据此实施的管理操作较难落实。如果社会信用地方性法规只是为了追求立法框架的完整性，而忽略了法规条文的可操作性，那么相关法规条文在实践中难以操作实施就不可避免。

综合有关市场信用信息的研究论述，从信息产生的角度来看，市场信用包括金融信用信息、行业合规信用信息以及其他信用相关可替代数据等。

金融信用信息是市场信用信息的核心维度信息，也是人民银行系统所认同的征信信息主要内容。《征信体系的共性与个性》① 一文阐述了征信体系的基本内涵：征信的基本功能是维持良好的信用状态促进借贷，征信的基本理念是共享债务人的信息来保护债权人的权益。将征信信息界定为与金融信贷相关的信息，符合西方征信国家通行标准。中国人民银行征信中心、百行征信公司等获得中国人民银行许可的个人征信机构的核心任务均为归集整合借贷信用信息并提供应用，其中前者主要服务于传统金融机构，而后者主要服务于传统金融机构之外的互联网金融服务机构。

行业合规信用信息主要是行业协会商会等具有行业自律管理职责的社会组织在行使职权过程中产生的可以展现会员企业或个人信用状况的信息。此类数据虽然不是由行政机关、司法机关等公权单位产生，但仍具有一定的公共属性，可归属为类公共信用信息，也可划入市场信用信息类

① 万存知．征信体系的共性与个性[J]．中国金融，2017(1)：40－42.

别。其具体信息内容如行业协会警告惩戒信息、禁止行业从业资格信息等。

合同履约信息主要是指市场主体双方交易过程中产生的信用信息，此类信息由交易双方互相记录，由于缺乏统一的标准，记录和共享难度较高。公用企事业单位将未及时履行合约的企业和个人纳入失信名单可以归属于此类信息。

其他信用相关可替代数据。互联网平台公司依靠平台管理优势掌握着大量的市场主体交易信息，如支付信息、购物习惯信息、活动轨迹信息等。虽然这些数据不像信贷信息可以直接展示信用主体的信用状况，但经过加工整理后可以在一定程度上反映信用主体的购买能力，因此此类数据属于新兴的信用可替代数据，也应纳入市场信用信息范畴，如芝麻信用公司就基于其掌握的信用相关可替代数据进行芝麻信用评分。

关于市场信用信息的界定问题，国家层面的社会信用立法可以在现有地方立法实践以及国家征信管理行政法规的基础上，进一步深化细化关于市场信用信息的管理规定，分类规范金融信用信息、行业合规信用信息、合同履约信息、其他可替代数据相关规定，争取社会信用立法更加适应实践管理要求。

三、公共信用信息向社会开放后的管理

公共信息资源开放的概念源于欧美发达国家。美国制定《1966 年信息自由法》等一系列法律并且搭建开放网站 data. gov，为公共信息资源开放提供了法制基础和平台载体，从而有效推动了公共信息资源开放战略实施，促进信息资源产业发展。关于公共信息资源开放工作，我国在诸多政府文件中已做出部署，如 2013 年《国务院关于促进信息消费扩大内需的若干意见》就要求“制定公共信息资源开放共享管理办法”“加快启动政务信息共享国家示范省市建设”。北京、上海、广东等地是积极推动公共信息资源对外开放的先进地区。

公共信用信息属于公共信息资源的一种。一般认为，公共信用信息

公开是指社会公众无须授权就可通过信用门户网站、新闻媒体等媒介获取信息，即信息无条件向任何社会成员提供。公共信用信息共享是指提供信息的公共部门通过公共信用信息平台共享获取其他单位记录产生的信息，即信息在公共部门之间共享共用。公共信用信息开放是指以个别查询或批量共享等方式将信息提供给具备相关资质资格社会机构的行为，目的是充分利用公共信用信息资源，以达到发展壮大征信等相关行业的作用。由于公共信用信息是支撑信用服务市场运行的重要生产资料，市场化信用服务机构业务开展需要公共信用信息作为支撑，如果信息未规范、依法、充分地对外开放，那么信用服务市场发展、信用服务机构运行将受到巨大影响。

毫无疑问，公共信用信息管理是社会信用立法的重点。但是现有公共信用信息管理相关立法重点对行政司法机关如何整合共享公共信用信息做出规定，而对公共信用信息如何向社会开放以及向社会开放后的管理问题较少涉猎。比如《上海市社会信用条例》第十六条第二款只做出原则性规定，即“本市建立公共信用信息和市场信用信息的互通、共享机制，鼓励各级行政机关与企业事业单位等开展信息合作，实现公共信用信息和市场信用信息的共同应用”。公共信用信息对社会开放意义重大，如何将公共信用信息向社会开放，以及开放后如何进行规范管理，成为社会信用立法需要解决的重要课题之一。

首先，建立数据承接使用机构认可准入制度。公共信用信息涉及个人、企业等众多社会成员的敏感信息，在信息安全形势异常严峻的背景下，保证信息的安全可靠、规范有序使用是公共信用信息对外开放的首要条件。为解决信息安全问题，可以参考企业征信备案、个人征信许可、信用评级认可等制度设计，建立数据承接使用机构认可准入制度，这是社会信用立法需要明确规定的数据开放首要制度，也是信用服务市场规范管理的重要制度安排。

其次，建立数据可靠安全传输通道以及协同处理机制。信用数据在政府内部安全传输共享可以依托政务数据管理部门建设的数据交换共享平台。数据向社会开放时的传输安全问题也是需要重点关注的首要问题，应当在社会信用立法中明确数据开放可以依托的安全传输通道。同时，公共信用服务机构处理的数据异议修复等问题也需要及时更新、同步到数据承接使用机构，因此社会信用立法中应明确规定信用服务的协同处理机制，以达到数据同步更新、同步处理的效果，避免出现行政部门和开放承接机构之间的数据更新不同步问题，从而影响社会主体权益。

再次，建立数据使用成效的反馈机制。应用成效是检验数据开放工作成果的重要标准，社会信用立法中应规定数据承接使用机构向提供数据的部门反馈数据市场化使用成效的义务，建立数据使用成效的反馈机制。

最后，明确有关行政主管部门的监管职责以及市场信用服务机构的使用规范。公共信用信息向社会开放后，有关行政主管部门应当履行数据规范使用的监管职责，避免产生安全问题或数据权益纠纷。有关行政主管部门应当将对外开放的公共信用信息与市场信用信息同等对待，统一管理标准。

四、信用服务市场的规范管理

信用服务市场的培育和规范，作为社会信用体系建设的重要组成部分，是社会信用立法必不可少的内容。但是我国信用服务市场总体发展滞后，已出台的地方社会信用立法关于信用服务市场规范管理的规定，多数从培育和促进信用服务市场发展的角度提出，多为鼓励和支持的表述，此类表述虽然符合信用服务市场发展现状，但是缺点在于刚性约束不足。

信用服务行业包括企业征信、个人征信、资信评级、信用保险、信用担保、商业保理、商账追收、信用管理咨询及培训等。其中，企业征信、个人征信、资信评级等作为金融运行基础设施，属于信用服务行业的核心业务，由人民银行监管。其他诸如信用保险、信用担保、保理等均为衍生业务，需要具备一定准入门槛。此外，信用管理咨询及培训作为普通的咨询和培训业务，未明确规定是否需要准入门槛，征信、资信评级公司主要将其作为附属业务进行运维。培育和规范信用服务市场，在社会信用立法中应主要规定以下内容。

一是各个信用服务细分行业的管理体制。通过社会信用立法对征信、评级等信用服务行业监管体制予以明确，已有规定的将相关规定上升到法律层面，如明确征信、资信评级行业由中国人民银行监管，信用保险、商业保理、商账催收行业由中国银保监会监管，信用管理咨询及培训由发展改革部门牵头、监督等。

二是各个信用服务细分行业的业务规范。参照《征信业管理条例》，在社会信用立法中规定各个信用服务细分行业的业务规范，如对资信评级行业建立跟踪评级制度，对个人征信实行许可制度，对企业征信实行备案制度等。

三是支持信用服务行业发展的规定。如鼓励具备资质的信用服务机构在一些行政管理、公共服务、市场交易领域开展服务，或将信用服务行业纳入现代服务业范围，建立专项资金扶持政策支持产业发展。

第五节　守信激励与失信惩戒

守信激励和失信惩戒机制是社会信用体系的核心运行机制，规范守信激励和失信惩戒是社会信用体系有效运转的关键环节。在全社会的信用体系普遍建立并广泛应用后，信用奖惩尤其是对失信行为的惩戒约束成为社会公众最为关心的问题。依据实施主体类别进行划分，失信惩戒包括行政性惩戒、司法性惩戒、市场性惩戒、行业性惩戒等类型。其中，市场性惩戒属于交易双方之间的市场行为，而行业性惩戒属于社会组织的行业自律行为，上述两类惩戒均有其运行的框架逻辑，均非社会信用立法重点规范的领域。从规范公权机关行为考虑，社会信用立法需要重点调整行政性惩戒相关行为。社会信用立法中关于守信激励与失信惩戒的规定，重点要解决激励和惩戒的合法合规性问题。

一、法律法规依据缺失是实施信用激励与惩戒的重要障碍

我国传统文化中将诚信作为对社会成员有普遍约束作用的道德规范。诚信一直是中华民族优良传统。新时代下，“诚信”被确认为社会主义核心价值观之一。传统的诚信伦理要求主要是从道德层面对社会成员言谈举止进行约束，如要求守信践诺、拾金不昧等。

现代社会的信用概念起源于金融信贷管理等经济领域。在我国，该概念被扩展到社会领域，形成了全社会信用体系建设的宏大范畴。与传统伦理道德层面的诚信不同，现代意义的信用概念必须适应现代经济社会发展要求，体现在公共信用信息的记录、公开传播，以及依据公共信用信息对信用主体信用状况进行评价，并以此施行激励与惩戒措施。此时的激励与惩戒概念除传统的道德褒扬或惩戒外，更多的是使用现代行政管理手段实施的激励或惩戒。

利用现代行政管理手段对失信主体实施信用惩戒，需要应注意以下两方面问题。一方面是实施信用惩戒需解决法制依据问题，即所有信用惩戒措施应依据法律法规规定予以实施，法律法规没有规定的坚决禁止，从这个逻辑看，通过社会信用立法对法律法规依据进行完善是实施信用惩戒的先决条件。另一方面是信用惩戒与传统行政约束措施，如行政处罚、行政强制、行政检查的关系处理问题，即信用惩戒是否与行政法体系下的行政处罚等重复实施。以上问题迫切要求通过社会信用立法予以完善，这是将守信激励与失信惩戒作为社会信用立法关键环节的重要现实意义所在。

二、激励与惩戒对象认定

激励与惩戒对象是信用激励惩戒实施的靶子，认定激励或惩戒对象是实施信用奖惩的首要环节。社会信用立法需要规定激励与惩戒对象名单认定相关内容。

一是名单认定标准的确定。确定名单认定标准是对象认定的首要步

骤。不少地方和部门已出台激励和惩戒名单认定标准，并依据标准进行名单认定工作。对于激励名单认定，由不同地方和部门制定各式各样的认定标准对社会影响较小，因为对守信主体实施激励有利于营造全社会诚实守信氛围，可以促进全面建立信用体系。但是对于惩戒名单认定，如果全国各个地方认定标准不统一，将对工作到位的地方产生挤出效应，惩戒工作实施越好对社会成员的挤出效应越大。即不一致的市场监管活动影响了全国统一的社会信用体系和市场监管体系的建立，最终影响经济社会活动的正常开展。因此，要建立全国统一的激励惩戒名单认定标准，以保证信用奖惩活动的规范有序开展。建立名单认定标准是信用激励与惩戒相关立法的重要内容。确定激励与惩戒名单认定标准关键要发挥国家一级行业主管部门的作用，通过立法赋予和压实行业主管部门组织标准制定的责任和义务。同时也要赋予国家发展改革委作为信用体系建设牵头协调部门，统筹管理该项工作的责任，如国家发展改革委要建立标准规范备案管理制度，这样才能形成对名单认定标准全国统一管理的机制。

二是名单的具体认定和管理。名单认定标准制定之后，各级有关部门即可根据标准对激励与惩戒名单实施认定工作。如何对激励或惩戒对象名单进行认定和管理值得讨论。从维护具体行政行为的严肃性来看，各级部门应遵循一定认定标准和程序持续开展名单认定工作，如制作认定通知书，将名单认定具体理由、期限、管理措施以及移除条件等告知被认定对象。从加强名单管理来看，激励与惩戒对象名单被认定之后，对该对象实施激励或惩戒的范围应该覆盖全国，这是建立全国统一市场体系的必然要求。因此，应该建立全国统一的激励与惩戒对象名单管理数据库，将各级部门认定的名单统一归集到该数据库中，并在全国范围内共享和使用而非只在本地范围内传播，这是名单管理最主要的措施。

三、守信激励褒扬措施

在信用体系建设的具体实践中，守信激励被多数人认为是锦上添花的工作，而非法律法规规定必须完成的任务。虽然不少国家文件对实施守信激励措施做出了政策安排，但是立法层面规定的刚性约束较少、限定的责任义务比较弱，并且守信激励规定多为鼓励性为主，未压实相关主体实施守信激励措施的责任。因此开展社会信用立法，要改变此前相关立法仅作鼓励性规定的做法，明确行政机关或相关管理主体组织落实守信激励措施的责任。例如，在行政性激励方面，将对守信主体实施“容缺受理”“绿色通道”、减少检查频次等措施作为行政机关必须完成的工作；在市场性和行业性激励方面，要区分好政府和市场关系，从鼓励和倡导角度提出对守信主体实施市场性或行业性激励举措，如利率优惠、减少交易成本等。

四、失信惩戒约束措施

建立守信激励和失信惩戒机制是社会信用体系建设的核心运行机制，而诚信缺失问题是社会信用体系建设的突出问题，因此实施失信惩戒措施对社会信用立法尤为重要。治理诚信缺失问题关键要严格落实失信惩戒措施，乱世用重典，通过失信惩戒措施的严格实施以达到尽快规范社会信用环境和秩序的效果。社会信用立法中失信惩戒约束措施可以体现在以下几个层面。

一是对一般失信行为的惩戒约束，其中包括：第一，从失信管理角度来看，一般失信主体不能享受守信主体或是无不良信用记录主体所享受的激励措施，如不能享受绿色通道、容缺受理、告知承诺、财政支持补助等举措；第二，要适当加重监管手段，比如适当增加监管频次、适当减少信用评价得分等。

二是对严重失信行为的惩戒约束。对严重失信行为实施惩戒是社会重点关注的信用体系的重点领域。对严重失信行为的惩戒措施主要集中在限制或禁止进入相关行业、享受相关公共服务等方面。对失信联合惩戒对象实施惩戒措施的社会影响力巨大，因此社会信用立法中既要注意重点解决失信惩戒依据不足问题，也要防范失信惩戒泛化的问题。解决失信惩戒依据不足的问题，在社会信用立法中要规定行政司法机关具有对失信联合惩戒对象名单实施惩戒措施的权力。在防止失信惩戒泛化方面，要依据关联原则审慎实施惩戒措施，要区分失信行为的性质，妥当处理相关失信行为对其他行业领域的影响，恰当审慎实施惩戒约束。

第六节　社会信用主体权益保护

信用信息是传播社会信用主体信用状况的载体，作为社会信用主体的附着物，信用信息传导的信用状况关系到社会信用主体的切身利益。因此，近年来的信用体系具体实践中，社会各界对信息公开、失信惩戒等多有非议，质疑信息公开影响主体合法权益，导致失信惩戒泛化。这些质疑声音的产生有些源于对该项工作的误解，有些源于制度不健全而暂时出现的工作漏洞，所有这些均可通过工作的逐步完善予以解决。同时这些质疑的产生其实也揭示了社会信用立法中很重要的一点：保护社会信用主体的合法权益是社会信用体系建设极端重要的工作，社会信用体系建设工作能否得到广大群众拥护、能否在全社会顺利全面推广，关键还是要注意保护社会信用主体合法权益，这始终贯穿于社会信用建设管理工作全过程。

一、信息使用处置权

虽然信用信息由行政司法机关或市场主体记录产生，但是社会信用主体作为信用信息附着的对象，对于行政司法机关产生的与自身信用状况相关的信息特别是非公开的信息，社会信用主体具有决定其他单位可否使用或怎样使用该信息的权利。在社会信用立法中，信息使用决定权主要体现在以下两方面。

一是对于非公开的信息，其他使用者需获得社会信用主体授权。信用信息分为公开和非公开信息。信用信息是否公开一般由法律、行政法规、规章等决定，社会信用主体对此没有更多的决定权利。从保护社会信用主体隐私或商业秘密的角度，对于非公开的信息，社会信用主体有权决定其向谁公开、供谁使用，这是隐私权或保护商业秘密权利的延伸。体现在社会信用立法中，就是信用报告的查询使用需得到社会信用主体授权。如《上海市社会信用条例》规定“未经本人书面授权，不得查询信息主体非公开的社会信用信息”。《征信业管理条例》规定“征信机构不得采集个人的收入、存款、有价证券、商业保险、不动产的信息和纳税数额信息。但是，征信机构明确告知信息主体提供该信息可能产生的不利后果，并取得其书面同意的除外”。

二是对于正面的信息，社会信用主体有权决定其是否报送或报送后是否公开。信用信息主要包括正面、负面、中性等属性。其中，对于行政司法机关记录产生的公共信用信息，其归集报送及公开与否取决于相关法律法规、规章或规范性文件的规定。此类信息的归集报送及公开影响到社会公共管理活动、与社会利益切身相关，与归集或公开相关的规定较为刚性，基本没有讨论空间和妥协余地。而社会信用主体的正面信息如行政机关颁发的荣誉表彰信息、社会捐赠、公益服务等，这些信息公开更多影响到社会信用主体自身利益，而不会影响到社会公共利益。因此社会信用主体对正面信息具有决定处置权，社会信用主体提出不予公开的，相关数据管理单位应当按照社会信用主体的要求进行处理，此类规定需在社会信用立法中予以明确。

二、信息使用知情权

虽然社会信用主体对归属于自身的信息并不完全具有所有权和使用权，但是作为社会信用主体本身，理所当然具有对该信息被他人加工处理或查询使用情况的知情权。社会信用主体对自身信息使用情况的知情权主要表现在：一是有权知悉自身信息被查询使用情况，包括信息公开、被实施信用惩戒等。如信贷征信系统的信用报告就记录其他机构查询该主体报告的情况。二是有权知悉自身信息的流向情况。对于公共信用信息在行政司法机关内部流转的情况，社会信用主体可以忽略，因为行政司法机关有保护主体合法权益的必然要求。但是对于相关信息由行政司法机关内部流转到市场后的使用情况，社会信用主体有权知悉，因为相关信息对外开放供市场机构广泛应用后必定对社会信用主体造成影响。保障信息使用的知情权，应在社会信用立法中作出相关规定。比如：在立法中规定相关信用平台记录信用信息查询使用情况并供社会信用主体查询的责任；应当严格管理公共信用信息向社会开放共享的情况。

三、申辩异议权

在公开或使用相关信用信息时，社会信用主体有权对其认为存在错误的信息或是不恰当使用的情况提出异议或进行申辩，这是社会信用主体的申辩异议权。申辩异议权作为一种权利救济的基本途径，无论在西方征信国家还是在国内，公共信用信息管理实践中均被普遍使用。已制定出台的社会信用相关法规、规章及规范性文件均将异议处理作为社会信用主体基本权利予以规定。

四、信用修复权

公开失信行为信息、落实失信惩戒措施等仅是社会信用体系建设的主要手段而非终极目的，社会信用体系建设的最终目的是营造诚实守信的社会氛围。为达到诚实守信社会氛围的终极目标，就必须允许存在轻微或一般失信行为的主体通过自身努力且付出一定失信成本后，对信用进行修复、自主自新的情况。信用修复权主要包括以下几个层面：一是规定信息的公开或使用期限。规定信息公开和使用期限是最基本的信用修复权利之一，西方征信国家将其作为信用修复基本制度在相关法规进行规定。二是通过履行一定义务、付出一定失信成本而开展的修复。比如对一般的行政处罚行为履行了处罚义务后进行的信用修复，或失信被执行人履行了执行义务后即退出失信被执行人名单或终止惩戒的情况。此外还有一点需要明确，对行业领域失信行为的修复条件不适合进行统一规定，各个行业领域失信行为的信用修复条件应当由行业主管部门进行规定并且由其承担实施责任，社会信用相关立法主要规定的是信用修复的共性条件。

第七节 政务诚信和司法公信

行政司法机关在社会信用体系建设中具有双重属性，既是社会信用体系建设的组织推动者，又是社会信用体系建设的规范对象。在现有工作体系下，对于政务诚信、商务诚信、社会诚信和司法公信等四大领域诚信建设，更多关注的是商务诚信和社会诚信建设。因此在社会信用立法中尤其是制定法律时，应该将政务诚信和司法公信作为诚信社会环境建设的重要内容。

政务诚信立法所规范的内容主要是行政机关日常工作中需要履行的基本职责，其中包括：一是依法行政，其核心就是履行法定职责必须为、法无授权不可为的要求，以及依法决策的要求。二是政务公开，即履行《政府信息公开条例》所规定的职责要求。三是勤政高效，其核心是如何优化行政审批和政务服务。四是守信践诺，该项工作最受社会公众关注，政府部门不守信是政务诚信的最突出表现，经常受到人民群众诟病，政府部门带头守信是社会信用体系建设的基本要求。在社会信用立法中，守信践诺的核心是规范政府部门失信行为的记录存储和公开使用等行为，促使守信践诺从愿景性工作向常规性信用管理工作转变。通过立法将政府部门守信践诺变成信用管理的日常工作，该项工作才能真正得到落实。

司法公信是社会诚信的最后一个保障，对于司法公信的相关法律规定，已有诸如《中华人民共和国人民法院组织法》《中华人民共和国人民检察院组织法》《中华人民共和国法官法》《中华人民共和国检察官法》《中华人民共和国律师法》等法律规定，由于社会信用立法中对司法公信作出的规定难以面面俱到，社会信用立法对此项工作无须过多涉及。

第八节　建立完备的社会信用建设管理法治体系

2018 年中共中央印发的《社会主义核心价值观融入法治建设立法修法规划》提出，要探索完善社会信用体系相关法律制度，研究制定信用方面的法律，健全守法诚信褒奖机制和违法失信行为联合惩戒机制。这是对社会信用立法的再动员和再部署。随着社会信用体系建设的逐步深入，将建立以社会信用法为核心，涵盖行政法规、地方性法规、规章及规范性文件等各层级，以及覆盖各行业领域的社会信用建设管理法治体系。

一、《中华人民共和国社会信用法》

《中华人民共和国社会信用法》的定位为社会信用建设领域的基本法，也是后续制定各类行政法规、地方性法规、部门和政府规章及规范性文件的依据。作为社会信用领域的最高法律，其主要界定社会信用的内涵和外延，确定社会信用领域需要规范的主要内容，包括信用信息的管理、社会信用激励与约束、信用服务市场规范管理、社会信用主体权益保护、政务诚信和司法公信建设等。

二、法律、行政法规和地方性法规

法律层面，主要是在各项专门法律中体现信用管理相关内容，如《中华人民共和国广告法》《中华人民共和国外商投资法》《中华人民共和国个人所得税法》《中华人民共和国公务员法》等十几部法律纳入信用记录、信用激励与惩戒等条款。

行政法规层面，由于《中华人民共和国社会信用法》无法面面俱到地对社会信用领域各方面问题作出详细具体的规范，因此可针对具体领域制定出台更为详尽的行政法规。例如，修订《征信业管理条例》、新制定资信评级领域的专门行政法规、公共信用信息方面的《公共信用信息管理条例》、守信激励和失信惩戒管理的专门行政法规，以及《统一社会信用代码管理办法》等。

地方性法规层面，地方根据自身实际制定的社会信用地方性法规，如上海、浙江、河北、湖北、陕西、厦门以及宿迁等地出台社会信用条例后，必将还有更多地方出台社会信用地方性法规。

三、规章和规范性文件

一是部门规章和规范性文件。主要包括：一方面是社会信用体系建设牵头部门出台的信用管理专门领域综合性的规章或规范性文件，如公共信用信息的异议或修复处理办法、公共信用信息安全管理办法等。另一方面是行业主管部门出台的本行业领域信用管理工作的专门管理办法，如在守信激励和失信惩戒制度建设方面，需要各部门根据实际确定本行业领域的守信名单或失信名单认定管理办法。行业领域信用管理工作的部门规章和规范性文件，一般应由国家部委或是省级部门制定，由市、县等相关部门负责执行落实。

二是地方政府的规章和规范性文件。除对国家层面相关规定在本地区执行实施规则进行细化外，地方可从先行先试角度探索出台本地区社会信用相关规定，但是此类规定应当在国家信用法规框架下制定。

第十章　新时代社会信用建设的发展方向

第一节　新时代社会信用建设的战略定位

2012年党的十八大提出“加强政务诚信、商务诚信、社会诚信和司法公信建设”，社会信用体系建设迎来蓬勃发展的历史机遇。尤其是2014年国家社会信用体系建设规划纲要全面擘画社会信用体系建设宏伟蓝图，该规划纲要的组织实施推动我国社会信用体系建设实践取得空前进展，信用体系建设长效机制基本建立，信用信息归集整合、公共信用信息平台建设、信用法规制度建设、信用激励和惩戒机制建设、信用监管机制实施、政务诚信建设、信用服务市场发展等具体工作成效显著。横跨两个五年规划，历经近十年的发展实践，基本完成了对中国特色社会信用体系建设模式的探索。党的十八大以来，我国大刀阔斧地推进社会信用体系建设改革，探索出丰富的实践经验，取得显著成效，生动体现了坚持和发展中国特色社会主义的鲜活案例。过去十年的社会信用体系建设实践形成的理论方法正是在习近平新时代中国特色社会主义思想指引下形成的。

一、总战略定位：习近平新时代中国特色社会主义思想的生动实践

2017年党的十九大做出中国特色社会主义进入新时代的重要判断，这是我国发展新的历史方位。党的十九大将我国未来30年发展划分为两个阶段：第一阶段是2020年到2035年，目标是在全面建成小康社会的基础上，

经过15年的奋斗，基本实现社会主义现代化；第二阶段是2035年到本世纪中叶，目标是在基本实现现代化的基础上，经过15年的奋斗，把我国建成富强民主文明和谐美丽的社会主义现代化强国。新时代是社会信用体系建设改革的历史新坐标。新时代社会信用体系建设，必须以习近平新时代中国特色社会主义思想为指引，必须置于党的十九大描绘的宏大发展战略框架下推进实施。新时代社会信用体系建设总的战略定位，就是将中国特色社会信用体系建设模式打造成为习近平新时代中国特色社会主义思想的生动实践。从时间上考虑总的战略定位，新时代社会信用体系建设至少要按照党的十九大所部署的到2035年基本实现社会主义现代化这一重要时间节点目标进行谋划推进。在这一重要时间节点目标框架下，最重要、最紧迫的是谋划好社会信用体系建设在2021—2025年的规划任务。因为从历史坐标看，“十四五”时期是我国两个一百年奋斗目标的历史交汇期，其重要性不言而喻；从信用体系建设实践看，“十四五”时期是2014—2020年国家社会信用体系建设规划纲要实施完成、基本搭建中国特色社会信用体系框架后的首个五年规划期。可以说，“十四五”时期是新时代社会信用体系建设总的战略定位的时间起点，也是社会信用体系建设实践再谋划、再出发的逻辑起点。将中国特色社会信用体系建设模式打造成习近平新时代中国特色社会主义思想的生动实践，这个总的战略定位具体包括新时代社会主义市场经济体制的重要组成部分、新时代共建共治共享社会治理格局的重要手段、新时代经济发展的重要支撑动力等基本战略定位。

二、新时代社会主义市场经济体制的重要组成部分

习近平总书记指出“社会主义市场经济是信用经济、法治经济”。市场主体参与市场经济各项活动，应当遵循诚实守信、契约精神的理念框架，没有诚信寸步难行。近年来，我国社会信用体系建设最突出的成效就是基本建立覆盖全社会的信用体系，为市场主体营造了诚实守信的市场竞争环境和氛围。新时代社会信用体系建设的重要战略定位之一是围绕中央加快完善社会主义市场经济体制的重要部署，推动社会信用体系建设向纵

深发展，推动社会信用法治化、规范化、常态化，适应经济高质量发展要求。新时代社会信用体系建设作为社会主义市场经济体制的重要组成部分，至少体现在以下几方面：第一，金融行业运行层面，作为金融行业基础设施的征信体系的建设完善，将有力支撑我国金融业健康运行，乃至经济平稳健康发展。第二，政务诚信建设层面，政府部门诚信施政将对其他社会主体诚信建设发挥表率和导向作用，因此政务诚信建设是完善市场经济体制的基础。第三，信用监管层面，建立完善信用监管机制是创新政府管理和服务方式的重要举措，可以促进完善宏观经济治理体制。第四，优化营商环境层面，建设完善社会信用体系，也将有力优化全社会营商环境，具有良好社会信用环境的地区必将是营商环境的高地。第五，公共信用服务层面，完整便利的公共信用服务支撑起全社会信用体系的正常运转，对经济社会运行效率可起到润滑作用，也是市场经济运行的基础。从金融行业运行、政务诚信建设、信用监管、优化营商环境、公共信用服务等层面上看，新时代社会信用体系建设必定是社会主义市场经济体制的重要组成部分。

三、新时代共建共治共享社会治理格局的重要手段

打造共建共治共享的社会治理格局是党的十九大提出的新时代社会治理发展创新的新目标和新要求。共建即各类社会成员共同参与社会建设，共治即共同参与社会治理，共享即所有社会成员共同享有治理成果。共建共治共享的关键和核心是所有社会成员共同参与进来。近年来，社会信用体系广泛被政府部门、司法机关、社会组织等广泛应用到社会治理工作中，成为社会治理体系建设特别管用好用的手段之一。落实政务诚信、商务诚信、社会诚信、司法公信四大领域诚信建设的部署要求，理所当然要求所有社会成员具有共同参与诚信建设的行动自觉。第一，政府监管层面，信用手段是各个政府部门实施行政管理、公共服务所采用的普遍手段。第二，行业协会商会层面，行业信用行为记录以及由此产生的行业约束惩戒等行业诚信自律行为是社会组织开展行业管理的重要手段，是行业

协会、商会参与社会治理格局建设的主要方面。第三，从司法机关来看，对失信被执行人实施联合惩戒成为解决执行难问题非常有效的举措。第四，普通群众参与社会活动层面，被授权查询其他社会成员的公共信用记录将是降低社会交往成本的有力举措，比如在家政服务市场应用信用信息、构建信用场景就非常有用。总之，新时代信用手段仍然是社会治理不可忽略的重要手段，将推动政府部门、司法机关、社会组织、人民群众在社会共建共治工作中，充分利用信用手段解决社会治理中出现的问题，共享充分应用信用手段带来的丰硕成果，将是构建共建共治共享的社会治理格局的重要举措之一。

四、新时代经济发展的重要支撑动力

将新时代社会信用体系建设定位为经济发展的重要支撑动力，主要体现在以下几方面：第一，公共信用数据是政务数据开放的最重要组成部分，有序向社会开放公共信用数据将有力支撑经济发展。促进生产要素有效配置是激发全社会创造力和市场活力、推动经济高质量发展的支撑动力。中央部署构建更加完善的要素市场化配置体制机制，其中将数据与土地、资本、劳动、技术等生产要素并列，成为第五大生产要素。公共信用相关数据作为最重要的政务数据，有序向社会开放，发挥信用数据作为支撑各行业发展的生产要素的作用，对经济发展支撑作用巨大，这是新时代社会信用体系建设需要注意的问题。如果未将信用数据作为最重要的数据要素资源之一予以重视，那么社会信用体系建设与此前的工作没有区别，仅是此前工作的低端重复，无法体现新时代社会信用体系建设的重要意义。第二，新时代社会信用体系建设的重要战略方向之一是大力发展扶持征信、资信评级等信用服务行业，将信用服务行业打造成现代服务行业的支撑基石之一。信用服务行业发展有两方面作用：一方面，作为现代服务业的重要业态，该行业发展壮大将培育出现代服务业的一个重要支撑业态；另一方面，信用服务行业作为润滑经济运行的行业，该行业的发展也促进所有与经济交易有关的行业进一步壮大。此外，新时代社会信用体系建设发展也培育出一批新业态如信用修复、社会生活信用服务等，这些新业态的发展直接创造了经济需求，促进经济总量增长。因此，新时代要将社会信用体系建设作为经济发展的重要支撑动力予以促进推动。

第二节　新时代社会信用建设的总体推进思路

本书根据将中国特色社会信用体系建设模式打造成习近平新时代中国特色社会主义思想的生动实践这个总战略定位，以及新时代社会主义市场经济体制的重要组成部分、新时代共建共治共享的社会治理格局的重要手段、新时代经济发展的重要支撑动力等基本定位，确定新时代社会信用建设推进总体思路。

一、坚持党委统一领导的基本原则

坚持党委统一领导的基本原则，推动由党委出台新时代社会信用体系建设纲领性文件，重新梳理工作协调机制，压实相关部门主体责任。在2014年出台的国家社会信用体系建设规划纲要实施完成后，新时代社会信用体系建设面临新一轮部署规划的工作需要。正如2007年国务院办公厅制定的《关于社会信用体系建设的若干意见》和2014年国务院印发的国家社会信用体系建设规划纲要一样，纲领性文件的制定出台将为今后较长时期内社会信用体系建设指明主攻方向、吹响前进号角。2014年国家社会信用体系建设规划纲要的实施取得了阶段性战略成果，应对新时代社会信用体系建设的各种新形势、新挑战，尤其需要在对已有工作经验教训进行总结提炼的基础上，制定新时代社会信用体系建设纲领性文件。

该纲领性文件的基本定位是指导新时代较长时期内的社会信用建设，时间跨度基本确定为到2035年基本实现社会主义现代化这一重要时间节点和重要目标。从文件制定出台主体看，由党委层面制定出台该纲领性文件较为合适，主要考虑以下几个方面因素：第一，社会信用体系建设作为新时代社会主义市场经济体制的重要组成部分，作为共建共治共享的社会治理格局的重要手段，该纲领性文件具有管全局的基本要求，对完善市场经济体制和社会治理机制具有重要作用。第二，中国特色社会信用体系建设的主要内容，除从行政层面推动信用信息记录、整合和应用等工作外，还涉及精神文明建设等意识形态层面以及公检法信用体系建设等司法公信层面的工作。第三，由党委制定出台该纲领性文件对协调推动部门和地市开展工作的力度更大。因此，新时代推进社会信用体系建设的总体思路，最重要的一点就是由党委制定出台推动今后一段时间工作的纲领性文件，系统谋划新时代中国特色社会信用体系建设模式，部署安排各项重点战略任务。

此外，总结2014年国家社会信用体系建设规划纲要的实施效果，新时代推进中国特色社会信用体系建设，还需要重新谋划发展改革部门、宣传部门和人民银行等牵头部门和相关行业主管部门之间的职责分工。得益于2012年确立的发展改革部门、人民银行共同牵头信用体系建设工作，社会信用体系建设氛围轰轰烈烈、成效显著，但是积极大胆的探索实践也带来诸如信用档案等同于道德档案、信用惩戒泛化、社会信用与征信区分不清等社会争论性问题。系统解决上述问题，除做好重点任务谋划部署外，关键还要总结发展改革部门、人民银行双牵头工作机制的优势缺点以及宣传部门如何从诚信道德理念层面参与到社会信用体系建设中。本书认为，最合适的社会信用体系建设工作机制应该是形成由发展改革部门牵头，人民银行、宣传部门以及各行业主管部门共同参与，行业部门间工作任务各有侧重点的组织机制。

第一，应该将发展改革部门、人民银行双牵头工作机制，调整为发展改革部门独自牵头协调社会信用体系建设工作。人民银行参与牵头社会信用体系建设工作给社会公众带来一定困扰，由此产生误解，将人民银行推动的征信体系建设尤其是金融征信工作与其他社会信用体系建设工作混为一谈。第二，确定由发展改革部门单独牵头，除可继续发挥发展改革部门的统筹协调作用、发挥发展改革部门勇于大胆改革探索的优势外，还可降低双牵头带来的改革协调成本，减少与人民银行共同牵头导致的社会公众对征信工作的误解。从总体利弊角度分析，发展改革部门单一牵头比双牵头更加有利于工作推进。第三，严格落实人民银行和宣传部门分别在征信体系建设和诚信道德建设方面的责任。确定发展改革部门单一牵头并非否定人民银行系统在社会信用体系建设中的作用，反而是为了加强人民银行系统对金融征信、商业征信、资信评级等信用服务行业的主导地位。人民银行与其他政府机构有所区别，人民银行专业性较强，更多是作为金融行业主管部门存在，将其更多牵涉社会信用其他工作的统筹协调，反而容易削弱人民银行作为相关信用服务行业主管部门的角色定位。因此，应当将人民银行聚焦在征信体系建设工作。而宣传部门主管精神文明建设等意识形态层面工作，目标是提升诚信道德理念水平，宣传部门推动的诚信建设工作更多聚焦在道德层面上的宣传教化，这也需要与其他社会信用体系建设工作做好区分，避免造成社会公众的误解和困扰。第四，理顺发展改革部门单独牵头、人民银行和宣传部门分别主导相关工作机制的同时，还需落实各行业主管部门推进本行业信用体系建设的主体责任，因为各项工作的全面部署推动离不开从中央部委层面自上而下的组织推动，没有中央和省级部门层面的组织部署，基层单位工作推进力度将大受影响、大打折扣。

二、坚持政府和市场双轮驱动的基本思路

2014 年国家社会信用体系建设规划纲要将“政府推动，社会共建”确定为社会信用体系建设首要原则。其中“政府推动”排在首位，其次才是“社会共建”。社会信用工作严格遵循“政府推动”的指导原则，在国家发展改革委、中国人民银行的牵头推进下，地方政府及相关行业主管部门推进社会信用体系建设的积极性显著提高，推动整个社会形成浓烈的社会信用氛围。人民群众从起初对社会信用体系建设的一无所知，到现今从事相关社会活动时闪出会否被纳入社会信用记录的念头，均应归结于政府强力推动的效果。“政府推动”原则非常契合社会信用体系建设启动初期的工

作实际。西方信用体系建设工作经历了上百年的市场竞争和自然演化，才形成了以市场为主导的完备信用体系。我国启动社会信用体系建设初期，走西方信用体系建设的老路走不通。如果沿着市场自然演化的路子按部就班地推进信用体系建设工作，那么快速建成覆盖全社会的信用体系的设想根本无法完成，甚至影响中国特色社会主义建设全局工作。为适应中国特色社会主义建设要求，应该创新出一套符合中国实际的新模式。因此“政府推动”在信用体系建设初期尤为重要、尤为有效，正是在政府强力推动下我国搭建了具有中国特色的社会信用体系，即中国特色社会信用体系建设新模式。

在政府推动完成信用体系建设框架的初步搭建后，新时代继续深化中国特色社会信用体系建设模式，既要坚持政府推动的指导原则，更要突出社会力量尤其是市场的作用，关键是将社会力量在信用体系建设中的作用提到更加重要的位置。总体原则就是将原有政府主导原则向政府和市场双轮驱动原则转变。

一方面，继续坚持政府对信用体系建设工作的重要推动作用。依托政府部门的行政手段强力推动，保持信用体系建设的浓烈氛围，继续加强信用奖惩机制建设、公共信用数据归集整合、公共信用信息平台建设、提供良好公共信用服务、公共信用数据对外开放共享等工作，从政府层面构建社会信用体系建设的基础服务框架。

另一方面，要构建社会力量承担信用体系建设“半边天”的格局，全力提升信用服务机构、行业协会商会、科研机构等对信用体系建设的支撑能力。第一，将发展信用服务行业放在新时代社会信用体系建设首要位置。西方发达国家征信体系表明，发达的信用服务市场和实力强大的信用服务机构可以支撑信用体系建设的全面覆盖、全方位开展。只靠政府的推动，没有市场力量的自发参与，信用体系建设无法持续有效运转。第二，发挥行业协会商会推动行业诚信自律的作用。建立共建共治共享的社会治理格局，需要行业协会商会等社会组织的广泛参与。行业协会商会是信用体系建设中除政府推动、信用服务行业发展之外的第三大力量：一方面，行业协会商会组织推动的行业诚信自律是信用体系建设的重要举措；另一方面，行业协会商会组织的行业信用信息归集应用也承担着类似于信用服务机构的作用，是信用服务市场发展的重要组成部分。

总之，新时代推进社会信用体系建设，其核心原则就是要坚持政府和市场双轮驱动原则，重点推动信用服务市场和信用服务机构的发展壮大，以及推动行业协会商会等社会组织做好行业诚信自律工作，将新时代社会信用体系建设打造成社会力量发挥核心作用、市场自发演化推动的信用体系建设模式，推动所有社会成员全力参与新时代社会信用工作，形成多方共治的良好局面。

三、坚持法制先行的基本方针

党的十八大以来，中央将全面推进依法治国提到全新的战略高度，2014年党的十八届四中全会通过《中共中央关于全面推进依法治国若干重大问题的决定》，党的十九大将全面推进依法治国作为习近平新时代中国特色社会主义思想的重要内容予以安排，提出全面推进依法治国是新时代坚持和发展中国特色社会主义的本质要求。

对于新时代社会信用体系建设工作，如何落实全面推进依法治国的部署要求，核心就是要坚持法制先行方针、坚持依法依规部署推进社会信用体系建设工作。坚持法制先行的方针推进新时代社会信用体系建设基于以下考虑：一是新时代社会信用体系建设已完成前期探索，搭建了信用体系基本框架，相关工作进入常态化阶段，因此宜制定出台相关法律法规将前期探索形成的成果进行固化推广以及规范操作。二是深入推进的信用体系建设各项工作深刻影响到社会成员的经济社会活动，信用信息应用、失信惩戒等工作如果没有完善的法规制度依据，相关主体的合法权益将受到贬损，影响社会成员对信用体系建设工作的认可和拥护，因此从更大规模、更深层次推进信用体系建设的必然要求来看，加快制定社会信用立法势在必行。

新时代社会信用体系建设坚持法制先行的方针，重点要推进社会信用法和公共信用信息管理条例的制定工作。社会信用法是社会信用体系建设的基本大法，制定出台社会信用法是确立中国特色社会信用体系建设模式的标志性事件，对于全面规范推进社会信用体系建设具有重要意义和极大促进作用。抓紧推进社会信用立法工作也是中央的部署要求，2018 年中共中央印发的《社会主义核心价值观融入法治建设立法修法规划》，就明确做出“探索完善社会信用体系相关法律制度，研究制定信用方面的法律，健全守法诚信褒奖机制和违法失信行为联合惩戒机制”的部署。公共信用信息管理条例是社会信用法之外最为重要的信用体系行政法规。因为信用体系建设离不开信用数据的应用，如何依法依规记录、归集、整合信用数据并规范地对外公开共享和使用是信用体系建设的痛点难点问题，制定公共信用信息管理条例可以切实解决信用服务行业发展、支撑公共信用服务等信用体系建设核心需求。信用数据管理工作作为信用体系建设专项工作，可将公共信用信息管理条例定位为行政法规，因为行政法规的制定出台难度较法律低，实现起来较容易。

四、坚持全国一体推进、探索试点先行的基本策略

信用数据的归集整合和应用，会影响所有社会成员和市场主体的切身利益。各个地区和行业不同的信息应用规范、信用激励惩戒标准将导致营商环境和社会信用环境的不一致。新时代建设全国统一市场体系，营造所有地区一致的社会信用环境和营商环境，就必须建设全国统一的社会信用体系。具体工作推进思路就是要逐步收拢全国各地遍地开花、各显神通进行探索的做法，逐步确立全国统一有序推进的思路，形成步调一致、各项标准规范统一的推进工作体系，实现社会信用体系建设规范化实施、精细化管理。

第一，坚持全国一体推进思路。一是从建立统一市场体系的高度落实省一级推动本区域信用体系建设的责任，国家层面主要做好顶层设计和制定全国统一标准体系，省级部门做好本区域信用体系建设组织推进，同时大力压缩地市一级推进信用体系建设的自由裁量空间。二是建立统一的信

用数据归集整合标准、信用数据共享应用规范、异议处理和信用修复规范流程等，从中央部委到地方部门自上而下地严格按照标准规范进行数据整合和应用，地方尽量避免自行制定标准规范的情况，推动形成全国一体的标准规范体系。三是压缩精简地方信用门户网站，尤其是区县一级信用平台网站。源于地方政府的层层加压推动，各级政府将建设信用平台网站作为信用体系建设成效的显著体现。但是个别信用平台网站尤其是经济落后地市或是区县一级信用平台建设产生的社会效益不高，与巨大的投入成本不匹配。因此并非所有县区均要建设信用平台网站，信用平台网站层级越多越不利于全国一体推进思路的实现。落实全国一体推进的思路，应当大力压缩精简基层信用平台网站数量，提升平台网站承担数据整合应用、提供公共信用服务的质量。最优结构是推动建立中央和地方两级信用平台网站，重点建设国家、省以及副省级和部分经济发达地市的信用平台网站，将社会信用服务相对集中到这些重点平台网站上，提升重点信用平台网站的社会影响力。

第二，做实试点城市探索推进工作。坚持全国一体推进的同时，还要做实试点城市的探索推进工作。要认真坚持试点先行的工作方法，鼓励或授权全国社会信用体系建设示范城市以及示范创建城市，在习近平新时代中国特色社会主义思想指引下，以有利于落实政府和市场双轮驱动、有利于社会信用法制化建设、有利于优化营商环境、有利于保护社会信用主体合法权益等为准则，大胆探索、大胆试点，创造出适合在全国推广复制、符合中国特色社会信用体系建设模式的经验做法。比如，要围绕建设可感知、可获得的信用体系，全面落实信用应用场景化、信用工作重心基层化，统筹资源，调动各级部门和基层同志参与推动信用体系建设工作的积极性和热情等。

五、坚持加快政务诚信建设的首要方向

政务诚信是社会信用体系建设的关键，政务诚信建设在社会信用体系建设中发挥着重要的表率和导向作用，主导引领其他行业领域诚信建设。

政务诚信建设的主导地位体现在以下几方面：一是诚实守信行使职权是政府部门履行职责的基本要求，尤其是政府部门作为公权机关诚信道德要求应当更高。二是政府部门作为信用体系建设的组织推动者，理应在信用体系建设中起到带头和示范作用。三是优化营商环境等重点工作对推进政务诚信建设提出迫切要求，政务失信行为频发成为破坏营商环境的重要因素，因此需要通过加强政务诚信建设以促进营商环境优化。

2014 年国家社会信用体系建设规划纲要对政务诚信建设做出重要部署，2016 年国务院印发《关于加强政务诚信建设的指导意见》。虽然国家层面对政务诚信建设的部署设想非常契合信用体系建设实践要求，但是基层实践层面政务诚信建设顶层工作部署多、实际推动落实少，推进落实绩效有待提升。因此，新时代社会信用建设应当紧盯政务诚信建设这个关键环节，坚持在已有顶层部署安排框架下重点抓好工作的组织落实，真正发挥政务诚信建设对其他领域信用体系建设的率先垂范作用。具体抓手方面，应当针对政务诚信建设作为刀刃向内改革的实际情况，重点抓好内部工作绩效考核机制和第三方监测评估机制建设。通过建设完善考核和评估机制，促进地方和部门形成政务诚信建设的动力源泉，破解政府部门开展政务诚信建设内生动力不足的难题。

第三节　新时代社会信用建设重点领域展望

新时代，围绕将中国特色社会信用体系建设模式打造成习近平新时代中国特色社会主义思想的生动实践的战略总定位，展望实现“十四五”时期乃至到 2035 年基本实现社会主义现代化的目标，社会信用体系建设相关重点领域必将成效显著。信用法规制度和标准规范、信用应用和信用奖惩、信用数据作为生产要素的作用、公共信用服务和信用监管、信用服务行业发展等将展现一番新景象。

一、信用法规制度和标准规范体系搭建完善

过去几年地方对信用法规制度建设做出不少探索，尤其围绕着公共信用信息管理制定出台了规范性文件、政府规章甚至地方性法规。2017 年出台的《上海市社会信用条例》开启了社会信用综合立法的先河，各地推进信用法规制度建设多以出台社会信用条例为基本目标。完善的信用法规制度，主要表现为制定出台以本地区社会信用条例为综合立法，以公共信用数据管理、信用激励惩戒、信用服务行业规范发展等为专项制度的一系列信用法规制度，尽力织密覆盖社会信用建设和管理各个层面的法规制度体系。可以预想到“十四五”规划结束或到“十五五”规划期间，全国信用法规制度将呈现出积极变化：一是出台全国性的社会信用法律。以各省份积累的社会信用法规制定和实施经验为基础，推动社会信用立法由量变到质变。“十三五”时期地方积极探索社会信用条例所形成的经验教训，将为下一步制定国家层面的法律提供良好的实践基础。二是修订或制定相关行政法规。为适应新时代征信行业的新趋势，对《征信业管理条例》进行修订。新制定的公共信用信息管理条例，规范了公共信用数据的记录、收集、开放、使用等行为。三是制定异议处理、信用修复、数据处理等管理制度。

标准规范体系建设主要包括信贷征信、公共信用服务、商业征信等方面的标准规范。其中信贷征信由中国人民银行组织推进，较为完善的全国统一标准规范体系已建立完成。商业征信方面，由于该领域以市场化推进为主，制定全国统一的标准规范不切实际、难以落实，可以预想在未来五年或更长时间内，商业征信的标准规范建设应以最小限度为原则谋划制定全国性的推荐标准，由相关行业协会或重要商业征信机构组织推动。“十四五”时期的标准规范体系建设应以制定全国统一的公共信用服务标准规范为重点，由国家公共信用信息中心牵头组织全国各级信用工作机构，共同研究制定异议处理、信用修复等服务规范，平台建设、网站样式等技术规范，信用数据记录、整合等处理规范，以及数据展示、数据使用等应用

规范。公共信用服务标准规范应严格按照各地普遍共通的工作遵循国家统一标准的原则实施，地方不搞例外，这样才能形成全国一体的公共信用服务体系。同时，鼓励地方根据本地工作实际探索建立地方标准，其中适合在全国推广的可以积极推广并上升为全国标准。

二、信用应用和信用奖惩在公共服务、市场交易等领域广泛应用

推动信用信息的广泛应用并建立守信激励和失信惩戒机制是信用体系建设的重中之重。近年来推动的信用应用和信用奖惩工作可改进的地方主要有：第一，着力点的差异导致公共服务和市场交易领域开展信用应用和信用奖惩的氛围冷热不均。政府强力推动对严重失信行为对象实施信用惩戒约束工作，因此公共服务领域信用惩戒工作成效显著；而市场交易领域则按照信贷征信、商业征信等既定工作部署安排推进工作，需要在更多领域、更多场景开展信用应用。第二，现阶段的信用应用更多集中在信用惩戒方面，缺乏对守信主体进行激励的应用场景。失信惩戒约束毕竟只对少数失信主体进行限制，虽然可以起到一定的震慑作用，但是要让所有社会公众切实体会到信用体系建设的获得感和体验感，关键还要创造更多的激励场景。

展望“十四五”时期乃至更长时间跨度的信用体系建设，信用应用和信用奖惩工作将呈现出一些新气象。一是市场交易、社会生活等领域信用场景将普遍应用。按照政府和市场双轮驱动的总体推进思路，相关行业领域主管部门组织推动信用市场化应用的力度将加大，市场交易、社会生活等领域信用应用需求将在“十四五”时期得到极大激发。先进理念和先进技术兼具、经营能力和培育市场能力俱佳的信用服务机构将同步发展。在行业主管部门、信用服务机构和相关社会成员的共同推动下，市场交易、社会生活等领域信用应用场景全面普遍建立，信用手段成为经济社会不可或缺的治理手段之一。二是信用激励成为信用应用的重点推进方向，各级部门对创建信用激励场景的投入力度远高于信用惩戒，在公共服务、市场

交易、社会生活等领域创造出了多种多样的信用激励场景。信用服务机构在信用体系建设中的作用更为突出，“十四五”时期可以供给的信用服务产品极大丰富，信用服务市场得到培育和壮大。社会公众通过信用激励场景应用切身体会到信用体系建设的突出成效，体会到改革的获得感，信用体系建设得到人民群众的进一步支持。此外，信用惩戒仍是信用应用的基础工作之一，各部门仍应积极抓好信用惩戒规范化实施工作，确保信用体系建设在法治化、规范化框架下开展。

三、信用数据作为生产要素的支撑作用显著发挥

新时代推进信用数据整合共享工作需要注意以下三个背景。第一，2020 年年初中央部署生产要素市场化配置工作，将数据与土地、劳动、资本、技术并列为生产要素之一，新时代推动社会信用体系建设必须围绕发挥信用数据作为生产要素的作用进行组织推动，这是不可忽视的重要背景。第二，大数据时代下，各行各业对数据的重视程度显著提升，占有数据成为各类社会成员统筹社会资源的重要抓手，公共数据与市场数据将进一步融合。第三，各地“数字政府”改革建设促使信用数据归集整合体制机制发生显著变化，政务数据多由新设立的政务数据管理机构统一进行管理整合；公共信用数据作为政务数据的具体类型之一，由发展改革部门掌握还是由政务数据管理机构统筹管理成为争论焦点，需要妥善处理此类问题。

根据以上背景分析，在积极发挥信用数据作为生产要素作用的指引下，新时代推进社会信用建设的具体展望主要包括：一是建设本地区统一的政务大数据中心是“数字政府”改革建设的重要任务，得益于“数字政府”建设工作的统筹协调，依托统一的政务大数据中心对信用数据进行归集整合将更为高效便捷。公共信用信息平台将收集到更多更全面的公共信用数据乃至市场信用数据，数据传输共享更为及时、准确，对社会信用主体信用状况的刻画更为全面。在统一的政务大数据中心框架下，也相应解决了相关部门各自建设的公共信用信息平台、企业信用信息公示系统、

"互联网＋监管"系统、执法信息公示平台等而产生的数据重复归集问题。二是公共信用数据对外开放共享力度进一步加大，公共信用数据支撑信用服务行业发展的地位进一步凸显。公共信用数据是促进信用服务行业发展的基础资源，在数据要素资源市场化配置的推动下，将催生公共数据资源交易的第三方经纪机构，形成数据资源交易管理机制和数据资源价格形成机制等。展望未来，得益于完善的公共信用数据资源开放共享机制，"十四五"时期公共信用数据将有力支撑信用服务行业的发展壮大。

四、公共信用服务与信用监管等社会信用管理手段受到全社会普遍认可

新时代下，强力推动社会信用体系建设各项工作，将使公共信用服务、信用监管等社会信用措施和手段得到全社会普遍认可，公共信用服务、信用监管等成为政府部门、市场主体、社会组织等社会成员参与经济社会生活不可或缺的因素。

一是公共信用服务机构成为社会信用体系建设的正规军和主力军。各地组建设立的公共信用信息中心、信用中心、社会信用中心、社会信用服务中心等公共信用服务机构将在社会信用体系建设工作中发挥更加重要的作用，成为社会信用工作的正规军和主力军，公共信用服务机构提供的信用异议、信用报告、信用修复、信用承诺乃至信用培训教育等公益性基本公共信用服务，成为不可或缺的社会信用服务主要内容。随着信用体系建设工作的持续开展，上述服务内容将得到进一步长远发展，基本公共信用服务甚至将成为与医疗、教育、文化等并重的基本公共服务内容之一。同时从提供更好更优质的基本公共信用服务的角度出发，此前存在的市、县（区）两级信用平台网站重复建设、同质化建设等问题，在"十四五"期间也将得到解决和改进。此外，信用平台网站建设将集中在国家和省区市两级，部分地市信用平台网站将被淘汰，此举既有力提升了公共信用服务效能，也极大地节约了财政资源投入。

二是信用监管手段成为政府部门依法履行职责的第一选择。经过此前

的一系列探索实践，可以预想“十四五”时期乃至今后很长一段时间内，政府部门必定将信用手段深入应用到行政管理和公共服务各个管理环节中，信用监管成为实施行政管理、公共服务的必然手段。应用信用手段，首要前提是开展切合实际的公共信用评价，因此公共信用评价将成为接下来社会信用体系建设的重点工作。在公共信用评价工作中，逐渐壮大的公共信用服务机构可以发挥更加重要的作用；甚至可以认为，在“十四五”时期乃至更长一段时间，开展公共信用评价的能力将是公共信用服务机构核心竞争力的重要体现，也是除异议处理、信用修复等基本公共信用服务外公共信用服务机构最重要的工作内容。

五、信用服务行业发展壮大并规范管理

按照政府和市场双轮驱动的基本思路，激发信用服务市场需求、发展信用服务行业是亟须在新时代予以补齐的社会信用体系建设突出短板，更是新时代社会信用体系建设极为重要的战略突破方向。与此同时，除促进行业发展壮大之外，还需加强对该行业的监督管理，促使行业健康规范发展。

一是信用服务行业的内涵外延以及分类得到清晰界定。信用服务行业内涵外延以及分类不清是制约行业发展的重要体制机制问题。“十四五”时期，基于信用服务行业的深入发展和广泛实践，行业内涵外延及分类等基本问题将在社会形成共识，并将在官方顶层设计文件中予以确认。上述基本问题得到清晰界定后，信用服务行业的发展壮大和规范管理则具备了理论基础，具体子行业的监管主体和监管边界以及具体行业激励扶持政策举措等也相应得到解决。

二是全面广泛的信用场景支撑起信用服务行业发展的空间。信用服务行业发展壮大需要依托大量的信用服务需求。“十四五”时期，全社会积极参与社会信用建设的浓烈氛围形成之后，随之带来的是信用场景的井喷式爆发，信用因素体现在经济交易、社会生活等方方面面。信用服务需求的极大激发支撑起行业发展的广阔空间，信用服务市场自然而然演化而

成。市场驱动下的社会信用体系建设模式初步形成，标志着我国完备的社会信用体系建设框架基本搭建完成。

三是公共信用数据常态化、机制化对外开放共享。公共信用数据对外开放是推动信用服务行业发展壮大的重要支撑因素。新时代下，通过数据资源交易管理、价格形成等机制建设，促进公共信用数据对外开放共享常态化、机制化，可以为信用服务市场提供源源不断的生产资料支持。

四是信用服务行业得到必要有效监管。“十四五”时期，应当秉持审慎客观原则，区别对待信用服务行业监管问题。其中，对需要行政许可的行业，如个人征信行业，应当加强准入资质审核，同时加大事中、事后监管力度。以包容开放的态度推动企业征信、资信评级、信用风险管理行业等其他行业的发展，对部分可能影响社会信用主体权益的行业可以实施备案或目录管理，以确保行业有序、健康发展。而对完全可以市场化竞争的行业，如信用体系建设咨询服务和培训、生活类信用服务等业态，则按照市场化竞争原则鼓励充分发展，尽量减少行政干预。

参考文献

[1]国务院. 社会信用体系建设规划纲要(2014—2020年)[EB/OL].(2014-06-14)[2020-11-24]. http://www.gov.cn/zhengce/content/2014-06/27/content_8913.htm.

[2]国务院. 关于建立完善守信联合激励和失信联合惩戒制度加快推进社会诚信建设的指导意见[EB/OL].(2016-05-30)[2020-11-24]. http://www.gov.cn/zhengce/content/2016-06/12/content_5081222.htm.

[3]国务院. 关于加强政务诚信建设的指导意见[EB/OL].(2016-12-22)[2020-11-24]. http://www.gov.cn/zhengce/content/2016-12/30/content_5154820.htm.

[4]国务院. 征信业管理条例[EB/OL].(2013-01-21)[2020-09-07]. http://www.gov.cn/zwgk/2013-01/29/content_2322231.htm.

[5]中共中央办公厅,国务院办公厅. 关于加快推进失信被执行人信用监督、警示和惩戒机制建设的意见[EB/OL].(2016-09-25)[2020-03-19]. http://www.gov.cn/zhengce/2016-09/25/content_5111921.htm.

[6]国务院办公厅. 关于加强个人诚信体系建设的指导意见[EB/OL].(2016-12-23)[2020-06-19]. http://www.gov.cn/zhengce/content/2016-12/30/content_5154830.htm.

[7]国务院办公厅. 关于加快推进社会信用体系建设构建以信用为基础的新型监管机制的指导意见[EB/OL].(2019-07-09)[2020-06-19]. http://www.gov.cn/zhengce/content/2019-07/16/content_5410120.htm.

[8]国务院办公厅. 关于社会信用体系建设的若干意见[EB/OL].(2007-03-23)[2019-10-17]. http://www.gov.cn/zhengce/content/

2008 - 03/28/content_1923. htm.

[9]国务院办公厅. 关于进一步完善失信约束制度构建诚信建设长效机制的指导意见[EB/OL]. (2020 - 12 - 07)[2020 - 12 - 31]. http://www.gov.cn/zhengce/content/2008 - 03/28/content_1923. htm.

[10]国家发展改革委,人民银行. 关于加强和规范守信联合激励和失信联合惩戒对象名单管理工作的指导意见[EB/OL]. (2007 - 10 - 30)[2020 - 03 - 19]. http://www.gov.cn/xinwen/2017 - 11/03/content_5237087. htm.

[11]国家发展改革委办公厅,人民银行办公厅. 关于对失信主体加强信用监管的通知[EB/OL]. (2018 - 07 - 24)[2020 - 06 - 19]. http://www.gov.cn/zhengce/zhengceku/2018 - 12/31/content_5435274. htm.

[12]国家发展改革委办公厅. 关于充分发挥信用服务机构作用加快推进社会信用体系建设的通知[EB/OL]. (2018 - 02 - 02)[2020 - 09 - 07]. http://www.gov.cn/zhengce/zhengceku/2018 - 12/31/content_5435244. htm.

[13]国家发展改革委办公厅. 关于推动开展综合信用服务机构试点工作的通知[EB/OL]. (2018 - 10 - 29)[2020 - 09 - 07]. http://www.gov.cn/xinwen/2018 - 10/31/content_5336087. htm.

[14]国家发展改革委办公厅,国家市场监管总局办公厅. 关于更新调整行政许可和行政处罚等信用信息数据归集公示标准的通知[EB/OL]. (2018 - 07 - 04)[2020 - 05 - 25]. https://www.ndrc.gov.cn/xxgk/zcfb/tz/201807/t20180713_962751. html.

[15]国家发展改革委办公厅. 关于进一步完善"信用中国"网站及地方信用门户网站行政处罚信息信用修复机制的通知[EB/OL]. (2019 - 04 - 30)[2020 - 06 - 19]. https://www.ndrc.gov.cn/xxgk/zcfb/tz/201905/t20190514_962445_ext. html.

[16]上海市人大常委会. 上海市社会信用条例[EB/OL]. (2017 - 06 - 23)[2020 - 11 - 24]. http://hd.sfj.sh.gov.cn/info/94c037522cc54f58b735bfd89da1afb1.

[17]喻敬明,林钧跃,孙杰. 国家信用管理体系[M]. 北京:社会科学文

献出版社,2000.

[18]陈新年.信用论[M].北京:经济科学出版社,2017.

[19]吴晶妹.三维信用论:吴氏理论[M].北京:清华大学出版社,2016.

[20]王晓明.征信体系构建制度选择与发展路径[M].北京:中国金融出版社,2015.

[21]孙志伟.国际信用体系比较[M].北京:中国金融出版社,2014.

[22]中国人民银行征信管理局.现代征信学[M].北京:中国金融出版社,2015.

[23]中国人民银行征信中心.征信系统建设运行报告(2004 - 2014)[R/OL].(2015 - 03 - 15)[2019 - 06 - 19]. http://www.pbccrc.org.cn/zxzx/zxzs/201508/f4e2403544c942cf99d3c71d3b559236.shtml.

[24]全国信用标准化技术工作组.中国社会信用体系建设法规政策制度精编[G].北京:中国标准出版社,2007.

[25]中国标准出版社第六编辑室.中国社会信用标准汇编[G].北京:中国标准出版社,2010.

[26]全国信用标准化技术工作组.信用基本术语:GB/T22117—2008[S].北京:中国标准出版社,2008.

[27]中国人民银行《中国征信业发展报告》编写组.中国征信业发展报告(2003 - 2013)[R/OL].(2013 - 12 - 15)[2020 - 09 - 07]. http://www.pbc.gov.cn/goutongjiaoliu/113456/113469/2804637/index.html.

[28]中国社会科学院语言研究所词典编辑室.现代汉语词典[M].北京:商务印书馆,2005.

[29]蒋永福.论公共信息资源管理—概念、配置效率及政府规制[J].图书情报知识,2006(3):11 - 15.

[30]石新中.论信用信息公开[J].首都师范大学学报社会科学版,2008(2):61 - 72.

[31]蓝寿荣,董灵娟.论信用信息征集、使用与被授信主体权益保障[J].情报理论与实践,2010(6):37 - 42.

[32]贺学会,王海峰,王小曼.企业信用行为与失信惩戒机制:一个基于信用资本的分析框架[J].金融研究,2008(10):150-161.

[33]国家工商行政管理总局.关于对企业实行信用分类监管的意见[EB/OL].(2003-10-31)[2020-06-19].http://finance.sina.com.cn/roll/20031126/1448536633.shtml? from=wap.

[34]国家质量监督检验检疫总局,国家标准化管理委员会.国民经济行业分类:GB/T 4754—2017[S].北京:中国标准出版社,2017.

[35]吴晶妹.我国信用服务体系未来:"五大类"构想与展望[J].征信,2019(8):7-10.

[36]万存知.征信体系的共性与个性[J].中国金融,2017(1):40-42.

[37]林均跃.社会信用体系:中国高效建立征信系统的模式[J].征信,2011(2):1-7.

[38]林钧跃.社会信用制度中的信用监督和失信惩戒[J].前线,2004(3):58-59.

[39]杨姝,张永恒,徐静.失信惩戒机制的构建路径思考[J].重庆理工大学学报(社会科学版),2014(12):75-79.

[40]俞可平.政务失信的根源及破解之道[J].学术前沿,2012(10):88-90.

[41]马升翼.政治认同视域下的政务诚信建设[J].中共云南省委党校学报,2013(4):167-169.

[42]袁新峰.关于政务诚信与社会信用体系建设关系的思考[J].征信,2013(5):39-41.

[43]尹振涛.对《征信管理条例》的几点疑惑与修改建议[J].当代经济管理,2010(4):76-80.

[44]崔凯.上海社会信用立法:促进与路径[J].地方立法研究,2019(2):36-49.

[45]刘洪波,卢盛羽.失信联合惩戒机制与供给侧结构性改革的相关理论研究[J].征信,2019(3):14-19.

[46]刘洪波,卢盛羽. 健全和完善我国失信联合惩戒机制[J]. 宏观经济管理,2018(12):55-61.

[47]卢盛羽. 公共信用信息向征信机构开放问题探讨[J]. 北方经济,2016(9):78-80.

[48]卢盛羽. 失信惩戒机制运行探讨[J]. 青海金融,2016(8):39-42.

[49]卢盛羽. 论守信激励与失信惩戒:基于信用权的视角[J]. 法制与经济,2016(7):35-37.

[50]卢盛羽. 关于规范管理征信及资信评级业的思考[J]. 北方经济,2015(8):67-69.

[51]卢盛羽. 地方公共信用信息平台建设模式选择探析[J]. 征信,2015(5):24-27.

[52]卢盛羽. 法人和其他组织信用信息分类分级初探[J]. 征信,2015(1):25-28.

索　引

后　记

时光荏苒，十年一个时代，掐指一数，参与信用建设工作已经十个年头。2011 年年底初入单位之时，我就听说按照上级指派，单位正协助承担一项非常重要的工作。殊不知到 2012 年 4 月底我也被通知参与到信用建设方案的起草这个浩浩荡荡、轰轰烈烈的历史进程中，成为过去十年推动中国社会信用体系建设的一分子。2012 年五一劳动节，在西斜闷热的办公室，我尝试着按照领导要求对信用建设方案部分内容进行修改，不过可想而知从未参与过政府公文起草的我，尽管投入了自己的最大努力，但是工作效果仍然差强人意，那段时间参与的一些信用工作的质量始终难以让自己和领导及同事满意。

所幸，秉承“遇到困难时，请不要气馁，因为这让你明白，世界上还有这么刺激的挑战”的人生哲学，也承蒙领导厚爱和同事关心，在将近半年的彷徨和困惑之后，我慢慢摸索出恰当的工作方法和路数，走上了正确的道路，逐步融入并承担起相应的工作任务。起初，我只是从事系统建设方面的工作，2014 年起由于工作组织机制变化及人员调整，我被赋予更重要的行政管理相关工作。这段时间，我非常珍惜全面接触信用建设行政管理工作的机会，全身心、毫无保留地投入工作中，强烈的好奇心驱使我如饥似渴地吸吮着信用建设的各种知识，逐渐形成自身对相关领域问题的理解和思路。这些理解和思路，既有理论层面的公共信用信息概念厘清，也有实务层面的公共信用信息平台建设和公共信用服务提供；既有专门领域的信用奖惩机制、信用监管、信用服务行业、政务诚信等工作，也有对这些领域进行综合分析之后的社会信用立法。这段经历的点点滴滴，不仅增长了我的专业知识和工作阅历，更让我找到了人生定位及参与的工作对社会的意义，从事信用建设工作的信心和乐趣推动我不断前行。从有幸被选中参与这项工作、到初入时的青涩、困惑，再到成长为业务骨干，所有这些要非常感谢王伟东、马占飞、骆坚、宋宗宏等领导和同事的指导、帮助和关心，他们是我参与信用工作的领路人，没有他们的帮助，就不会有这本书的面世。

2018 年 9 月，我全程谋划广东参加第二届全国信用信息共享平台和信用门户网站观摩评比相关工作，代表广东上台演示并取得全国第二名的成绩。观摩会后的一段时间，业务工作相对清闲，并且单位也面临机构改革等不确定因素，此前几年延续的工作轨迹有了新的转折和变化，关于人生方向的思考和困惑再次涌上心头。转念一想，何不把过去将近十年的工作积累予以总结提炼，将所思所想集结成书，首次萌生了撰写此著作的想法。

写作的过程是痛苦的。其间，工作和生活的各种压力压得我透不过气来，不知道有多少回，拖着疲惫的身躯走在行人匆匆的下班路上，我心里默念着“太累了”。庆幸的是我一一撑了过来，这其中离不开妻子无怨无悔的支持，正是她对孩子和家庭无微不至的照顾和对我工作毫无保留的支持，让我少了很多后顾之忧，注入了前行动力。这其中也离不开两个可爱的孩子给我带来的无限干劲，从他们稚嫩的脸庞上我看到了生活的希望，正是他们清澈的眼神让我有了不懈努力的坚定信心。写作这本书有个朴素的愿望，即期望哪一天老去时，毛毛和妹妹可以看到他们的爸爸曾经积极努力地工作生活，曾经试图给这个世界留下一些精神财富。本书得以顺利完成离不开父母的养育之恩，离不开我的哥哥一直以来对我的关心和支持，是他在家乡替我分担了照顾父母的压力。

此外，值此书出版之际，也要衷心感谢多年来在学习、工作、生活中给予我诸多帮助的师长、领导、同事和朋友。衷心感谢为此书出版付出辛勤劳动的贺静编辑。当然，由于时间仓促和水平所限，书中的错误或疏漏在所难免，也恳望诸位前辈专家以及读者批评指正。

卢盛羽

2021 年 12 月